新商科大数据系列精品教材

U0725709

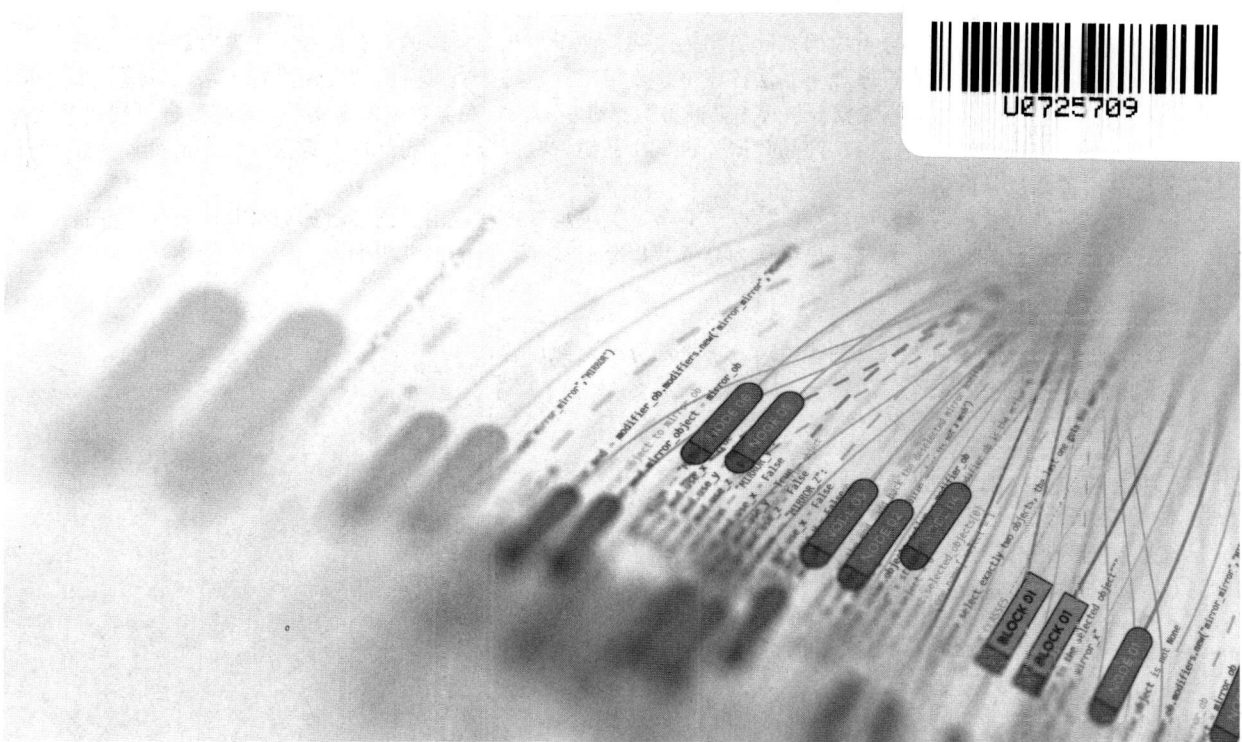

商务数据
分析与应用

屈莉莉 编著

电子工业出版社

Publishing House of Electronics Industry

北京·BEIJING

内容简介

商务数据往往蕴含着巨大的商机和价值。本书旨在系统介绍商务数据分析中的基本问题和模型方法，以 Excel 在商务数据分析中的实际应用为主线，注重理论与实践的有机结合，主要对商务数据分析与应用中所涉及的理论、原理、方法、模型、常用工具、场景应用及实践案例进行了深入讲解。本书主要内容包括总论、商务数据分析模型、商务数据分析方法、商务数据的采集与处理、数据可视化、行业数据分析、竞争数据分析、商品数据分析、商品销售数据分析、商品库存数据分析、消费者数据分析及商务数据分析报告。

本书可作为信息管理与信息系统、电子商务、大数据管理与应用、商务数据分析与应用、工商管理和统计学等相关专业的教材，也可作为商务数据分析从业人员的参考用书。

图书在版编目（CIP）数据

商务数据分析与应用 / 屈莉莉编著. —北京：电子工业出版社，2022.5
ISBN 978-7-121-43261-3

Ⅰ．①商… Ⅱ．①屈… Ⅲ．①商业统计－统计数据－统计分析 Ⅳ．①F712.3

中国版本图书馆 CIP 数据核字（2022）第 056117 号

责任编辑：刘淑敏　　文字编辑：韩玉宏
印　　刷：保定市中画美凯印刷有限公司
装　　订：保定市中画美凯印刷有限公司
出版发行：电子工业出版社
　　　　　北京市海淀区万寿路 173 信箱　　邮编：100036
开　　本：787×1 092　1/16　印张：16.5　字数：422.4 千字
版　　次：2022 年 5 月第 1 版
印　　次：2025 年 6 月第 9 次印刷
定　　价：59.00 元

凡所购买电子工业出版社图书有缺损问题，请向购买书店调换。若书店售缺，请与本社发行部联系，联系及邮购电话：（010）88254888，88258888。
质量投诉请发邮件至 zlts@phei.com.cn，盗版侵权举报请发邮件至 dbqq@phei.com.cn。
本书咨询联系方式：（010）88254199，sjb@phei.com.cn。

前　言

党的二十大报告指出："教育、科技、人才是全面建设社会主义现代化国家的基础性、战略性支撑。必须坚持科技是第一生产力、人才是第一资源、创新是第一动力，深入实施科教兴国战略、人才强国战略、创新驱动发展战略，开辟发展新领域新赛道，不断塑造发展新动能新优势。"这为推动当下和未来一段时间内我国科教及人才事业的发展、构建人才培养体系指明了基本方向。

"以数据驱动业务发展"的理念正在被越来越多的企业所推崇，并成为企业的核心竞争力之一。数据中蕴含着对企业经营发展至关重要的信息，通过对这些数据进行综合分析和深度挖掘，能够帮助企业制定科学精准的战略决策。为顺应新文科、新商科建设的理念和满足新时代对商务数据分析人才的需求，急需在管理科学与工程、工商管理、计算机科学与技术等专业大类中增设"商务数据分析与应用"课程，而本教材即可作为相关课程的教学用书。基于对全国各大高校课程体系的广泛调研，建议将"商务数据分析与应用"设置为理论课或实践课。理论课程为 64 学时、4 学分，其中，理论教学 40 学时，上机实验 24 学时；实践课程为 60 学时、2 学分，安排在 2～4 周时间集中开展综合实践，其中，理论教学 30 学时，实践应用 30 学时。

本书全面介绍了商务数据分析涉及的理论、方法与应用等核心内容，主要包括：总论、商务数据分析模型、商务数据分析方法、商务数据的采集与处理、数据可视化、行业数据分析、竞争数据分析、商品数据分析、商品销售数据分析、商品库存数据分析、消费者数据分析及商务数据分析报告。

本书具有如下特色：

（1）经典与前沿结合。本书以商务数据分析为导向，内容既包括对相关基础知识的认识，又涵盖了网络爬虫、商品热度等前沿知识，符合教学要求。

（2）多学科知识交叉融合。本书将统计学理论、信息处理技术、数据分析与可视化工具相结合，用于解决商业运营分析的多个重要方面，具有较强的指导性和实用性。

（3）技术性和可读性并重。本书文笔流畅、深入浅出，分析过程清晰、讲解视频详尽，应用性与可操作性强。

（4）以学生为中心，发挥学生的能动性。本书顺应翻转课堂、线上线下混合式教学等创新形教学模式，通过案例分析、图解教学及操作解说，让读者全面掌握商务数据分析的主要方法。

同时，本书提供了丰富的课程配套资源，主要包括：教学大纲、教学日历、配套教案、课件 PPT、操作视频、源数据和 Excel 操作效果、重难点解析、课后习题和参考答案、模拟试卷及答案评分标准等。读者可以登录华信教育资源网（http://www.hxedu.com.cn）

获取以上资源。

　　本书由大连海事大学屈莉莉老师编著，负责全书内容的组织与撰写。孙传昱、郭磊、姚禹聪、李金辉、武悦、李婷、谭洁茹等同学参与了本书的编写、校对及教材配套资源的建设工作。隋东旭对本书进行了细致的审读。在本书的策划和编写过程中，得到了电子工业出版社姜淑晶、刘淑敏的大力支持和帮助，在此深表谢意！

　　在本书的编写过程中，参阅了大量书籍、期刊和网络资料，在此谨对各位作者表示感谢。书中难免有不当之处，望广大读者批评指正，作者联系方式为 qulili@dlmu.edu.cn。

编著者

目　录

第1章
总　　论

【学习目标】

1．理解商务数据分析的概念及作用；
2．熟悉商务数据分析的流程及原则；
3．了解商务数据分析的主要任务。

【本章重点】

1．商务数据分析与应用的相关概念；
2．商务数据分析的重要意义；
3．商务数据分析的主要任务。

【本章难点】

1．商务数据分析的主要流程；
2．商务数据分析的原则；
3．商务数据分析在具体行业的应用。

【思维导图】

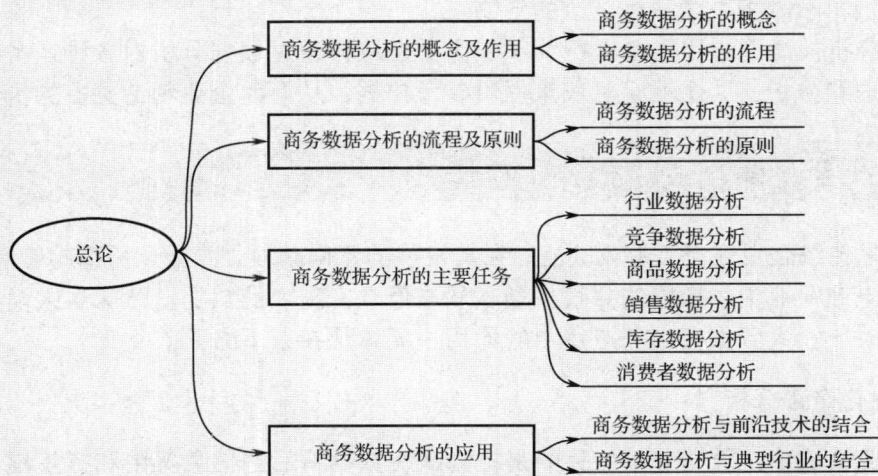

【知识导入】

谷歌成功预测 H1N1 流感的爆发

2009 年，谷歌利用 GFT（谷歌流感趋势）系统，通过分析 5000 万条美国人最频繁检索的词汇，与美国疾病中心季节性流感传播时期的数据进行比较，成功预测了 H1N1 流感在美国全国范围的传播，甚至精确到具体的州和地区，震惊了公共卫生官员和计算机科学界的专家。谷歌不仅存储搜索结果中出现的网络连接，还存储用户搜索关键词的行为，精准地记录用户搜索行为的时间、内容和方式，这种抓取、存储并对海量人机数据进行分析，然后据此进行预测的能力，对谷歌的发展起到了重要的作用。

1.1 商务数据分析的概念及作用

1.1.1 商务数据分析的概念

商务数据分析是一门运用分析工具（通常需要计算机软件的支持），研究商务数据信息，搭建数据分析与商业管理的桥梁，指导商业决策的新兴学科。

"数据"是人们通过观察、实验或计算得出的结果。数据有很多种，最简单的是数字，还有文字、图像、声音等。数据可用于各类研究、设计及查证等工作。"分析"是将研究对象的整体分为若干部分、方面和层次，并分别加以考察的认识活动。分析的意义在于细致地寻找能够解决问题的主线，并以此解决问题。"数据分析"是指用适当的分析方法对收集来的大量数据进行分析，提取有用的信息并形成结论，从而对数据进行详细研究和概括总结的过程。数据分析的数学与统计学基础在 20 世纪早期就已确立，但直到计算机的出现才使得实际操作成为可能，数据分析也从而得以推广。数据分析是数学、统计学及计算机科学等相关学科相结合的产物。

数据分析被广泛应用于各个行业。在商业领域，通过数据分析对各种商务数据进行有效的整理和分析，为企业经营决策提供参考依据，从而为企业创造更多的价值。

1.1.2 商务数据分析的作用

无论是传统企业还是互联网企业，在其发展的不同阶段，数据分析都起着重要作用。尤其是在电商行业中，数据的井喷式增长从未停歇，庞大的数据量意味着人类已经进入到大数据时代。大数据在商务应用中的作用主要体现在以下方面。

1. 优化经营分析

在商业领域中，数据分析的目的是把隐藏在数据背后的信息集中和提炼出来，总结出研究对象的内在规律，帮助管理者进行有效的判断和决策。数据分析在企业日常经营分析中主要有三大作用：①现状分析。第一，分析企业现阶段的整体运营情况。通过各个指标的完成情况来衡量企业的运营状态。第二，分析企业各项业务的构成。了解企业各项业务的发展及变动情况，对企业运营有更深入的了解。②原因分析。通过现状分析可以基本了解企业的运营情况，但不知道运营情况具体好在哪里、差在哪里、是什么原因引起的。这时就需要开展原因分析，以进一步确定业务变动的具体原因，并对运营策略做出调整与优化。③预测分析。对企业未来发展趋势做出预测，为制定企业运营目标及策略提供有效的参考与决策依据，以保证企业的可持续、健康发展。

2．优化市场定位

电子商务企业要想在互联网市场中站稳脚跟，就必须重视大数据战略，必须有足够的信息数据来供专业人员进行分析和判断。在传统分析情况下，分析数据的收集来源主要是统计年鉴、行业管理部门数据、相关行业报告、行业专家意见及属地市场调查等，而这些数据大多存在样品量不足、时间滞后和准确度低等缺陷。但在互联网时代，借助信息采集和数据分析技术，不仅能够给研究人员提供足够的样本量和信息，而且能够建立基于大数据的数学模型并对企业的未来市场进行预测。对外，企业要拓宽电子商务行业调研数据的广度和深度，从数据中了解电子商务行业市场的构成、细分市场的特征、消费者需求和竞争者状况等众多因素；对内，企业要想进入或开拓某一电子商务行业市场，首先要进行项目评估和可行性分析，然后决定是否开拓该市场，以最大化规避因市场定位不精准而给投资人和企业自身带来的毁灭性损失。

3．优化市场营销

从搜索引擎、社交网络的出现到手机等智能移动设备的普及，互联网上的信息总量正以极快的速度不断增长。每天的微博、微信、论坛、各电子商务平台等分享的各种文本、照片、视频、音频等信息高达几百亿甚至几千亿条，涵盖商家信息、个人信息、行业信息、产品使用体验、商品浏览记录、商品成交记录、产品价格动态等海量数据。通过集成融合这些数据可以形成电子商务行业的大数据，其背后隐藏的是电子商务行业的市场需求与竞争情报。在电子商务行业市场营销中，无论是产品、渠道、价格还是客户，可以说每一项工作都与数据的采集和分析息息相关。获取数据并加以统计分析，一方面有助于企业分析消费者的消费行为和价值取向，以便更好地为消费者服务和发展忠诚客户；另一方面有助于充分了解市场信息，掌握竞争者的商情和动态，知晓产品在竞争群中所处的市场地位，可以使企业达到"知己知彼，百战不殆"的目的。

1.2　商务数据分析的流程及原则

商务数据分析的流程主要包括确定分析目的与框架、数据收集、数据处理与集成、数据分析、数据可视化和撰写分析报告。进行商务数据分析要遵循科学性、系统性、针对性、实用性和趋势性的原则。

▶ 1.2.1　商务数据分析的流程

　　商务数据分析是根据商业需求，有目的地收集、整理、加工和分析数据，提炼有价值的信息的过程。最初的数据可能杂乱无章且无规律，要通过作图、制表或其他形式的整合来计算某些特征量，探索规律性的可能形式。要研究用何种方式去寻找和揭示隐含在数据中的规律性，首先应当在探索性分析的基础上提出几种模型，再通过进一步的分析从中选择所需的模型，最后使用数理统计方法对所选定模型或估计的可靠程度和精确程度做出推断。商务数据分析的流程如图 1.1 所示。

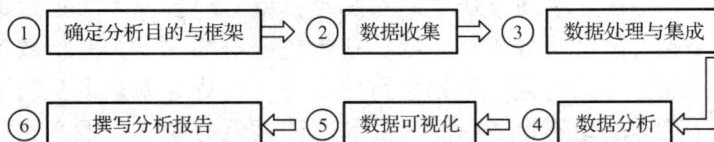

```
① 确定分析目的与框架  ⇒  ② 数据收集  ⇒  ③ 数据处理与集成

⑥ 撰写分析报告  ⇐  ⑤ 数据可视化  ⇐  ④ 数据分析
```

图 1.1　商务数据分析的流程

1.　确定分析目的与框架

　　针对数据分析项目，首先要明确数据分析的对象、目的及要解决的问题，然后根据商业需求，整理分析框架和分析思路。常见的分析目的有减少客户的流失、优化活动效果、提高客户响应率等。不同项目对数据的要求不同，使用的分析手段也不同。

2.　数据收集

　　数据收集是按照确定的数据分析目的与框架内容，有目的地收集、整合相关数据的过程，是数据分析的基础。数据收集的渠道包括内部渠道和外部渠道。内部渠道包括企业内部数据库、内部人员、客户调查及专家与客户访谈等；外部渠道包括网络、书籍、统计部门、行业协会、展会、专业调研机构等。数据收集的常用方法包括观察和提问、客户访谈、问卷调查、集体讨论和利用工具软件等。

3.　数据处理与集成

　　数据处理与集成是指对所收集到的数据进行加工、整理，保证数据质量和数据完整性，以便进行数据分析，是数据分析前必不可少的环节，在整个数据分析过程中占用时间最多。数据处理方法主要是针对残缺、错误和重复数据进行清洗和转化等。

4.　数据分析

　　数据分析是指通过分析手段、方法和技巧对准备好的数据进行探索分析，从中发现因果关系、内部联系和业务规律，为企业决策提供参考。要使用数据分析方法和数据分析工具对数据进行专业的统计分析、数据建模等。

5．数据可视化

数据分析的结果一般通过图表等可视化的方式来呈现。借助数据可视化工具，数据分析师和管理者能更直观地表达想呈现的信息、观点和建议。常用的图型包括饼图、柱形图、条形图、折线图、散点图、雷达图、矩阵图、漏斗图等。

6．撰写分析报告

分析报告可以把数据分析的目的、过程、结果及方案完整地呈现出来。一份好的数据分析报告，首先需要有一个好的分析框架，并且结构完整、层次明晰、主次分明，使报告使用者能够正确理解报告的内容；其次要图文并茂，令数据更加生动活泼，提高视觉冲击力，让使用者更形象、直观地看清楚问题和结论，从而产生思考；最后，数据分析报告还要有明确的结论、建议和解决方案。

▶️ 1.2.2　商务数据分析的原则

1．科学性

科学方法的显著特征是数据收集、分析和解释的客观性。数据统计分析要具有同其他科学方法一样的客观标准。

2．系统性

数据分析不是单个资料的记录、整理或分析活动，而是一个周密策划、精心组织、科学实施，并由一系列工作环节、步骤、活动和成果组成的过程。一次完整的数据分析，应包含分析目的与框架、数据收集、数据处理、数据分析、数据展现和报告撰写六个环节。

3．针对性

不同的数据分析方法，无论是基础的分析方法，还是高级的分析方法，都会有它的适用领域和局限性。例如，行业宏观分析采用 PEST 模型（P-Politics，E-Economy，S-Society，T-Technology），用户行为分析采用 5W2H 模型（5W-What，Why，Who，When，Where，2H-How，How much），客户价值分析采用 RFM 模型（R-Recency，F-Frequency，M-Monetary），销售推广分析常采用多维指标监测等。只有根据数据分析的目标选择合适的分析方法与模型，才能得到科学有效的结果。

4．实用性

商务数据分析是为企业决策服务的，因此在保证其专业性和科学性的同时也不能忽略其现实意义。在进行数据分析时，还应考虑分析指标的可解释性、报告的可读性、结论的指导意义与实用价值等。

5. 趋势性

市场所处的环境是不断变化的，在进行商务数据分析时，要用发展的眼光看待问题，不能局限于当前现状与滞后指标，要充分考虑社会宏观环境、市场变化与先行指标。

1.3 商务数据分析的主要任务

商务数据分析的主要任务包括行业数据分析、竞争数据分析、商品数据分析、销售数据分析、库存数据分析及消费者数据分析等。

1.3.1 行业数据分析

行业数据分析流程包括行业数据采集、市场需求调研、产业链分析、细分市场分析、市场生命周期分析、行业竞争分析等。①行业数据采集。根据行业特性确定数据指标筛选范围，做出符合业务要求的数据报表模板；整合行业数据资源，使用合适的方式采集数据并完成数据报表的制作。②市场需求调研。根据客户行为、行业特性及业务目标要求设计调研问卷；通过网络调研、深度访谈等方法发放与回收调研问卷；使用 Excel 等数据处理工具对回收问卷进行数据清洗，得到可靠的样本数据。③产业链分析。通过对行业中供应商、制造商、经销商、客户等环节之间交互关系的分析，绘制交互示意图；通过对前期的市场调研及价值交互关系的分析，制作产业链合理性评估表。④细分市场分析。根据细分市场历史数据确定相应的优势细分市场，编制优势细分市场列表；根据产品特点和消费者需求关联目标细分市场并编制关联列表；通过定性与定量的分析方法进行匹配度分析，编制匹配度对应列表。⑤市场生命周期分析。根据市场历史数据判定出细分市场所处的生命周期；通过行业资讯、领域专家意见及历史数据确定细分市场所处生命周期中的机遇与挑战；根据细分市场所处生命周期给出改善建议。⑥行业竞争分析。行业竞争分析一般指波特五力模型。迈克尔·波特在行业竞争五力分析的基础上制定了行业竞争结构分析模型，从定性和定量两个方面分析行业竞争结构和竞争状况。

1.3.2 竞争数据分析

竞争数据分析主要包括行业竞争分析、竞争对手分析及竞争产品分析。①行业竞争分析。通过网络及纸质媒介等渠道收集同类企业市场信息，分析同类企业与本企业市场相关性与差异性，编写市场差异性分析报告；通过 SWOT 分析法（S-Strengths，W-Weaknesses，O-Opportunities，T-Threats）分析本企业的机遇与挑战，编制 SWOT 分析图表。②竞争对手分析。分析目标客户、定价策略、市场占有率等，确定竞争对手；对竞争对手的价格、产品、渠道、促销等进行数据调研、归纳与整理；通过 SWOT 分析

法得出竞争对手产品及本企业产品的优劣势。③竞争产品分析。主要是对竞争对手的市场经营情况与策略进行深入的调研分析，为制定产品战略提供依据，将对竞争产品分析所获得的相关结论整合到产品战略制定、实施、监控和调整的有效框架内。

▶ 1.3.3 商品数据分析

商品数据分析包括商品热度分析、商品成本分析、商品定价分析等，以及对商品开发及市场走向做出预测。①商品热度分析。通过站外的投放热词及相关词、站内的用户搜索热词及商品本身标签三个方面来提取商品的搜索关键词，统计关键词频率，从相关关键词的搜索指数和热度变化幅度两个维度进行统计和分析。②商品成本分析。通过移动平均等时间序列分析方法对商品成本进行合理预测，然后统计和分析商品的采购金额，并使用可视化工具进行展现。③商品定价分析。在商品上架前，通过评估和量化收益、衡量市场规模、确定最低限价、确定投放价格、预测竞争企业的反应程度等流程，综合分析多种因素并为其量身定制一个合理的价格。④商品需求分析。根据典型客户特征分析结果，收集客户对商品需求的偏好；整理分析客户需求偏好，提出商品开发的价格区间、功能卖点、商品创新、包装物流等建议，通过商品的不断升级和迭代，提高客户对商品及品牌持久的黏性。⑤商品生命周期分析。利用 Excel 等工具汇总商品部、运营部、客服部等商品销售数据；密切监控季节、气温、地域等因素对商品销售周期性数据的变化及波动的影响；协助指导采购、生产等部门合理安排采购及生产计划。

▶ 1.3.4 销售数据分析

销售数据分析主要包括销售数据统计分析、退换货统计分析及销售数据可视化展现等。①销售数据统计分析。评估历史销售等相关数据，确定企业销售目标；进行市场调研，归纳、整理调研数据，设计销售指标；运用 Excel 等数据处理工具或调用平台数据，制订销售业绩、价格体系、区域布局、产品结构、销售业绩异动等指标计划；建立多维报表，明确销售任务，得出整体销售分析指标；通过内部报告系统或数据采集工具，获取销售数据；通过与客服部门沟通，获取销售反馈信息；对数据进行整理和清洗，保证数据的有效性和完整性；对整体销售进行分析，包括销售额分析、销售量分析、季节性分析、产品结构分析、价格体系分析；对销售区域进行分析，包括区域分布分析、重点区域分析、区域销售异动分析；对产品线进行分析，包括产品系列结构分布分析、产品—区域分析；对价格体系进行分析，包括价格体系构成分析、价格—产品分析、价格—区域分析；根据历史数据进行预测，包括总体销售预测、区域销售预测、季节性销售变化预测。②退换货统计分析。对于卖家来说，退货与退款是最不希望看到的情况，因为退换货不仅会增加时间成本，而且会直接造成收益损失。卖家通过对退货、退款情况进行统计与分析，能够更好地减少退货、退款数量，提高经营水平与店铺口碑。③销售数据可视化展现。对销售数据可视化方案进行设计，结合业务场景设计出实用的可视化方案；应用可视化方案对已分析出的销售数据结果进行展现。

▶ 1.3.5　库存数据分析

库存管理是影响企业盈利能力的重要因素之一。管理不当可能导致大量的库存积压，占用现金流。半成品库存的缺失会导致生产计划延后，成品库存的缺失则会造成销售订单的延误等问题。库存数据分析包括现有库存体系分析和优化现有库存体系。①现有库存体系分析。分析现有库存的分布、库存量、辐射能力等，通过数据分析对库存体系现状进行多维度展现，为决策提供数据支持。②优化现有库存体系。通过对库存体系的数据进行分析，在保障企业采购、生产、销售正常运行的前提下，提高库存周转率，降低成本，增加现金流，避免不必要的损失；制订合理库存量、库存预警，并保证信息在各部门之间的流通。

▶ 1.3.6　消费者数据分析

消费者数据分析包括消费者数据收集、消费者特征分析（客户画像）、消费者行为分析、消费者价值评估、目标客户精准营销及销售效果跟踪等。①消费者数据收集。分析企业品牌及产品定位、消费者定位，分析各业务部门对消费者数据的需求；根据消费者的访问、浏览、购买、评价等行为数据，对消费者属性标签数据进行收集、整理、清洗和处理。②消费者特征分析（客户画像）。根据消费者的购买行为、购买地域、购买金额、购买次数等行为，对消费者进行特征分析。③消费者行为分析。对消费者的评价行为、购买趋势、购买喜好、营销喜好、产品喜好等行为进行分析；根据消费者行为数据分析确定不同渠道的内容模式，挖掘消费者接受度较高的营销方式；跟踪和分析消费者对产品的反馈，监测产品使用状况并及时提出改进方案；识别消费者痛点及产品机会，组织有价值的典型消费者参与产品设计，评估产品价值及消费者体验。④消费者价值评估。通过分析客户画像、回购率、客单价、地域等消费者行为，挖掘消费者价值并进行评估；对消费者行为特征进行有价值的深度挖掘。⑤目标客户精准营销。针对不同平台对客户进行精准分析，制定相应的营销策略；根据制订的计划协调企业资源，实施营销计划。⑥销售效果跟踪。通过营销回购率、转化率、投资回报率等指标对各渠道的客户营销数据进行总结、分析、对比，得出各渠道的销售效果报告，从而调整不同渠道的客户运营策略；跟踪各渠道的销售效果及投资回报率，为各业务部门提供改进建议，并协助各渠道进行客户营销模式的调整。

1.4　商务数据分析的应用

商务数据分析与大数据、人工智能、云服务等前沿技术的结合，以及在电子商务、金融、电信等行业中的应用，进一步拓展了商务数据分析的广度和深度。

1.4.1　商务数据分析与前沿技术的结合

1. 商务数据分析与大数据

大数据的特点可归纳为海量、多样、快速、高价值等。大数据时代，在机器学习和数据挖掘技术的推动下，可把信号转换为数据，数据转换为信息，信息转化为知识，而知识又为决策和行动提供指导。数据成为具有商业价值的优势资源，逐渐成为企业发展的核心竞争力。企业掌握了几乎全链条的数据信息，包括消费者的浏览记录、购买记录、评价反馈，以及企业的交易量、交易额、库存量、信用评价等。可将这些数据资源收集并存储在数据库中，进行深入挖掘分析，从而为企业经营决策提供指导。

大数据为电子商务带来新的发展契机，主要表现在以下几个方面。①信息检索服务。网络上的信息呈爆发式增长，消费者很难在有限的时间内筛选出心仪的产品。企业可以通过将海量产品进行整合归类，将大类再进行细分，实现消费者搜索关键词与产品信息快速准确匹配，使消费者获得符合自己需求的产品。②优质信息汇总。消费者具有明显的从众心理，企业可以根据消费者浏览记录和购买记录等指标，将大多数人喜欢的产品筛选出来，综合排列，节省消费者的精力和时间。③个性化和精准商品推荐。消费者处理信息的精力和能力有限，企业可以采集消费者的浏览记录和购买记录等数据，分析消费者的消费偏好和习惯，建立消费者档案，进行个性化产品推荐或广告推送服务，提升用户体验。④差异化竞争，细化服务领域。企业通过对数据的分析挖掘，找准营销目标，形成新的竞争方式，如阿里巴巴衍生出的"聚划算""小黑盒"等。⑤优化资源配置。依托消费大数据，企业可以预知未来市场方向，规划调整商品生产类型，优化营销策略和资源配置，提质增效。例如，对于交易量大的商品，分析主要消费群及其消费行为特征，然后将产品有目的地倾斜，吸引更多的同类消费者；或者分析影响消费者的重要因素，调整营销策略，提升交易量。⑥挖掘数据的潜在价值。根据不同地区消费者的购买习惯，分析环境、地域对消费的影响，制定相应的营销策略。

2. 商务数据分析与人工智能

人工智能为商务数据分析提供了全新的发展趋势。①数据收集与整合。利用人工智能工具，将更快、更加自动化地对结构化和非结构化的数据进行标记、搜索和编辑。②指标覆盖率。利用人工智能工具可以一次提取数百万个指标，并且在出现问题时仍可以提供即时反馈，从而扩大了企业关键绩效指标的监控范围和提取时效。③阈值和基准。企业使用普通的商务数据分析方法，需要数据科学家为关键绩效指标设置阈值，以便在指标低于或高于某个阈值时触发警报，这种方式会忽略绩效指标的季节性、突发性，导致大量的误报和漏报；而基于人工智能的商务数据分析依靠机器学习算法来学习指标的正常行为并确定其基准，从而无须进行人工阈值处理。④原因分析与预测。通过人工智能算法的自主分析，可以在几秒钟内为企业提供所需的预测。自主分析在每次进行预测时都会自动与随后发生的事件进行比较，然后根据判断的对与错来完善其结论，也就是说，人工智能模型运行的时间越长，预测就越精确。

3. 商务数据分析与云服务

云服务在商务数据分析中的主要作用包括以下几个方面。①中小企业不必再花大量成本在基础设施建设上。云服务为企业提供了具有自我维护和管理功能的虚拟计算资源，企业可以利用云的计算能力来补充或取代其内部的计算资源。②云服务中心具有更高的计算与存储性能。由于云服务的应用程序是在服务器上而不是客户端上运行的，因此对云客户端的硬件要求是非常低的，只需要更少的内存、容量较小的硬盘即可。③企业之间和企业内部的信息共享与协作更加便捷。企业可以利用云服务进行密切协作，随时随地查看项目的文件、任务和进展情况，实现不同企业和企业内部数据的应用共享。④企业商务应用的安全性得到改善。企业可以将数据都存储在云端，由云服务提供专业、高效而又安全的数据存储，企业不必再担心由各种安全问题导致的重要数据丢失或被窃取。⑤企业商务应用的专业性和灵活性得到改善。云服务可以为企业提供经济可靠又专业的商务系统，软件即服务（Software as a Service，SaaS）是云计算提供的一种服务类型，它将软件作为一种服务提供给客户，企业只需安装网络浏览器即可更方便、高效地使用云服务提供的各种服务。⑥云服务具有超强的数据处理能力。云服务可以根据需求调用云中数万乃至百万的计算机，以及众多的计算资源，为用户提供超强的计算处理能力，使用户完成通过单台计算机设备难以完成的任务。⑦云服务可以为企业提供直接的经济效益。企业构建商务系统必须配备大量的计算机和网络设备，随着设备更新换代，还要定期更换设备以满足新的商务需求，不仅建立商务系统成本高，后期维护也需要较高的费用并且需要专业人员进行维护。而云服务能够有效降低企业商务系统的建设成本，更节省了后期维护费用和人力成本。

【知识拓展】

云计算的商业价值

云计算具有网络接入、有弹性、能够扩展、资源共享和按需付费等特点，创造了巨大的商业价值，主要包括以下几个方面。①将信息技术资源与服务充分融合，提升了应用效率。通过云计算服务模式，将原本让中小企业望而却步的昂贵信息系统，以超低价格、到位服务、随时需要随时取用的方式提供给中小型企业。②大幅降低了运用技术的门槛。企业可以专注于发展核心业务，提升了企业的竞争能力与实力。③将数据资源全部集中，探索出大数据价值的内在潜力，为企业制订更健全、完善的计划提供强有力的数据支持。

1.4.2 商务数据分析与典型行业的结合

1. 电子商务行业的数据分析

在电子商务领域，数据分析的主要应用体现在以下四个方面：①勾勒客户画像。通过勾勒客户画像，分析客户行为和数据之间的关系，还原客户全貌。②提升营销转化。

通过分析拉新流量和付费转化，甄别优质广告投放渠道。③精细化运营。分层次筛选特定消费者群，精准运营，提升留存率。④优化商品。通过数据指引核心流程优化商品，提高店铺的转化率和销售额。

下面分别从"人、货、场"三个维度对数据分析在电子商务领域的应用进行介绍。①以"人"为维度的用户分析。用户分析是指根据用户在电子商务网站上的各项浏览行为数据，分析用户的喜好，为用户提供喜爱的商品和服务，最终实现成交转化。例如，通过对用户的新增/活跃情况、时段分布、渠道用户、地域分布及启动/激活情况等进行分析，研究用户的访问焦点，挖掘用户的潜在需求。②以"货"为维度的商品分析。通过分析商品的浏览量、点击量、订单量、购买用户数等数据，企业可以推断出商品的点击是否顺畅，商品功能的展示是否完美，用户的关注度及购买力如何等信息，为进一步研究商品生命周期、调整商品推广策略提供有力的数据支持。③以"场"为维度的场景运营分析。场景营销是基于网民的上网行为始终处在输入场景、搜索场景和浏览场景这三大场景之一的一种新营销理念。电子商务场景运营分析是针对这三种场景，在充分尊重消费者网购体验的前提下，围绕消费者输入信息、搜索信息、获得信息的行为路径和网购场景进行优化，使消费者对商品产生使用黏性，形成高频购买的习惯。

2. 金融行业的数据分析

数据分析在金融行业最主要的应用在于帮助金融机构实现精准营销、客户价值管理和风险控制。①实现精准营销。利用数据分析方法，金融机构可以判断客户的习惯偏好及短期需求，形成画像描述，从而找到精准的目标客户并发掘新的需求。②高效的客户价值管理。大型金融机构沉淀了大量客户及客户信息，通过对客户信息进行挖掘、分析，加深对存量客户的了解，可提升客户管理的效率。③加强风险控制。通过客户标签的匹配，对客户进行行为分析，划分客户的风险级别，这样金融机构在客户贷款时，就可以进行精准的风险控制，降低违约风险。

3. 电信行业的数据分析

根据电信与媒体市场调研公司 Informa Telecoms & Media 的调查结果，全球 120 家电信运营商中约有 48%的运营商正在实施大数据业务，电信公司由流量经营进入数据运营已成为大势所趋。目前国内电信运营商对数据分析的应用主要体现在以下五个方面。①网络管理和优化。包括基础设施建设优化和网络运营管理与优化。②市场营销。包括客户画像、关系链研究、精准营销、实时营销和个性化推荐。③客户关系管理。包括客服中心优化和客户生命周期管理。④企业运营管理。包括业务运营监控和经营分析。⑤数据商业化。电信企业利用自身拥有的大数据资产进行对外商业化，获取收益。

本章知识小结

本章主要介绍了商务数据分析的概念和作用、流程与原则；通过分析行业数据、竞争数据、商品数据、销售数据、库存数据和消费者数据，介绍了商务数据分析的主要任务；结合大数据、人工智能和云服务等前沿技术，介绍了商务数据分析在电子商务、金融和电信行业的典型应用。

本章考核检测评价

1．判断题

（1）数据对传统企业作用不大。（　　　　）

（2）做行业宏观分析时适合采用 PEST 模型。（　　　　）

（3）数据收集是按照确定的数据分析目的与框架内容，有目的地收集、整合相关数据的过程，是数据分析的基础。（　　　　）

（4）数据分析是为了提取有用信息和形成结论，对数据进行详细研究和概括总结的过程。（　　　　）

（5）商品数据分析可对商品开发及市场走向做出预测。（　　　　）

2．单选题

（1）商务数据分析的流程依次是（　　　　）。

A．确定目的与框架、数据收集、数据处理与集成、数据可视化、数据分析、报告撰写

B．确定目的与框架、数据处理与集成、数据收集、数据分析、数据可视化、报告撰写

C．确定目的与框架、数据收集、数据处理与集成、数据分析、数据可视化、报告撰写

D．确定目的与框架、数据可视化、数据收集、数据处理与集成、数据分析、报告撰写

（2）（　　　　）数据分析是指对已有的数据在尽量少的先验假定下进行探索，侧重于在数据中发现新的特征。

A．探索性　　　　　B．验证性　　　　　C．定性　　　　　D．客观

（3）数据收集阶段，内部渠道不包括（　　　　）。

A．企业内部数据库　　B．客户访谈　　　　C．客户调查　　　　D．行业协会

（4）行业数据分析不包括（　　　　）。

A．行业数据采集　　　　　　　　　　　B．产业链分析

C．市场生命周期分析　　　　　　　　　D．竞争产品分析

（5）电子商务数据分析的原则不包括（　　　　）。

A．实用性　　　　　B．针对性　　　　　C．高效性　　　　　D．系统性

3．多选题

（1）数据分析流程中的数据处理与集成阶段，处理的对象包括（　　　）。

A．外部数据　　　　　B．错误数据　　　　　C．重复数据　　　　　D．残缺数据

（2）收集数据的外部渠道包括（　　　）。

A．网络　　　　　　　B．书籍　　　　　　　C．客户调查　　　　　D．专业调研机构

（3）商务数据分析的原则包括（　　　）。

A．科学性　　　　　　B．实用性　　　　　　C．趋势性　　　　　　D．针对性

（4）电子商务数据分析的主要任务包括（　　　）。

A．行业分析　　　　　B．客户分析　　　　　C．产品分析　　　　　D．运营分析

（5）在电子商务领域，商务数据分析的主要应用体现有（　　　）。

A．勾勒客户画像　　　B．提升营销转化　　　C．精细化运营　　　　D．优化商品

4．简答题

（1）简述商务数据分析的概念。

（2）简述商务数据分析的意义。

（3）简述商务数据分析的基本流程。

（4）简述商务数据分析的主要原则。

（5）简述库存数据分析的主要流程。

5．案例题

2020 年 2 月，复旦大学管理学院孙金云副教授和他的研究团队做了一项关于"手机打车软件打车"的调研。二十多人的团队在北京、上海、深圳、成都和重庆五个城市打车 800 多次，对 3 千米内的短途、3～10 千米的中途、10 千米以上的长途这三种距离分别进行了调研，花费 5 万元形成了一份《打车报告》。得出的主要结论是：使用苹果手机的机主更容易被专车、优享这类更贵车型接单。如果不是苹果手机，则手机越贵，越容易被更贵车型接单。经常从一个网约车平台打车，并不能获得越来越优惠的价格，应同时安装多个打车软件进行对比。

从这个案例中可以看出，全方位的数据调研与分析，对我们了解与认识一个行业的真实情况具有重要意义。请大家查阅该资料，对这份《打车报告》的调查样本、统计方法、分析结论与对策建议进行深入学习和讨论。

第 2 章
商务数据分析模型

【学习目标】

1. 了解几种主要数据分析模型的概念和应用步骤；
2. 掌握 PEST 模型、SWOT 模型、5W2H 模型、逻辑树模型。

【本章重点】

1. 掌握 PEST 模型、SWOT 模型、5W2H 模型、逻辑树模型的基础知识；
2. 设计 PEST 模型、SWOT 模型、5W2H 模型、逻辑树模型的图形化表示。

【本章难点】

1. 应用 PEST 模型分析企业外部环境，应用 SWOT 模型分析企业内部环境；
2. 应用 5W2H 模型和逻辑树模型解决实际的商业问题。

【思维导图】

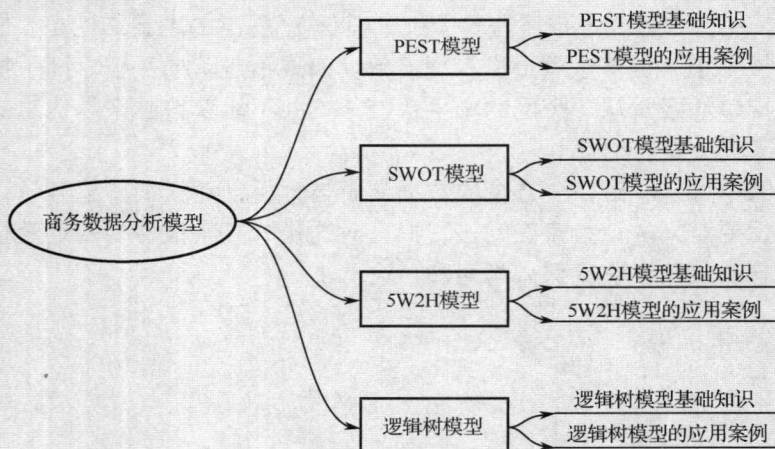

农村电子商务发展的环境分析

农村电子商务是农村经济和电子商务深度融合发展的产物，随着互联网的普及和农村基础设施的完善，我国农村电子商务发展迅速。为了全面分析农村电子商务发展的内外部环境，可以借助 SWOT 分析法。①优势分析。产品优势，丰富的农产品为农村电子商务的发展奠定了丰厚的物质基础；市场优势，农村成为网购的高增长市场，也成为各大电商争相进驻发展的区域；价格优势，电商平台降低了中间流通成本，农户拿到更高的销售价格，消费者以更优惠的价格买到农产品，实现共赢。②劣势分析。农村基础设施不完善，物流成本高，农村电商的利润空间被压缩；品牌建设落后，在市场竞争中自然处于劣势。③机遇分析。政策机遇，各种利好政策不断出台；需求机遇，城市居民对特色农产品的需求和农村居民需求的多样化，为农村电子商务的发展带来新的市场机会；市场机遇，各大电商平台争先抢占农村电子商务的发展先机。④面临挑战。缺乏标准化管理，观念落后，人才缺乏。可见，通过上述的 SWOT 分析，可以帮助电商企业掌握发展农村电子商务的内外部环境，并做出科学决策，例如，加快基础设施建设，加强品牌建设力度及加速培养专业人才等。

2.1 PEST 模型

PEST 模型是企业分析其外部宏观环境的一种重要方法。

2.1.1 PEST 模型基础知识

PEST 分析是对宏观环境的分析，宏观环境又称一般环境，是指一切影响行业和企业的宏观因素。对宏观环境因素进行分析时，不同行业和企业根据自身特点和经营需要，分析的具体内容会存在差异，但一般都应包括政治（Political）、经济（Economic）、社会（Social）和技术（Technological）这四大类影响企业的主要外部环境因素。

1. 政治环境

政治环境指一个国家的社会制度，执政党性质，政府的方针、政策、法令等。不同的政治环境对行业发展有不同的影响，政府的政策广泛影响着企业的经营行为。政治环境的关键指标包括政治体制、经济体制、财政政策、税收政策、产业政策、投资政策、专利数量、国防开支水平、政府补贴水平、民众对政治的参与度等。在制定企业战略时，对政府政策的长期性和短期性的判断与预测十分重要。企业对政府发挥长期作用的政策要有必要的准备，对短期性的政策则可视其有效时间或有效周期而做出不同的反应。

2. 经济环境

经济环境分为宏观经济环境和微观经济环境两个方面。宏观经济环境指一个国家的国民收入、国民生产总值及变化情况，通过这些指标反映国民经济发展水平和发展速度。微观经济环境指企业所在地区的消费者收入水平、消费偏好、储蓄情况、就业程度等因素，这些因素决定着企业目前及未来的市场大小。经济环境的关键指标包括国民生产总值及其增长率、进出口总额及其增长率、利率、汇率、通货膨胀率、消费价格指数、居民可支配收入、失业率、劳动生产率等。

3. 社会环境

社会环境指一个国家或地区的居民受教育程度和文化水平、宗教信仰、风俗习惯、审美观、价值观等。文化水平影响居民的需求层次，宗教信仰和风俗习惯会禁止或抵制某些活动的进行，价值观会影响居民对组织目标和组织活动存在本身的认可，审美观则会影响人们对组织活动内容、活动方式及活动成果的态度。社会环境的关键指标包括人口规模、性别比例、年龄结构、出生率、死亡率、种族结构、妇女生育率、生活方式、购买习惯、教育状况、城市特点、宗教信仰状况等。

4. 技术环境

技术环境指与企业所处领域直接相关的技术手段的发展变化、国家对科技开发的投资和支持重点、该领域技术发展动态和研究开发费用总额、技术转移和技术商品化速度、专利及其保护情况。技术环境的关键指标包括新技术的发明和进展、折旧和报废速度、技术更新速度、技术传播速度、技术商品化速度、国家重点支持项目、国家投入的研发费用、专利个数、专利保护情况等。

📺 2.1.2　PEST 模型在商务数据分析中的应用

微商，英文名称 We business（全民创业），是基于移动互联网的空间，借助社交软件工具，以人为中心，社交为纽带的新商业。微商的特点是进入门槛低、投资少，这些特点极大地满足了新兴创业者的需求。利用 PEST 模型对微商的宏观经济环境进行分析[①]，可以更深层次地了解微商的发展现状。

1. 政治层面

政治层面主要分析与微商相关的创新创业政策。①创新创业。全社会都在积极倡导"大众创业、万众创新"，即创新创业。创新关注的是开拓，是创业的基础和前提；而创业强调的是行为，是创新的体现和延伸。两者相辅相成，共同促进社会经济的转型和发

---

① 案例来源：[1]路倩倩，段金怡，丁彦钦. 浅析微商发展现状及前景——基于 PEST 模型分析. 东方企业文化，2015(15)：302. [2]邱晓星，史璟，李伟. 基于 PEST 分析法对我国微商发展趋势研究. 管理观察，2018(05)：67-68.

展。微商中，不论是经营管理模式、结算方式，还是产品推广营销模式，都能够满足创新的条件，而其较低的进入门槛也为大众创业提供了便利的途径。②"互联网+"成为国家战略。"互联网+"有助于传统产业换代升级，在电子商务、零售业等领域表现得尤为突出。微商正是在"互联网+"国家战略下规范发展的电子商务新业态，并一跃成为扩大内需、促进消费、解决就业、发展经济的新途径。

2. 经济层面

我国正处于经济转型的关键时期，面临传统产业产值持续下滑、去产能、调结构、产业全面转型升级、环保压力激增等艰难的局面，迫切需要通过改革与创新寻求新的经济支撑点与增长点。微商作为新的商业创新模式，是拉动内需的有力手段。截至 2020 年 12 月，我国网民规模达 9.86 亿，全国网上零售交易额达 11.76 万亿元。移动互联网行业覆盖面涉及了人们生活的各个方面。消费者线下生活场景持续向线上迁移，如金融理财、办公商务、生活服务等。这些都为微商的发展创造了有利条件。

3. 社会层面

①用户的时间管理。当今社会，人们的生活节奏越来越快，个人可支配的时间越来越碎片化。移动互联网用户可以随时随地利用手机或移动设备完成网络购物。基于移动互联网的购物行为在最大程度上降低了对时间与空间的限制，这对微商的发展具有重要意义。②微商发展的不利因素。微商主要的推广方式是微信朋友圈，简单粗暴的反复刷屏会让人们产生抵触及厌恶心理，从而选择屏蔽甚至删除好友，这就缩小了微商的市场，减少了受众人群及所获利益；微商的产品质量和售后服务无法保障，一些微商为了谋取暴利将假货混入正品行货中进行销售，这种欺骗行为会降低消费者对微商产品的信任度。

4. 技术层面

①移动互联设备与平台创新。微商所基于的"移动个人用户+社交的互联网平台"，是电子商务行业发展衍生的新业态，推动着电商领域的创新与发展。②专业人才培养。高校纷纷开设以互联网为基础的营销类课程，更好地为电商业态提供了理论支撑。③互联网目标市场细分。互联网的发展，使商家迎来了许多新的机遇，互联网提供了细分目标市场的无限可能，具有精准定位市场、找准目标客户、低成本售货、传播范围广、互动性强等特点，这为微商行业的发展提供了一个良好的销售前景。

2.2 SWOT 模型

SWOT 模型被广泛应用于企业战略制定、竞争对手分析等。

▶ 2.2.1 SWOT 模型基础知识

SWOT 分析即态势分析，是指将与研究对象密切相关的内部优势（Strengths）、劣势（Weaknesses）、外部机会（Opportunities）和威胁（Threats）等，通过调查列举出来并加以分析，从而得出一系列结论。SWOT 模型被用于制定企业发展战略之前对企业进行深入全面的分析及竞争优势的定位，是进行企业战略分析和竞争分析的常用模型。

1. 内部因素分析

内部因素分析是对企业内部的管理、团队、产品和市场营销情况进行分析。内部因素包括优势和劣势两个方面。由于企业是一个整体，并且竞争优势来源广泛，因此在做优劣势分析时必须从整个价值链的每个环节上，将企业与竞争对手做详细的对比。

2. 外部因素分析

外部因素分析是对企业外部的环境、政策和竞争对手进行分析。外部因素包括机会和威胁两个方面。机会指环境中有利的发展趋势，使公司拥有竞争优势。威胁指环境中不利的发展趋势所形成的挑战，如果不采取果断的战略行为，这种不利趋势将导致公司的竞争地位受到削弱。

3. 基于内外部因素的应对策略

在充分了解企业的内外部情况之后，制定出符合企业当前形势的发展策略，如图 2.1 所示。当企业的优势遇到机会时，应当采取发展的策略；当企业的优势遇到威胁时，应当采取拓展的策略；当企业的劣势遇到机会时，应当采取争取的策略；当企业的劣势遇到威胁时，应当采取保守的策略。将企业的优势、劣势、机会、威胁依照矩阵形式排列，然后用系统分析的思想，把各种因素相互匹配并加以分析，从而得出一系列相应的结论，为管理者做出正确的决策提供依据。

图 2.1　SWOT 模型的战略矩阵

▶ 2.2.2　SWOT 模型在商务数据分析中的应用

　　"一带一路"倡议实施以来，亚欧非大陆间的物流基础设施不断完善，我国进出口贸易及跨境电商交易额持续上涨，增长率保持在 10%以上，我国跨境电商市场迎来了广阔的发展空间。但是跨境电商的极速发展，也暴露出我国跨境物流体系不完善、市场监管不到位、相关人才缺乏等问题。因此，为了保证我国跨境电商能健康、稳定发展，对"一带一路"倡议下跨境电商的发展情况进行 SWOT 分析[①]就显得尤为重要。

1．内部优势分析

　　（1）基础设施水平逐渐改善。"一带一路"倡议加深了我国与其他沿线国家合作共建的程度，为了实现"六廊六路多国多港"的合作框架，我国给合作国带去了资金和技术，加大基础设施的投资建设。截至 2019 年 6 月底，中欧班列可通达境外 16 个国家和 53个城市，累计开行数量近 1.7 万列。在该倡议下，沿线国家不断改善的交通、网络通信等基础设施为跨境电商的发展提供了物流条件。

　　（2）国内网购的市场基础。①近几年各类跨境电商平台和服务商纷纷涌现，形成了覆盖各类交易主体的，包含跨境电商交易平台和物流类、金融类、支付类跨境服务商的跨境电商产业链。②网购平台的购物节不断增加，优惠方式应接不暇，刺激着线上消费。近两年"网红"直播带货模式的兴起既丰富了产品矩阵，又促使短视频平台进入了网购行业。③我国网购用户规模达 7.10 亿，渗透率高，消费者购买力强，网购交易额逐年增加。"一带一路"倡议的提出，能让更多国家加入跨境电商的供应链网络中。特别是2020 年新冠疫情促使跨境消费由线下向线上转移，国内的网购环境为跨境电商提供了市场基础。

2．内部劣势分析

　　（1）跨境物流系统发展不足。跨境物流环节多，需要仓储、出入境检查、通关、运输、配送等环节的相互配合，但"一带一路"沿线大多数国家的物流基础设施相对较差，仓储资源匮乏，物流配送成本高、周期长，物流系统自动化程度不高。

　　（2）跨境电商专业人才缺乏。跨境电商行业需要熟知采购、通关、配送等物流环节和国际贸易相关知识，社会上现有的跨境电商从业人员主要来自外贸和传统电商行业，缺乏跨境电商的专业知识。

　　（3）产品质量无保障，售后难度大。跨境电商市场准入制度不完善，电商平台监管不到位，进货渠道不透明，黑心商家通过出售假冒伪劣产品来获取超额利润。跨境电商退换货环节多、周期长，物流成本高，消费者售后体验差。

3．外部机会分析

　　（1）"一带一路"创造了良好的环境和商机。"一带一路"共商共建共享的理念得到

---

　　① 案例来源：曾妮．"一带一路"倡议下我国跨境电商发展分析．中国物流与采购，2021(6):57-58.

了国际社会的认可和响应，加强了我国与各国的经济政治合作，通过交往，我国树立了良好的大国形象，这为跨境电商提供了交易基础。跨境电商是"一带一路"五通建设的重要落脚点，在国内电商市场增速放缓、竞争压力较大的背景下，国内中小企业纷纷开拓海外市场。

（2）国家政策支持。国务院、财政部、海关总署在 2013～2017 年间先后发布了 20 多项政策来保障跨境电商的持续发展，大到总体制度、环境建设、监管方式、入境商品清单、试验区；小到税收、检验检疫、通关等跨境中间环节。这些都为跨境电商的快速发展创造了有利条件。

4．外部威胁分析

（1）贸易摩擦加剧。随着与"一带一路"沿线国家贸易的不断深入，各种贸易摩擦逐渐显现，目前我国主要面临着反倾销摩擦、技术壁垒、补贴与反补贴三类国际贸易摩擦。关税贸易规则的改变将导致企业动荡，增加跨境电商的运营成本，降低产品的市场占有率，甚至会造成资金链断裂，企业破产。

（2）汇率变动风险。在跨境电商交易时，由于各平台支付方式不一致，跨境交易周期长，使得多国币种交易存在支付结算环节和物流配送环节的汇率风险。

【知识拓展】

将 PEST 和 SWOT 及其他分析模型进行融合

融合 PEST、SWOT 等多种分析模型的情况可以大致分为两类。第一种是以 SWOT 模型为核心，针对 SWOT 模型中的威胁部分采用波特五力模型来得到关于企业外部环境的分析结果，针对 SWOT 模型中的机会部分采用 PEST 模型作为对企业外部宏观环境分析的辅助工具；第二种是系统性地对企业发展所处环境进行分析，宏观层面采用 PEST 模型，中间层面采用波特五力模型，微观层面采用 SWOT 模型进行分析。

2.3 5W2H 模型

5W2H 模型广泛应用于企业管理和技术活动，帮助企业进行商业分析，为企业科学决策提供依据。

2.3.1 5W2H 模型基础知识

1．5W2H 模型的概念

5W2H 模型针对 5 个 W（Why、What、Who、When、Where）及 2 个 H（How、How much）提出 7 个关键词进行数据指标的选取和分析。①Why：为什么？为什么要这么做？

理由是什么？原因是什么？②What：是什么？目的是什么？做什么工作？③Who：谁？由谁来承担？谁来完成？谁来负责？④When：何时？什么时间完成？什么时机最合适？⑤Where：何处？在哪里做？从哪里入手？⑥How：怎么做？如何提高效率？如何实施？方法是什么？⑦How much：费用成本是多少？做到什么程度？质量水平如何？5W2H模型简单、方便，易于理解，富有启发意义，有助于思路的条理化，杜绝盲目性，有助于全面思考问题，避免在流程设计中遗漏项目，是进行用户行为分析和业务场景分析的常用模型。

2. 5W2H 模型的应用步骤

①利用若干5W2H问题，检验产品的合理性。②分析产品的主要优缺点。如果现行的做法或产品经过七类问题的审核已无懈可击，便可认为这一做法或产品可取；如果七类问题中有一个答复不能令人满意，则表示这方面有待改进；如果哪方面的答复有独创的优点，则可扩大产品这方面的效用。③设计新产品，克服产品的缺点，扩大产品独特优点的效用。

▶ 2.3.2　5W2H 模型在商务数据分析中的应用

K公司是中国排名前五位的软件公司，为客户定制各种专业软件。该公司旗下某软件产品M是一款优质产品，M软件的销售经理想将软件推荐给某大型企业S。那么，S企业是否应使用M软件呢？

应用5W2H模型进行谈判与决策。①What：M软件是一款以财务管理为主的软件，功能基本满足企业财务管理的要求，投入市场使用以来，得到的市场反馈良好。M软件不断改进更新，既能满足企业长期发展的需要又能满足未来多样化的需求，而且质量稳定，维护较为容易。②Who：M品牌的目标客户是大型企业，通过信息系统提升企业的生产效率。S企业规模不断扩大，原有软件已无法满足企业发展的要求。③Where：M软件的渠道模式主要是标准化产品，再根据用户需求进行定制化开发。④When：M软件从规划、测试到部署运行，需要8~12个月时间。⑤Why：M软件具有软件设计架构的开放性和可扩展性，系统功能完善，能够满足企业多个部门的应用要求，项目实施管理与服务水平一流。⑥How：为配合渠道开发，M软件市场部联合信息部提供免费培训。⑦How much：预计软件产品费用200万元，升级相应的硬件和网络费用100万元。

结合上述的七问七答，S企业管理者在选择使用M软件之前便能够对M软件开展全面分析，降低软件产品选择失败的可能性。

2.4　逻辑树模型

逻辑树模型将工作细分为一个个便于操作的具体任务，帮助企业解决问题，是企业进行商务数据分析最常用的方法之一。

📺 2.4.1 逻辑树模型基础知识

逻辑树又称问题树、演绎树或分解树，它将问题的所有子问题分层罗列，从最高层开始，逐步向下扩展，把一个已知问题作为树干，把相关问题作为树枝，每增加一个问题就在树干上加一个"树枝"，并标明这个"树枝"代表什么问题。

1. 基本原则

逻辑树模型能保证解决问题过程的完整性，将工作细化成便于操作的具体任务。在确定各部分的优先顺序时，应遵循三个基本原则。①要素化。把相同问题总结归纳成要素。②框架化。按照不重不漏的原则，将各个要素组成框架。③关联化。框架内的各个要素要保持必要的相互联系，简单而不孤立。

2. 三种逻辑树

逻辑树模型包括议题树、假设树和是否树三种类型。这三种逻辑树的应用场景有所区别。在问题的初始阶段，尚不明确具体情况，需要对问题进行全面分析时，使用议题树；对问题已经有一定了解，并且有了一种假设方案，需要对假设方案进行验证时，使用假设树；不仅对问题足够了解，而且针对一些结果已经有了标准方案，需要在方案中进行选择时，使用是否树。

1）议题树

议题树的主要形式是先提出一个问题，然后将这一问题细分为多个与其内在逻辑相联系的副议题。例如，主问题是"如何减少员工加班的现象"，那么根据议题树的逻辑就可以列出两个副议题，一是"减少员工的工作定额"，二是"提高员工的工作效率"，议题树结构图如图 2.2 所示。议题树相邻层级具有逻辑上的内在直接联系，同一层级上的内容需要满足相互独立、完全穷尽的要求。议题树的特点是比较可靠，但是实施过程比较缓慢，通常用于解决问题的初期。

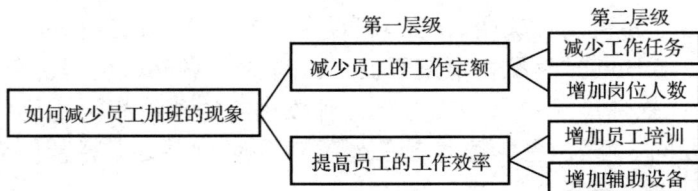

图 2.2　议题树结构图

2）假设树

假设树的主要形式是先假设一种解决方案，然后通过已有论据对该方案进行证明。对于某种假设方案，只有当所有论点都支持该方案时，该假设方案才可以得到验证，否则会被推翻。例如，以"减少员工加班现象对企业有利"为假设，那么就应以为什么"减少员工加班现象对企业有利"为切入点，列举大量的例子对假设进行阐述和说明，假设树结构图如图 2.3 所示。每一个论点都可以继续分解，直至分解到可以被基本假设证实或证伪。假设树的特点是处理问题比议题树更快，解决问题的效率更高，通常用于对问题有足够了解的阶段。

3）是否树

是否树的结构与前两种逻辑树相比要简单得多，其主要形式是先提出一个问题，然后对这一问题进行判断分析，分析的结果只有两种，非"是"即"否"。在分析前，对一些结果已有标准方案。如果答案为"是"，那么即可应用事先准备好的标准方案；如果答案为"否"，那么就要再进行下一轮的判断分析，根据结果确定解决方案。是否树的特点是简单明了，对问题的解决果断标准，是否树结构图如图 2.4 所示。

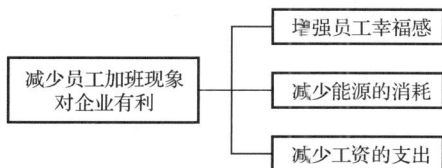

图 2.3　假设树结构图　　　　　图 2.4　是否树结构图

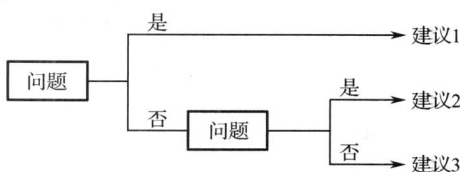

2.4.2　逻辑树模型在商务数据分析中的应用

建立逻辑树模型分析如何解决客户流失问题的解决方案。某平台由于技术革新造成客户流失，为解决客户流失的问题，结合平台情况构建逻辑树模型，如图 2.5 所示。建立议题树模型，主问题为"客户流失解决方案"。第一层级细分为三个问题：挽回老客户、增加新客户及投放新产品。再细分第二层级，对于挽回老客户可细分为拜访和调研老客户及提供优惠政策；对于增加新客户可细分为调整新用户政策和加大市场宣传推广投入；对于投放新产品可细分为增加新产品研发投入和加强新产品售后服务。通过研究分析第二层级的问题，得到解决第一层级问题的答案，最终通过第一层级解决具体问题。

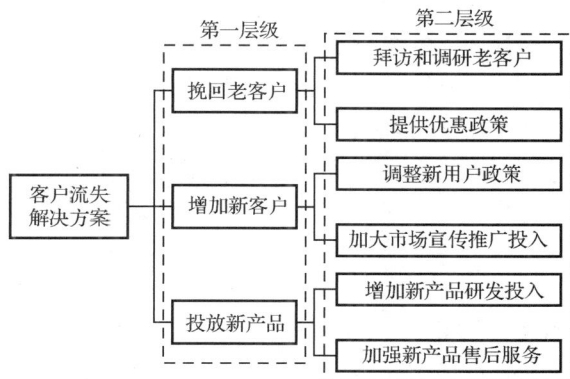

图 2.5　客户流失解决方案的逻辑树模型

本章知识小结

本章主要学习了 PEST 模型、SWOT 模型、5W2H 模型及逻辑树模型这四种重要的商务数据分析模型。通过对上述分析模型系统化的学习，可以在实际的商务数据分析中加以应用并得出有效的解决方案。

本章考核检测评价

1. 判断题

（1）PEST 模型是一种用于对企业所处的宏观环境进行分析的模型。（   ）

（2）PEST 分析法的四个要素分别为政治环境、经济环境、社会环境和技术环境。（   ）

（3）5W2H 模型是用户行为分析和业务场景分析的常用模型。（   ）

（4）SWOT 模型中的优势（Strength）属于外部因素。（   ）

（5）当对问题提出假设方案进行验证时应使用是否树。（   ）

2. 单选题

（1）以下不属于 5W2H 模型的核心要素的是（   ）。

A. What   B. Who   C. How many   D. How much

（2）以下不属于逻辑树模型的原则的是（   ）。

A. 要素化   B. 系统化   C. 框架化   D. 关联化

（3）在 5W2H 模型的 What 分析中不包括（   ）。

A. 是什么   B. 目的是什么   C. 客户是谁   D. 做什么工作

（4）下列不属于 PEST 模型的因素是（   ）。

A. 政治环境   B. 经济环境   C. 社会环境   D. 法律环境

（5）在逻辑树模型中，适用于问题初期阶段的模型为（   ）。

A. 议题树   B. 是否树   C. 论证树   D. 假设树

3. 多选题

（1）PEST 模型中的要素包括（   ）。

A. 政治环境   B. 经济环境   C. 社会环境   D. 技术环境

（2）属于 PEST 模型中技术环境的关键指标的是（   ）。

A. 专利个数   B. 研发费用   C. 技术传播速度   D. 重点支持项目

（3）SWOT 模型包括（　　　）因素。

A. 优势　　　　　　　B. 机遇　　　　　　　C. 技术　　　　　　　D. 威胁

（4）逻辑树的基本类型为（　　　）。

A. 议题树　　　　　　B. 是否树　　　　　　C. 论证树　　　　　　D. 假设树

（5）以下（　　　）指标属于 PEST 分析中的社会环境指标。

A. 失业率　　　　　　B. 出生率　　　　　　C. 政府补贴水平　　　D. 购买习惯

4．简答题

（1）简述 5W2H 分析法的应用步骤。

（2）什么是 PEST 模型，该模型包含哪些主要方面？

（3）辨析逻辑树三种模型的主要区别。

（4）简述逻辑树模型的三个原则。

（5）简述 SWOT 分析法的主要内容。

5．案例题

智能家居是以住宅为平台，以物联网技术为基础，由软件系统、硬件和云计算平台组合而成的，以实现环保节能为目的的居住环境。在"互联网+"的背景下，试运用 PEST 模型分析智能家居行业在我国的发展现状。

第 3 章
商务数据分析方法

【学习目标】

1. 了解静态分析指标和动态分析指标的含义;
2. 掌握相关分析的计算方法;
3. 掌握一元线性回归分析的计算方法;
4. 掌握时间序列预测模型。

【本章重点】

1. 熟悉各类统计分析的指标和指数的计算方法;
2. 掌握相关分析、回归分析、时间序列分析等重点分析方法。

【本章难点】

1. 计算相关系数;
2. 计算线性回归模型的参数并建立回归模型;
3. 应用时间序列模型进行移动平均和指数平滑处理。

【思维导图】

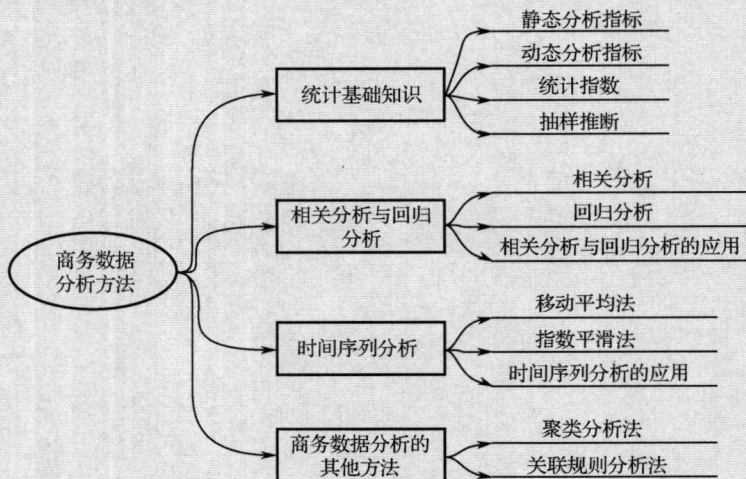

【知识导入】

电商平台商品个性化推荐

2012 年，京东在平台上推出商品个性化推荐功能，该功能是基于规则匹配实现的。随着平台业务的快速发展及移动互联网时代的到来，基于大数据分析对商品个性化推荐的需求愈发强烈。2015 年，京东团队升级商品个性化推荐系统。在 2016 年"6·18"期间，商品个性化推荐功能大放异彩，特别是"智能卖场"，实现了活动会场的个性化推荐，大大提高了流量效率，达到了商家和用户双赢。可见，在电商网站进行商品个性化推荐，可以提高整个网站商品销售的有效转化率，增加商品销量。这种推荐旨在根据用户已经浏览、收藏、购买的记录，更精准地理解用户需求，对用户进行聚类、打标签，推荐用户感兴趣的商品，帮助用户快速找到需要的商品，适时放大需求，售卖更加多样化的商品。个性化推荐系统未来将朝着"满屏皆智能推荐"的方向发展。如何从海量的数据中找到有用的数据，并对获取的数据进行有效分析呢？本章将通过介绍商务数据分析的方法解决这个问题。

3.1 统计基础知识

统计指对某一经济现象的有关数据进行收集、整理、计算、分析和表达等的活动。运用统计指数，对数据进行抽样推断，分析商务数据的变化情况。

3.1.1 静态分析指标

静态分析方法主要用来对社会经济现象进行综合性的分析对比，反映社会经济现象的数量特征。静态分析指标包括总量指标、相对指标、平均指标和变异指标等。

1. 总量指标

总量指标是反映社会经济现象在一定时间、地点和条件下的总体规模或水平的统计指标。它的表现形式为绝对数，故又称为统计绝对数。例如，企业的总营业额、员工总数、产品销售总量等都是反映现象的总量，因此，这些都是总量指标。

总量指标是对社会经济现象总体认识的起点，是编制政策和计划、实行科学管理的重要依据，是计算相对指标和平均指标的基础。总量指标本身只能反映经济现象在具体时间、地点、条件下的总规模、总水平，不能反映经济现象间的对比关系、内部结构、计划完成情况、动态变动方向和变动程度等，要解决这些问题，就必须计算相对指标。

2. 相对指标

两个有联系的统计指标的比率称为相对指标。与总量指标有量纲单位不同，相对指标在绝大多数情况下采用无名数标识。无名数是一种抽象化的数值，多用倍数、系数、成数、百分数等表示。例如，2020 年某天猫店铺总营业额为 2019 年的 114.7%，从该店铺与同行业其他店铺的对比数据可以看出，其"描述相符"度高于同行业平均分 20.54%，如图 3.1 所示。

相对指标能够反映经济现象的发展速度、结构、强度、普遍程度或比例关系。利用相对指标可以使不能直接比较的指标找到共同的比较基础。例如，甲、乙两个企业，由于其企业规模、产品种类、技术水平等条件不同，它们的营业额、企业利润等指标均不可比，但计算它们的销售额计划完成情况相对指标、销售利润率、成本利润率等指标，便可找到它们共同的比较基础，据此便可以比较两个企业经济效益的高低。

图 3.1 某天猫店铺动态评分与同行业对比

3. 平均指标

1）平均指标的概念

平均指标是同类社会经济现象总体内各单位某一数量标志在一定时间、地点和条件下数量差异抽象化的代表性水平指标，其数值表现为平均数。例如，企业员工平均工资、歌唱比赛每位选手的平均得分等都属于平均指标。平均指标可以反映现象总体的综合特征，也可以反映各变量值分布的集中趋势。平均指标常用来进行同类现象在不同空间、不同时间条件下的对比分析，从而反映现象在不同地区的差异，揭示现象在不同时间的发展趋势。平均指标按计算和确定的方法不同，分为算术平均数、调和平均数、众数和中位数等。

2）算术平均数、调和平均数、众数和中位数的应用

例：2021 年 1 月某网店 11 名员工的年龄、工资收入与当月交易量，如表 3.1 所示。

（1）算术平均数：将数据相加后除以数据的个数得到的结果。例如，计算本月全部员工的月平均工资，这 11 名员工的月工资总额为 55200 元，则月平均工资为 5018 元（55200/11）。

（2）调和平均数：数据倒数的算术平均数的倒数。例如，计算编号为 101～105 号员工的本月平均交易量，则这 5 名员工本月平均交易量为 41.1 单，即 5/ (1/50 + 1/32 +1/46 +1/48 + 1/36)=41.1。

（3）众数：数据中出现次数或频率最多的数值。例如，计算全部员工年龄的一般水平。这 11 名员工中，22、24、28、30、35 岁各 1 名，23 岁 2 名，25 岁 4 名，因此，25 是全部员工年龄的众数。

（4）中位数：数据按照从小到大的顺序（或者从大到小的顺序）排列，处在中点位置的数值。如果数列是奇数，中位数等于第 $\frac{n+1}{2}$ 个数；如果数列是偶数，中位数等于第 $\frac{n}{2}$ 和 $\frac{n}{2}+1$ 个数的平均数。例如，计算全部员工年龄的中位数。首先将年龄数据按照从小到大的顺序排

列，由于该组数据由 11 个数据组成，因此中位数为排在第 6 位的数据 25。如果计算 102～111 号员工年龄的中位数，由于该组数据由 10 个数据组成，因此中位数为排在第 5 和第 6 位的数据和求平均(25+25)/2=25。

表 3.1　2021 年 1 月某网店员工基本情况与收入数据

员工编号	年龄/岁	工资/（元/月）	交易量/（单/月）
101	23	5500	50
102	25	4600	32
103	25	5000	46
104	24	5200	48
105	23	4900	36
106	22	4800	33
107	28	5300	49
108	30	5000	46
109	35	4800	45
110	25	5000	42
111	25	5100	53
合计		55200	480

4. 变异指标

变异指标是综合反映总体各单位标志值变异程度的指标。它显示总体中变量数值分布的离散趋势，是说明总体特征的另一个重要指标。变异指标包括极差、四分位差、平均差、标准差、方差等。仍采用如表 3.1 所示的数据分析变异指标。

（1）极差。也称为全距，是一组数据中的最大值与最小值之差，用 R 表示。例如，表 3.1 中员工工资的极差 R=最高工资−最低工资=5500-4600=900（元）。

（2）四分位差。它是上四分位数（Q_3，即位于 75%）与下四分位数（Q_1，即位于 25%）之差，用 Q 表示，计算公式为 $Q=Q_3-Q_1$。例如，表 3.1 中员工年龄分别为 23,25,25,24,23,22,28,30,35,25,25，将数据按照从小到大的顺序排列，Q_1 的位置为 3，Q_3 的位置为 9，则四分位差 $Q=Q_3-Q_1$=28-23=5，说明该团队中有 50%的人年龄集中在 23～28 岁之间，最大差异为 5 岁。

（3）平均差。它是一种平均离差，是总体所有单位与其算术平均数的离差绝对值的算术平均数。例如，表 3.1 中员工年龄分别为 23,25,25,24,23,22,28,30,35,25,25，其平均差为∑|组内各个数据−算术平均数|/该组数据的个数=30.5/11=2.77。

（4）标准差和方差。方差是将各个数据与其算术平均数的离差平方的平均数，用 σ^2 表示；标准差是方差的平方根，用 σ 表示。例如，表 3.1 中员工年龄分别为 23,25,25,24,23,22,28,30,35,25,25，方差=∑（组内各个数据−算术平均数）^{2}/该组数据的个数= 12.99，标准差=3.60。

3.1.2 动态分析指标

动态分析方法又称时间序列分析方法，主要用来描述和探索现象随时间发展变化的数量规律性，也就是对处于不断发展变化的社会经济现象从动态的角度进行分析。

1. 时间序列的概念

时间序列是指将同类指标在不同时间上的数值按时间的先后顺序排列起来形成的统计数据，是一种常见的经济数据表现形式。时间序列反映了现象发展变化的过程和结果，可以描述事物在过去的状态，分析事物发展变化的规律性，以及根据事物的过去研究预测它们的将来。

例如，某商品的逐年需求量、某商店的逐年销售额、某企业各月份的产值等指标按时间先后顺序依次排列就形成了时间序列。时间序列形式上包括两部分：一是被研究现象所属的时间，可以是年份、季度、月份或其他任何时间形式；二是与现象所属时间相对应的指标数值，可以是总量指标、相对指标和平均指标。

2. 时间序列的分类

1）绝对数时间序列

绝对数时间序列是将一系列同类的总量指标按时间先后顺序排列起来形成的时间序列。绝对数时间序列又可分为时期序列和时点序列。时期序列反映现象在一段时期内发展过程的总量；时点序列反映现象在某一瞬间上所达到的水平。例如，表 3.2 中所列某实体店 2021 年 3 月 1 日到 3 月 5 日的客户到店人数就是时期序列；而相对应的实体店每天早上开门营业时到店人数就是时点序列。

2）相对数时间序列

相对数时间序列是将一系列同类的相对指标按时间先后顺序排列起来形成的时间序列，用来反映社会现象间相互联系的发展变化趋势。例如，表 3.2 中的支付转化率就是相对数时间序列。

3）平均数时间序列

平均数时间序列是将一系列同类的平均指标按时间先后顺序排列起来形成的时间序列，用来反映社会现象在不同时期一般水平的发展变化趋势。例如，表 3.2 中的平均客单价就是平均数时间序列。

表 3.2 某实体店 2021 年 3 月 1 日到 3 月 5 日的时间序列

指 标	日 期				
	2021-03-01	2021-03-02	2021-03-03	2021-03-04	2021-03-05
到店人数/人	354	481	502	323	612
支付转化率/%	4.83	7.26	6.88	8.52	9.23
平均客单价/元	56.25	48.25	33.98	45.75	29.76

▶ 3.1.3　统计指数

统计指数是反映社会经济现象总体数量综合变动的相对数。

1．个体指数和总指数

统计指数按所研究对象的范围不同，可分为个体指数和总指数。个体指数反映某种社会经济现象个别事物变动的情况，如反映某一种商品物价变动的情况。总指数综合反映某种事物包括若干个别事物总的变动情况，如反映若干商品总的物价变动情况。有时为了研究需要，在个体指数与总指数之间，还编制组指数（或类指数），组指数的编制方法与总指数相同。

2．数量指数和质量指数

统计指数按所表示的经济指标性质的不同，可以分为数量指数和质量指数。数量指数反映现象总体的规模和水平的数量变动情况，如产量指数、职工人数指数等。质量指数反映现象总体质量的变动情况，如商品价格指数、劳动生产率指数等。

3．动态指数和静态指数

统计指数按其本来的含义，都是指动态指数。但在实际运用过程中，含义渐渐推广到了静态事物和空间对比，因而产生了静态指数。静态指数是指在同一时间条件下不同单位、不同地区间同一事物数量进行对比所形成的指数，或同一单位、同一地区计划指标与实际指标进行对比所形成的指数。

4．定基指数和环比指数

统计指数按所采用的基期不同，可以分为定基指数和环比指数。定基指数指在数列中以某一固定时期的水平作为对比基准的指数；环比指数指在数列中以其前一期的水平作为对比基准的指数。

5．综合指数和平均指数

统计指数按计算方法不同，可以分为综合指数和平均指数。综合指数是将不能直接比较的指标通过同度量因素转换为可以合计的总量指标，然后将不同时期的总量指标进行对比，以综合反映现象的动态变化情况。平均指数是以个体指数为基础，通过简单平均或加权平均的方法计算的总指数。

✂ 【知识拓展】

行业景气指数

行业是提供同类产品或服务的企业的总称。不同企业的管理水平、企业规模、地域分布等不同，因此同行业的不同企业在生产经营、效益等方面存在较大的差异。只有了解了整个行业大多数企业的发展状况，才能获得稳定可靠的信息，从而把握行业的发展方向。行业景气指数又称为景气度，它是对企业景气调查中的定性指标通过定量方法加工汇总，反映某一特定调查群体或某一社会经济现象所处的状态和行业变动发展趋势的综合指标。例如，从 2013 年 3 月开始，中国物流与采购联合会正式对外发布"中国物流业景气指数"，反映我国物流业发展运行的总体情况。景气指数以 100 为临界值，范围在 0~200 点之间，即景气指数高于 100，表明经济状态呈上升或改善趋势，处于景气状态；景气指数低于 100，表明经济状态呈下降或恶化趋势，处于不景气状态。

3.1.4 抽样推断

抽样推断是根据随机原则从总体中抽取部分数据作为样本，运用数理统计中的计算样本指标方法，推断总体数量特征的统计分析方法。统计分析的主要任务就是反映现象总体的数量特征。但在实际工作中，不可能、也没有必要每次都对总体的所有单位进行调查。多数情况下，只需抽取总体中的一部分单位作为样本，通过分析样本数据来估计和推断总体的数量特征，以达到对现象总体的认识。例如，某鞋厂对出厂产品进行抽样检测，推断整体商品的合格率。

1. 抽样推断的作用

抽样推断的作用主要包括以下几个方面。①在无法进行全面调查或进行全面调查有困难时，可以采用抽样调查来推断总体数量特征。例如，手机使用寿命检验、轮胎的里程试验等。②采用抽样调查可以节省时间和费用，提高调查的时效性和经济效果。③采用抽样调查可以对全面调查的结果进行检验和修正，例如，超生人口的普查等。④采用抽样调查可以控制工业生产的质量。⑤采用抽样调查可以对全面调查的假设结果进行检验，判断假设是否成立。

2. 抽样推断的基本概念

1）全及总体和样本总体

全及总体是研究对象，而样本总体则是观察对象。全及总体又称母体，简称总体，指所要研究的、具有某种共同性质的所有单位的集合。样本总体又称子样，简称样本，是从总体中随机抽取的部分数据。样本的数量称为样本容量，通常用小写英文字母 n 表示。样本容量越大，样本对总体的代表性越强，当样本容量足够大时，样本平均数接近总体平均数。例如，针对每 10000 名某 APP 用户，随机抽取 100 名用户进行 APP 使用满意度问卷调查，则 10000 名用户就是总体，而被抽中的 100 名用户就是样本。

2）总体参数和样本统计量

总体参数又称为全及指标，是对根据总体各个单位的标志值或标志属性进行计算，反映总体某种属性或特征的综合指标。常用的全及指标包括总体平均数（或总体成数）、总体标准差（或总体方差）等。样本统计量又称样本指标，对样本各个单位的标志值进行计算，反映样本特征，用来推断全及指标的综合指标（或抽样指标）。样本指标包括样本平均数（或抽样成数）、样本标准差（或样本方差）等。

3）样本容量和样本个数

样本容量是指一个样本所包含的单位数。通常将样本单位数不少于 30 个的样本称为大样本，不及 30 个的称为小样本。社会经济统计的抽样调查多属于大样本调查。样本个数又称样本可能数目，指从一个总体中可能抽取的样本个数。一个总体有多少样本，则样本统计量就有多少种取值，从而形成该统计量的分布，此分布是抽样推断的基础。

4）重复抽样和不重复抽样

重复抽样是指在抽取样本时，每次只抽取一个样本，观察、记录后再放回到总体中，参加下一次的抽样。不重复抽样是指在抽取样本时，每次只抽取一个样本，观察、记录后不再放回到总体中，参加下一次的抽样。

3. 抽样推断在商务数据分析中的应用

假设某实体店有 4 名销售人员，每人的日销售量分别为 40、50、60、90 件。先随机抽取 2 人，分别采用重复抽样和不重复抽样的方式，计算样本统计量。如表 3.3 所示，先根据重复抽样和不重复抽样形成样本。重复抽样条件下，样本平均数为 960/16=60 件，样本平均误差为 $(2800/16)^{1/2}$ =13.22 件。不重复抽样条件下，样本平均数为 720/12=60 件，样本平均误差为 $(1400/12)^{1/2}$ =10.80 件。

表 3.3　重复抽样和不重复抽样的样本内容（样本单位：件）

序　号	重复抽样			不重复抽样		
	样本变量 x_1	样本平均数	离差平方和	样本变量 x_2	样本平均数	离差平方和
1	40,40	40	400	—	—	—
2	40,50	45	225	40,50	45	225
3	40,60	50	100	40,60	50	100
4	40,90	65	25	40,90	65	25
5	50,40	45	225	50,40	45	225
6	50,50	50	100	—	—	—
7	50,60	55	25	50,60	55	25
8	50,90	70	100	50,90	70	100
9	60,40	50	100	60,40	50	100
10	60,50	55	25	60,50	55	25
11	60,60	60	0	—	—	—
12	60,90	75	225	60,90	75	225
13	90,40	65	25	90,40	65	25
14	90,50	70	100	90,50	70	100
15	90,70	75	225	90,70	75	225
16	90,90	90	900	—	—	—
	合计	960	2800	合计	720	1400

3.2 相关分析与回归分析

相关分析与回归分析是数理统计中两种重要的统计分析方法，应用非常广泛。这两种方法都是对现象之间数量关系的研究，相关分析是分析现象之间关系的密切程度，回归分析是找出现象之间数量变化的依存关系。相关分析是回归分析的基础和前提，只有当两个或两个以上的变量之间存在高度的相关关系时，进行回归分析寻求其相关的具体形式才有意义。

3.2.1 相关分析

1. 相关关系的概念

相关关系是指变量之间存在密切的联系，但又不是严格的确定的关系，即当一个变量发生变化时，另外的变量也发生变化。但其变化值是不确定的，往往会出现几个不同的数值与之对应。也就是说，因变量的值不能由一个或几个自变量的值唯一确定。例如，商品的需求量和商品的价格之间存在着非常密切的关系。对一般的商品而言，如果商品的价格提高了，那么商品的需求量就会下降；如果商品的价格下降了，那么商品的需求量就会提高；但是商品需求量的变化值是不确定的。因为商品的需求量不仅受价格因素的影响，还受消费者收入、其他相关商品价格、消费者对未来的预期及其他一些不可控因素的影响。在统计学上，把这种现象之间存在的相互依存，又不是严格确定的关系称为相关关系。

2. 相关关系的种类

1）按相关的强度分类

（1）完全相关。一个变量的变化趋势完全由另一个变量所确定，则称这两个变量的关系为完全相关。

（2）不完全相关。两个变量之间的关系介于不相关和完全相关之间。

（3）不相关。两个变量之间的变化互相独立，没有关系。

2）按相关的方向分类

（1）正相关。两个变量的变化趋势相同，从散点图可以看出各点散布的位置是从左下角到右上角的区域，即一个变量的值由小变大时，另一个变量的值也由小变大。

（2）负相关。两个变量的变化趋势相反，从散点图可以看出各点散布的位置是从左上角到右下角的区域，即一个变量的值由小变大时，另一个变量的值由大变小。

3）按相关的形态分类

（1）线性相关（直线相关）。具有相关关系的两个变量，当其中一个变量变动时，另一个变量也相应地发生均等的变动。

（2）非线性相关（曲线框关）。具有相关关系的两个变量，当其中一个变量变动时，另一个变量也相应地发生不均等的变动。

4）按相关的变量数量分类

（1）单相关。只反映一个自变量和一个因变量的相关关系。

（2）复相关。反映两个及两个以上的自变量同一个因变量的相关关系。

变量 x 和变量 y 的正相关、负相关、非线性相关和不相关关系，如图3-2所示。

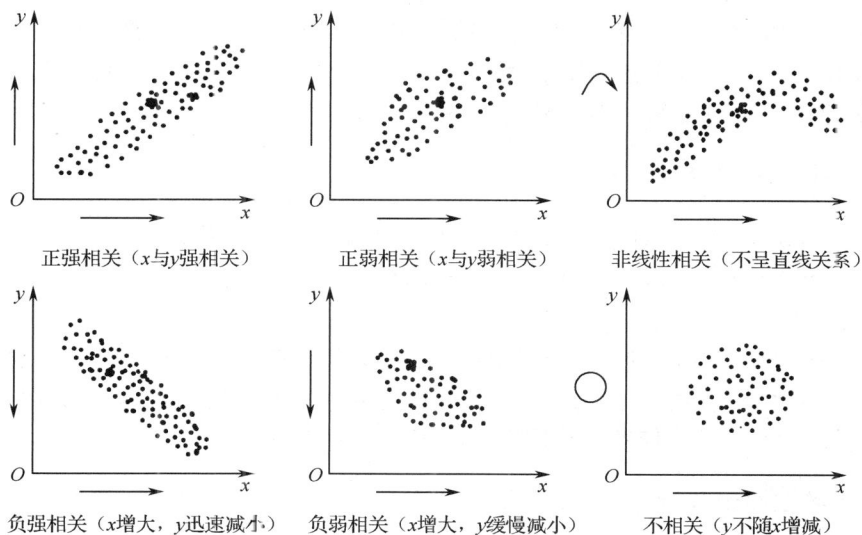

正强相关（ x 与 y 强相关）　　　正弱相关（ x 与 y 弱相关）　　　非线性相关（不呈直线关系）

负强相关（ x 增大， y 迅速减小）　　负弱相关（ x 增大， y 缓慢减小）　　不相关（ y 不随 x 增减）

图 3.2　变量 x 和变量 y 的相关关系

3. 相关系数

相关系数（Correlation Coefficient）是描述变量 x 与 y 之间线性关系密切程度的一个数量指标，用 R 表示：

$$R=\frac{\sum_{i=1}^{n}(x_i-\overline{x})(y_i-\overline{y})}{\sqrt{\sum_{i=1}^{n}(x_i-\overline{x})^2}\sqrt{\sum_{i=1}^{n}(y_i-\overline{y})^2}} \quad (-1\leqslant R\leqslant 1) \tag{3.1}$$

式中， $\overline{x}=\dfrac{1}{n}\sum_{i=1}^{n}x_i$ ， $\overline{y}=\dfrac{1}{n}\sum_{i=1}^{n}y_i$ 。

$R=1$ 表示完全正线性相关， $R=-1$ 表示完全负线性相关， $R=0$ 表示不相关。查相关系数临界值表，如果 $R>R_{\alpha}(n-2)$ ，则线性相关关系显著，通过检验，可以进行预测；反之，则没有通过检验。根据经验判断， $0.3\leqslant|R|<0.5$ 表示低度线性相关， $0.5\leqslant|R|<0.8$ 表示中度线性相关或显著相关， $|R|\geqslant 0.8$ 表示高度线性相关。

3.2.2 回归分析

回归分析是指通过一个变量或几个变量的变化解释另一变量的变化。按照自变量的个数，分为一元回归分析和多元回归分析；按照回归曲线的形态，分为线性（直线）回归分析和非线性（曲线）回归分析。在进行回归分析时，应根据现象的性质、特点、研究目的和任务选择合适的方法。

回归分析的主要内容和应用步骤如下。①通过对问题的分析判断，将变量分为自变量和因变量，一般情况下，自变量表示原因，因变量表示结果。②建立回归模型，描述变量间的关系。③估计模型的参数，得出样本回归方程。④对回归模型进行统计检验，计量经济学检验，预测检验。⑤应用回归模型。

1. 一元线性回归分析

一元线性回归分析是处理两个变量 x（自变量）和 y（因变量）之间关系的最简单的回归模型，它研究两个变量之间的线性相关关系，一元线性回归模型如下：

$$y_i = a + bx_i + u_i \quad i = 1, 2, \cdots, n \tag{3.2}$$

式中，a 和 b 是两个常数，称为回归系数，可通过最小二乘法求得；i 表示变量的第 i 个观察值，共有 n 组样本观察值；u 是一个随机变量，称为随机误差项，表示除去 x 之外的其他一切被忽略的、没有考虑到的因素引起的 y 的变化。

2. 多元线性回归分析

多元线性回归分析用于处理一个因变量同多个自变量之间的线性相关关系，多元线性回归模型如下：

$$y_i = b_0 + b_1x_1 + b_2x_2 + \cdots + b_kx_k + u_i \quad i = 1, 2, \cdots, n \tag{3.3}$$

3. 非线性回归分析

在实际应用中，许多变量之间的关系是非线性关系，可以通过变量代换转换为线性回归问题，再进行分析预测，如表 3.4 所示。

表 3.4 5 种常见的非线性模型及线性变换的方式

非线性模型	函数形式	变换方式	线性模型
幂函数形式	$y = ax^b$	$y' = \log_2 y$ $x' = \log_2 x$ $a' = \log_2 a$	$y' = a' + bx'$
双曲线形式	$1/y = a + b(1/x)$	$y' = 1/y$ $x' = 1/x$	$y' = a + bx'$
对数函数形式	$y = a + b\log_2 x$	$x' = \log_2 x$	$y = a + bx'$
指数函数形式	$y = ae^{bx}$	$y' = \ln y$ $a' = \ln a$	$y' = a' + bx$
多项式曲线形式	$y = b_0 + b_1x + b_2x^2 + \cdots + b_kx^k$	$x_1 = x, \ x_2 = x^2, \cdots, \ x_k = x^k$	$y = b_0 + b_1x_1 + b_2x_2 + \cdots + b_kx_k$

3.2.3　相关分析与回归分析的应用

案例分析——相关分析与回归分析	
数据文件	第 3 章\数据\相关分析与回归分析.xlsx
效果文件	第 3 章\效果\相关分析与回归分析.xlsx
操作视频	第 3 章\视频\相关分析与回归分析.mp4

某实体店通过线上线下多种渠道进行推广，该店店长认为，店铺的推广费用与实际到店量、店铺利润是正相关的；同时，推广费用、实际到店量与店铺利润的变化均存在一定关系。该实体店的运营情况如表 3.5 所示，对运营数据进行相关分析与回归分析。

表 3.5　某实体店的运营情况

日　期	推广费用/元	实际到店量/次	店铺利润/元
2021/03/01	3782	5531	623.7
2021/03/02	3852	5629	631.2
2021/03/03	3923	5702	643.5
2021/03/04	3998	5785	645.3
2021/03/05	4026	5823	648.4
2021/03/06	4102	5889	650.3
2021/03/07	4263	5926	654.7
2021/03/08	4294	5966	655.9
2021/03/09	4332	6086	662.1
2021/03/10	4423	6255	670.6
2021/03/11	4585	6422	680.1
2021/03/12	4603	6513	688.2

Step 1　打开数据文件"相关分析与回归分析.xlsx"工作簿，在"数据"选项卡中的"分析"选项组中单击"数据分析"按钮，在弹出的"数据分析"对话框中，选择"相关系数"选项，单击"确定"按钮，如图 3.3 所示。如果未发现"数据分析"按钮，在"开发工具"选项卡中的"加载项"选项组中单击"Excel 加载项"按钮，在弹出的对话框中勾选"分析工具库"复选框，单击"确定"按钮，加载"数据分析"模块。

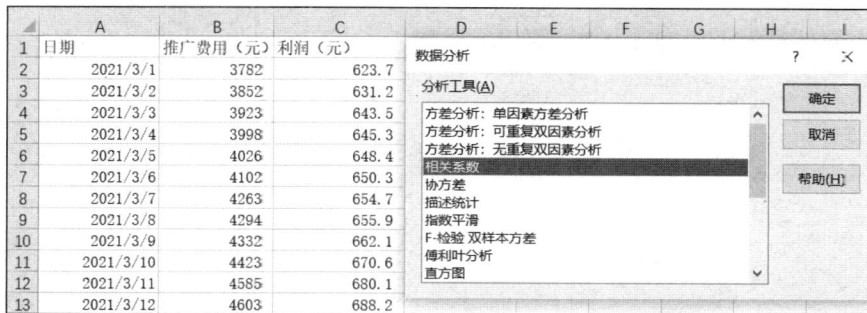

图 3.3　选择"相关系数"选项

Step 2 在弹出的"相关系数"对话框中,单击"输入区域"右侧的折叠按钮,在工作表中选择$B$1:$C$13 单元格区域,设置"分组方式"为"逐列",勾选"标志位于第一行"复选框,设置"输出区域"为$B$14,单击"确定"按钮,如图 3.4 所示。

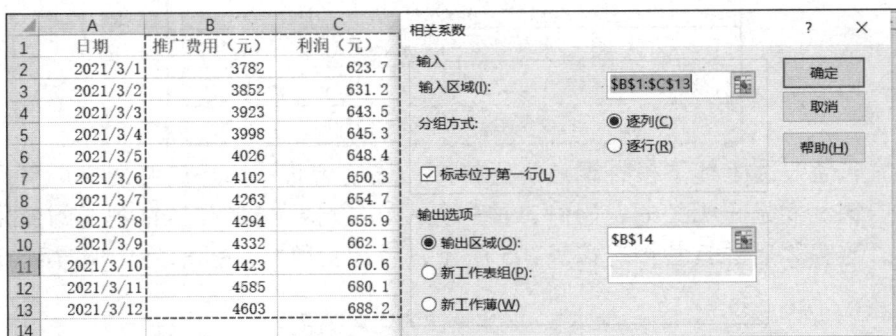

图 3.4　设置"相关系数"的参数

Step 3 工作表中得到相关系数的结果,如图 3.5 所示。表明推广费用和店铺利润之间存在正相关,相关系数为 0.975,属于高度相关关系。

14		推广费用(元)	利润(元)
15	推广费用(元)	1	
16	利润(元)	0.975102156	1

图 3.5　相关系数的结果

Step 4 在确定两个变量具有显著的相关关系之后,对变量进行回归分析。选择 B1:C13 单元格区域,单击"插入"选项卡中"图表"选项组右下角的扩展按钮,在打开的对话框中的"所有图表"选项卡中单击"XY(散点图)"选项,选择"带平滑线的散点图"选项,单击"确定"按钮,如图 3.6 所示。

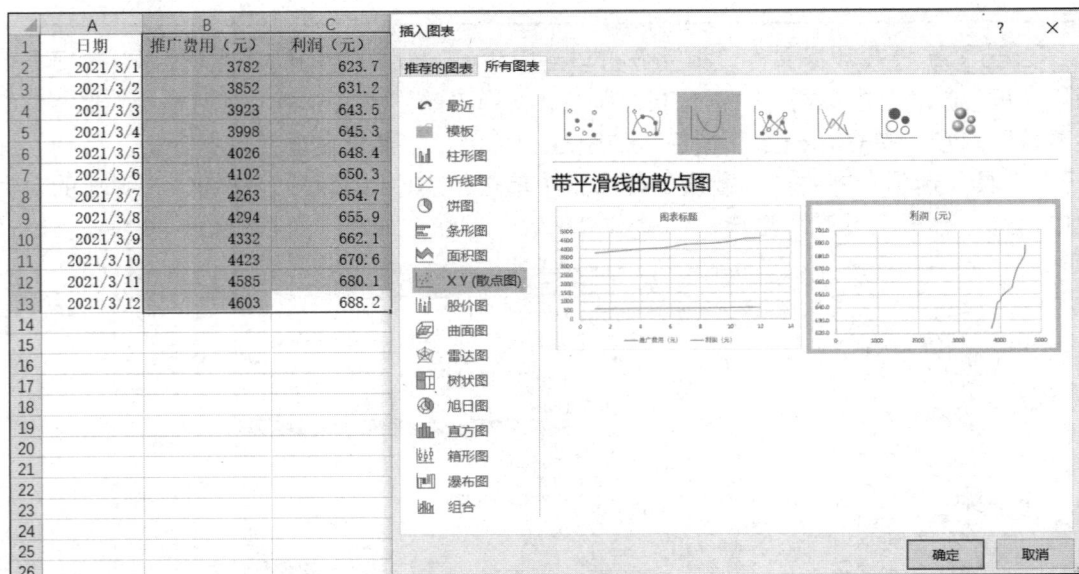

图 3.6　绘制散点图

Step 5 双击图表，单击横坐标轴，在"设置坐标轴格式"选项卡中单击"坐标轴选项"按钮，设置横轴的"最小值"为 3500，如图 3.7 所示。

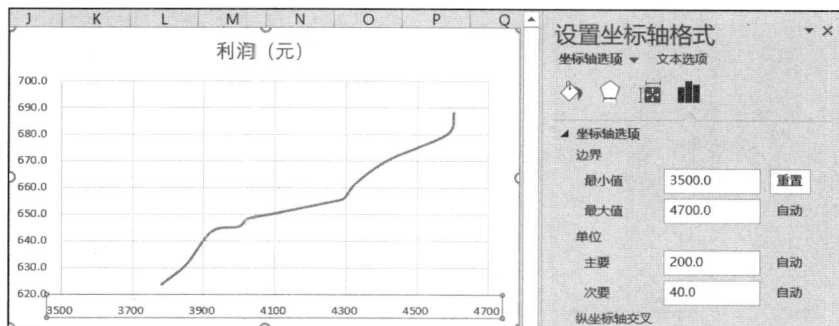

图 3.7　设置散点图的横坐标

Step 6 单击图表右上角的"加号"按钮，勾选"趋势线"复选框，单击"更多选项"，在"设置趋势线格式"选项卡中勾选"显示公式"和"显示 R 平方值"复选框，如图 3.8 和图 3.9 所示。

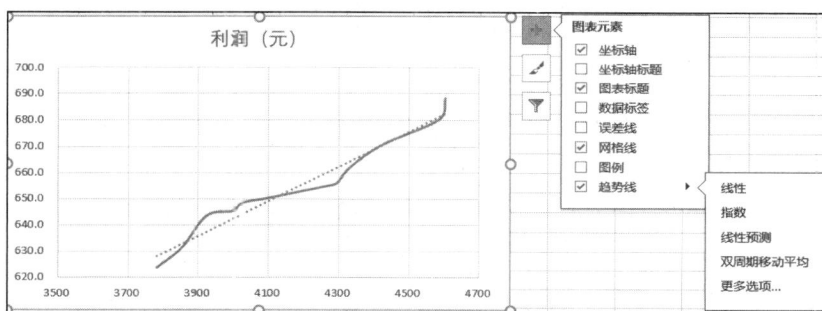

图 3.8　添加线性趋势线

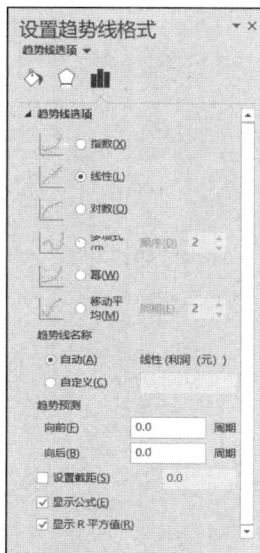

图 3.9　设置趋势线参数

Step 7 在工作表中得到线性趋势线，如图 3.10 所示。一元线性回归方程为 $y = 0.0661x + 377.99$，$R^2 = 0.9508$。

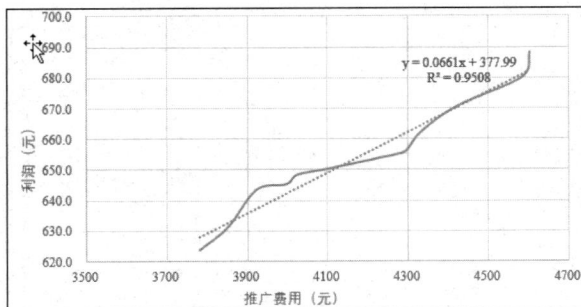

图 3.10　添加趋势线后的效果

Step 8 对于一元线性回归分析，还可以应用数据分析的"回归"功能。打开"数据分析"对话框，单击"回归"选项，单击"确定"按钮，如图 3.11 所示。

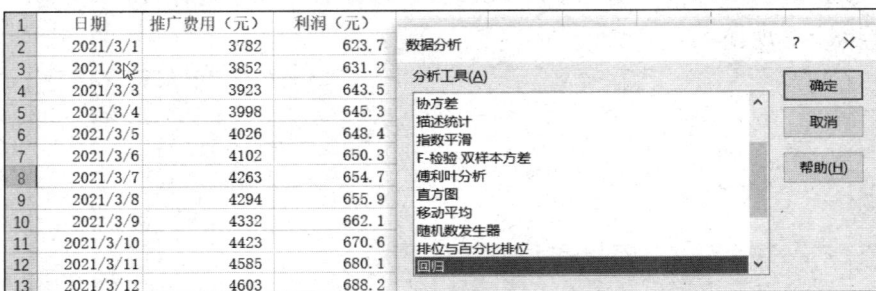

图 3.11　回归分析功能

Step 9 在弹出的"回归"对话框中设置"Y 值输入区域"为\$C\$2:\$C\$13，"X 值输入区域"为\$B\$2:\$B\$13，"置信度"为 95%，"输出区域"为\$B\$14，单击"确定"按钮，如图 3.12 所示。

图 3.12　设置一元回归分析的参数

Step 10 在工作表中得到一元回归分析结果，如图 3.13 所示。

16		回归统计					
17	Multiple R	0.975102156					
18	R Square	0.950824214					
19	Adjusted R Squa:	0.945906636					
20	标准误差	4.357968003					
21	观测值	12					
22							
23	方差分析						
24		df	SS	MS	F	gnificance F	
25	回归分析	1	3672.12115	3672.121	193.3521	7.227E-08	
26	残差	10	189.918851	18.99189			
27	总计	11	3862.04				
28							
29		Coefficients	标准误差	t Stat	P-value	Lower 95%	Upper 95%	下限 95.0%	上限 95.0%
30	Intercept	377.9855835	19.9255653	18.96988	3.6E-09	333.58866	422.3825	333.5887	422.3825
31	X Variable 1	0.066121455	0.00475519	13.90511	7.23E-08	0.0555262	0.076717	0.055526	0.076717

图 3.13 一元回归分析的结果

Step 11 推广费用、实际到店量与利润的二元回归分析，操作与上述一元回归分析的步骤基本相同，设置"Y 值输入区域"为$D$2:$D$13，"X 值输入区域"为$B$2:$C$13，如图 3.14 所示。

	A	B	C	D
1	日期	推广费用（元）	实际到店量（次）	利润（元）
2	2021/3/1	3782	5531	623.7
3	2021/3/2	3852	5629	631.2
4	2021/3/3	3923	5702	643.5
5	2021/3/4	3998	5785	645.3
6	2021/3/5	4026	5823	648.4
7	2021/3/6	4102	5889	650.3
8	2021/3/7	4263	5926	654.7
9	2021/3/8	4294	5966	655.9
10	2021/3/9	4332	6086	662.1
11	2021/3/10	4423	6255	670.6
12	2021/3/11	4585	6422	680.1
13	2021/3/12	4603	6513	688.2

回归对话框：
输入
Y 值输入区域(Y)： $D$2:$D$13
X 值输入区域(X)： $B$2:$C$13
□ 标志(L)   □ 常数为零(Z)
☑ 置信度(F)   95 %
输出选项
● 输出区域(O)： $B$14
○ 新工作表组(P)：
○ 新工作簿(W)：
残差
□ 残差(R)   □ 残差图(D)
□ 标准残差(T) □ 线性拟合图(I)
正态分布
□ 正态概率图(N)
确定 / 取消 / 帮助(H)

图 3.14 设置二元回归分析的参数

Step 12 单击"确定"按钮，在工作表中得到二元回归分析的结果，如图 3.15 所示，二元回归模型的方程为 $y=0.009x_1+0.052x_2+305.16$，$R^2=0.981$，$F$ 检验值为 232.14。其中，推广费用为 x_1，实际到店量为 x_2，利润为 y。

16	回归统计							
17	Multiple R	0.990446371						
18	R Square	0.980984014						
19	Adjusted R Squa	0.97675824						
20	标准误差	2.856581036						
21	观测值	12						
22								
23	方差分析							
24		df	SS	MS	F	gnificance F		
25	回归分析	2	3788.599503	1894.29975	232.143	1.8E-08		
26	残差	9	73.44049694	8.16005522				
27	总计	11	3862.04					
28								
29		Coefficients	标准误差	t Stat	P-value	Lower 95%	Upper 95%	下限 95.0%	上限 95.0%
30	Intercept	305.1682331	23.28200832	13.1074703	3.62E-07	252.5007	357.83579	252.50067	357.8358
31	X Variable 1	0.009960646	0.015188018	0.65582264	0.528346	-0.0244	0.0443183	-0.024397	0.044318
32	X Variable 2	0.051618635	0.013662509	3.77812275	0.004362	0.020712	0.0825254	0.0207119	0.082525

图 3.15　二元回归分析的结果

3.3　时间序列分析

时间序列数据是相同事物或现象在不同时间所形成的数据，反映某一事物、现象等随时间变化的状态或程度。时间序列符合两方面的要求，第一，时间序列中各个数值的间隔相等；第二，在每一周期内，数据采集的起点相同。时间序列广泛存在于社会生活的各个领域，如金融证券市场中每天的股票价格变化；商业零售行业中某商品每天的销售额；气象预报研究中某一地区每天的气温与气压的读数；在生物医学中某一症状患者在每个时刻的心跳变化；等等。

3.3.1　移动平均法

1.　一次移动平均法

一次移动平均法中，每次选取一定数量周期的数据进行平均，再按时间顺序逐次推进。每推进一个周期，舍去前一个周期的数据，增加一个新周期的数据，再进行平均。一次移动平均法一般只应用于一个时期后的预测（预测第 t+1 期）。

一次移动平均数 $M_t^{(1)} = \dfrac{y_t + y_{t-1} + \cdots y_{t-N+1}}{N}$，其中 $M_t^{(1)}$ 表示第 t 期一次移动平均值，N 表示选择的数据个数。一般情况下，N 越大，修匀的程度越强，波动也越小；N 越小，对变化趋势反应越灵敏，但修匀的程度越差。在实际预测中，可以利用试算法，即选择几个 N 值进行计算，比较它们的预测误差，从中选择预测误差较小的 N 值。

2.　二次移动平均法

当时间序列具有线性增长的发展趋势时，用一次移动平均法预测会出现滞后偏差，表现为对线性增长的时间序列的预测值偏低。这时，可通过二次移动平均法来计算。二次移动平均法中，将一次移动平均再进行一次移动平均，然后建立线性趋势模型。

二次移动平均法的线性趋势预测模型如下。

$$\hat{y}_{t+\tau} = \hat{a}_t + \hat{b}_t\tau \qquad (3.4)$$

式中，截距为 $\hat{a}_t = 2M_t^{(1)} - M_t^{(2)}$，斜率为 $\hat{b}_t = \dfrac{2}{N-1}(M_t^{(1)} - M_t^{(2)})$，$\tau$ 为预测超前期。$M_t^{(1)}$ 表示第 t 期一次移动平均值，$M_t^{(2)}$ 表示第 t 期二次移动平均值，二次移动平均值的计算公式为 $M_t^{(2)} = \dfrac{M_t^{(1)} + M_{t-1}^{(1)} + \cdots + M_{t-N+1}^{(1)}}{N}$，$N$ 表示选择的数据个数。

3.3.2 指数平滑法

指数平滑法用过去时间数列值的加权平均数作为预测值，它是加权移动平均法的一种特殊情形。根据平滑次数不同，指数平滑法分为：一次指数平滑法、二次指数平滑法和三次指数平滑法。它们的基本思想是，预测值是以前观测值的加权平均和，对不同的数据给予不同的权重，新数据给予较大的权重，旧数据给予较小的权重。

1. 一次指数平滑法

设时间序列为 $y_1, y_2, \cdots, y_t$，则一次指数平滑公式如下：

$$S_t^{(1)} = \alpha y_t + (1-\alpha)S_{t-1}^{(1)} \qquad (3.5)$$

式中，$S_t^{(1)}$ 表示第 t 期的一次指数平滑值；α 表示加权系数，$0 < \alpha < 1$。

2. 二次指数平滑法

当时间序列没有明显的变动趋势时，使用一次指数平滑法就能直接预测第 $t+1$ 期的值。但当时间序列的变动呈现直线趋势时，使用一次指数平滑法来预测将会存在明显的滞后偏差。修正的方法是在一次指数平滑的基础上再进行一次指数平滑，利用滞后偏差的规律找出曲线的发展方向和发展趋势，然后建立直线趋势预测模型，即二次指数平滑法。

设一次指数平滑为 $S_t^{(1)}$，则二次指数平滑 $S_t^{(2)}$ 的计算公式如下：

$$S_t^{(2)} = \alpha S_t^{(1)} + (1-\alpha)S_{t-1}^{(2)} \qquad (3.6)$$

如果时间序列 $y_1, y_2, \cdots, y_t$ 从某一时期开始具有直线趋势，且预测在未来时期也将按此直线趋势变化，则其与趋势移动平均类似，可以使用下面的直线趋势模型进行预测：

$$\hat{y}_{t+T} = a_t + b_t T \quad (T = 1, 2, \cdots, t) \qquad (3.7)$$

式中，t 表示当前时期数；T 表示由当前时期数 t 到预测期的时期数；$\hat{y}_{t+T}$ 表示第 $t+T$ 期的预测值；a_t 为截距，b_t 为斜率，其计算公式为 $a_t = 2S_t^{(1)} - S_t^{(2)}$，$b_t = \dfrac{\alpha}{1-\alpha}(S_t^{(1)} - S_t^{(2)})$。

3.3.3 时间序列分析的应用

案例分析——时间序列分析	
数据文件	第 3 章\数据\时间序列分析算法实例.xlsx
效果文件	第 3 章\效果\时间序列分析算法实例.xlsx
操作视频	第 3 章\视频\时间序列分析算法实例.mp4

已知某实体店铺 2017～2020 年季度零售额数据，如表 3.6 所示。使用时间序列分析法对零售额数据进行分析。

表 3.6 某实体店铺 2017～2020 年季度零售额

序　号	年　份	季　度	销售额/万元	序　号	年　份	季　度	销售额/万元
1	2017	1	320	9	2019	1	500
2		2	190	10		2	450
3		3	280	11		3	490
4		4	340	12		4	640
5	2018	1	440	13	2020	1	670
6		2	390	14		2	550
7		3	430	15		3	590
8		4	540	16		4	720

Step 1 打开数据文件"时间序列分析算法实例.xlsx"工作簿，选择 B1:C17 单元格区域，单击"插入"选项卡中"图表"选项组右下角的扩展按钮，在弹出的对话框中选择"折线图"选项，单击"确定"按钮，如图 3.16 所示。在工作表中得到销售额时间序列数据的折线图，如图 3.17 所示。

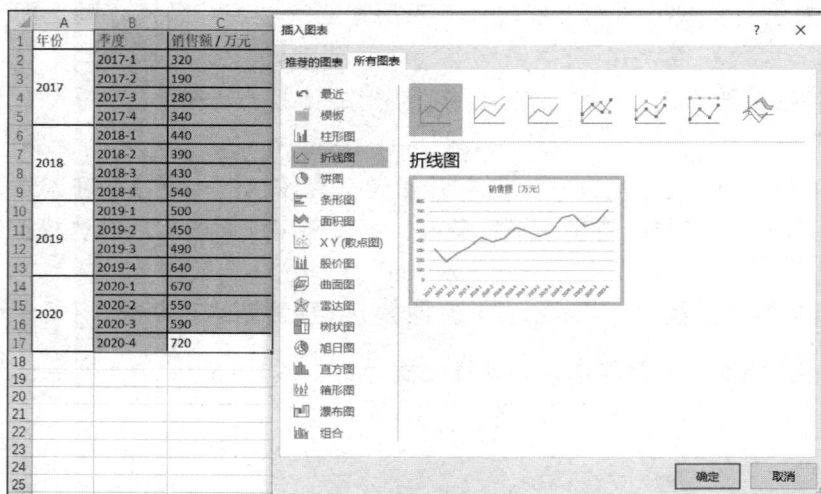

图 3.16 选择"折线图"选项

图 3.17　销售额时间序列数据的折线图

Step 2　对销售额时间序列数据进行一次移动平均。在"数据"选项卡中的"分析"选项组中单击"数据分析"选项，在弹出的对话框中选择"移动平均"选项，单击"确定"按钮，如图 3.18 所示。

图 3.18　选择"移动平均"选项

Step 3　在弹出的对话框中设置"输入区域"为$C$1:$C$17，"间隔"为 3，"输出区域"为$D$2，勾选"图表输出"复选框，单击"确定"按钮，如图 3.19 所示。

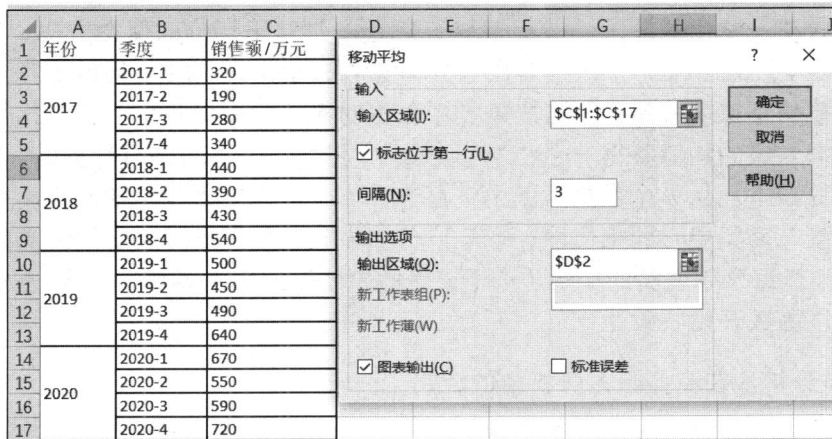

图 3.19　设置"移动平均"参数

Step 4 在工作表中得到一次移动平均的结果，以及预测值与实际值的对比图，如图 3.20 所示。

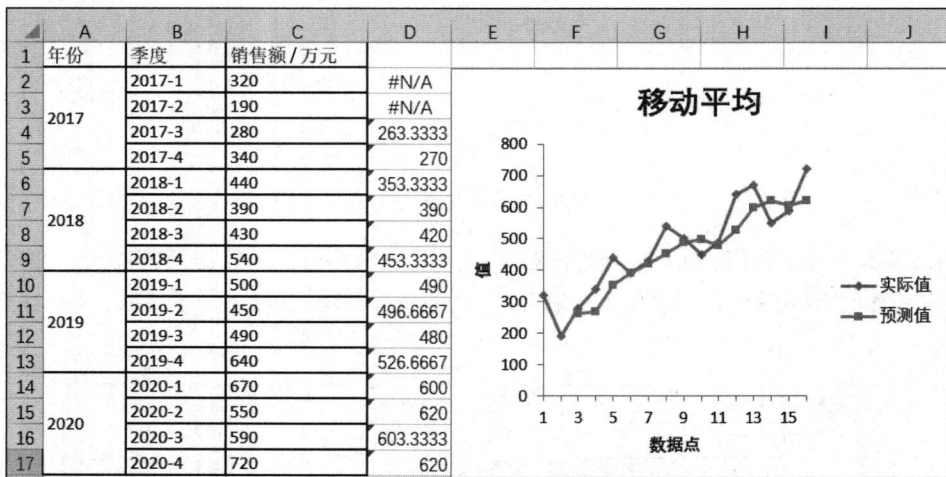

图 3.20 一次移动平均的结果

3.4 商务数据分析的其他方法

3.4.1 聚类分析法

1. 聚类分析法基础知识

聚类分析是将数据分组为由类似的对象组成的多个类的分析方法。聚类分析包括以下五种方法：基于划分的方法、基于层次的方法、基于密度的方法、基于网格的方法和基于模型的方法。常用的是 k-means 算法，它是一种基于划分的聚类方法。k-means 算法接受输入量 k，然后将 n 个数据对象划分为 k 个聚类，以便使获得的聚类满足同一聚类中数据对象的相似度较高，而不同聚类中数据对象的相似度较低。聚类相似度是利用各聚类中数据对象的均值获得一个"中心对象"（引力中心）来进行计算的。k-means 算法的工作过程如下：从 n 个数据对象中任意选择 k 个数据对象作为初始聚类中心；根据其他数据对象与聚类中心的相似度（距离），分别将它们分配给与其最相似的聚类中心代表的聚类；计算每个新聚类的聚类中心（该聚类中所有对象的均值）；不断重复这一过程直到标准测度函数开始收敛为止。

2. 聚类分析法在商务数据分析中的应用

聚类分析法针对目标群体进行多指标的群体划分，在商务数据分析中应用十分广泛，例如，消费人群的时空分布特征划分、关键意见领袖识别等。类似这种目标群体的分类是精细化经营、个性化运营的基础和核心。常见的商业应用场景如下。

（1）目标用户的群体分类。通过对特定运营目的和商业目的所挑选出的指标变量进行聚类分析，把目标群体划分成几个具有明显特征区别的细分群体，从而在运营活动中为这些细分群体采取精细化、个性化的运营和服务，最终提升运营效率和商业效果。

（2）不同产品的价值组合。企业可以按照不同的商业目的，使用特定的指标对众多的产品种类进行聚类分析，将企业的产品体系进一步细分成具有不同目的、不同价值的多维度的产品组合，并在此基础上分别制订相应的开发计划、运营计划和服务规划。

（3）探测发现离群点或异常值。离群点指相对于整体数据对象而言的少数数据对象，这些对象的行为特征与整体的数据行为特征不一致，发现这些特殊的异常情况，对商业价值分析具有重要的创新意义。

3.4.2 关联规则分析法

1. 关联规则分析法基础知识

关联规则分析指在大量数据中，迅速找出各事物之间潜在的、有价值的关联，经过推理得出关键的结论，从而为商业数据分析提供依据。

关联规则分析法中的项集、候选项集、支持度、可信度、强项集、非频繁项集和关联规则等相关概念的含义和计算方法如下。

（1）项集和候选项集。项集 Item=$\{\text{Item}_1,\text{Item}_2,\cdots,\text{Item}_m\}$；TR 是事物的集合，TR⊂Item，并且 TR 是一个$\{0,1\}$属性的集合。集合 k_Item=$\{\text{Item}_1,\text{Item}_2,\cdots,\text{Item}_k\}$称为 k 项集。假设 DB 包含 m 个属性（$A, B, \cdots, M$）；1 项集 1_Item=$\{\{A\}, \{B\},\cdots, \{M\}\}$，共有 m 个候选项集；2 项集 2_Item=$\{\{A, B\}, \{A, C\},\cdots,\{A, M\}, \{B, C\},\cdots, \{B, M\}, \{C, D\},\cdots, \{L, M\}\}$，共有$[m\times(m-1)/2]$个项集；依此类推，$m$ 项集 m_Item=$\{A, B, C,\cdots, M\}$，有 1 个候选项集。

（2）支持度。支持度 support 可简写为 sup，指某条规则的前件或后件对应的支持数与记录总数的百分比。假设 A 的支持度是 $\sup(A)$，$\sup(A)=|\{\text{TR}|\text{TR}\supseteq A\}|/|n|$；$A\Rightarrow B$ 的支持度 $\sup(A\Rightarrow B) = \sup(A\cup B) =|\{\text{TR}|\text{TR}\supseteq A\cup B\}|/|n|$，其中，$A\cup B$ 表示 A 和 B 同时出现在一条记录中，n 是 DB 中的总记录数。

（3）可信度。可信度 confidence 可简写为 conf，规则 $A\Rightarrow B$ 具有可信度 $\text{conf}(A\Rightarrow B)$表示 DB 中包含 A 的事物同时包含 B 的百分比。可信度是 $A\cup B$ 的支持度 $\sup(A\cup B)$与前件 A 的支持度 $\sup(A)$的比值：$\text{conf}(A\Rightarrow B)=\sup(A\cup B)/\sup(A)$。

（4）强项集和非频繁项集。如果某 k 项候选项集的支持度大于或等于设定的最小支持度阈值，则称该 k 项候选项集为 k 项强项集（Large k-itemset）或 k 项频繁项集（Frequent k-itemset）。

（5）关联规则。在最小可信度的条件下，若强项集的可信度满足最小可信度，则称此 k 项强项集为关联规则。例如，若$\{A,B\}$为 2 项强项集，同时 $\text{conf}(A\Rightarrow B)$大于或等于最小可信度，即 $\sup(A\cup B)\geqslant\text{min\_sup}$ 且 $\text{conf}(A\Rightarrow B)\geqslant\text{min\_conf}$，则称 $A\Rightarrow B$ 为关联规则。

2. 关联规则分析法的应用步骤

R. Agrawal 等人在 1993 年设计了一个 Apriori 算法，这是一种最有影响力的挖掘布尔关联规则频繁项集的算法，其核心是基于两阶段的频繁项集思想的递推算法。该关联规则属于五种分析方法中的单维、单层、布尔关联规则。该算法将关联规则挖掘分解为以下两个子问题。

（1）找出存在于事务数据库中的所有频繁项集，即那些支持度大于用户给定支持度阈值的项集。

（2）在找出的频繁项集的基础上产生强关联规则，即产生那些支持度和可信度分别大于或等于用户给定的支持度和可信度阈值的关联规则。在上述两个步骤中，第二步相对容易些，它只需要在已经找出的频繁项集的基础上列出所有可能的关联规则即可。因此，第一步是挖掘关联规则的关键步骤，挖掘关联规则的总体性能由第一步决定。

3. 关联规则分析法在商务数据分析中的应用

从大量的数据中挖掘关联规则，在市场定位、决策分析和商业管理等领域具有重要作用。例如，超市利用前端收款机收集并存储了大量的销售数据，这些数据构成一条条购买事务记录，每条记录存储了事务处理时间、顾客购买的物品、物品的数量及交易金额等。根据这些数据分析哪些商品能被顾客同时购买，哪些顾客购买行为相近，从而制定出针对商品和顾客管理的一系列营销策略。关联规则分析在商业数据分析中的主要应用包括以下几个方面。

（1）交叉营销。寻找产品销售之间的相关性，基于这些关联的产品推算交叉销售的可能性。

（2）目标市场。研究具有共同特征的细分客户，他们可能是特定产品或服务的潜在群体。

（3）客户定位和需求分析。针对不同的客户群体制定最优产品搭配销售方案，并分析预测哪些因素能够吸引新的客户。

（4）客户流失与预警分析。基于关联规则建立描述性或预测性模型，分析导致客户流失的关联原因，提出规避办法。

本章知识小结

本章学习了与商务数据分析相关的模型方法，包括静态分析指标、动态分析指标、统计指数、抽样推断、相关分析与回归分析、时间序列分析等内容。这些统计指标、相关分析与时间序列分析方法对于进行商务数据分析都非常重要。另外，聚类分析、关联规则模型等多种数据挖掘方法，对发现商务数据中的潜在规则和有价值的模式，都有重要的应用价值。

本章考核检测评价

1. 判断题

（1）总量指标属于动态分析指标。（   ）

（2）平均数时间序列是将一系列同类的相对指标按时间先后顺序排列起来形成的。（   ）

（3）一般情况下，样本容量超过 30 的样本即可视为大样本。（   ）

（4）某次计算得到相关系数 R 为 0.58，可认为两类变量之间存在显著相关。（   ）

（5）当时间序列的观察期 N 大于 15 时，初始值对预测结果的影响很大。（   ）

2. 单选题

（1）以下不属于相对指标的为（   ）。

A. 倍数　　　　　　　　B. 成数　　　　　　　　C. 百分数　　　　　　　　D. 中位数

（2）按照相关程度划分，以下属于相关关系的为（   ）。

A. 线性相关　　　　　　B. 曲线相关　　　　　　C. 单相关　　　　　　　　D. 不完全相关

（3）求解线性回归模型参数的方法称为（   ）。

A. 相关系数　　　　　　B. 聚类分析　　　　　　C. 最小二乘　　　　　　　D. 关联规则

（4）以下哪个统计指数属于质量指标指数（   ）。

A. 商品价格指数　　　　　　　　　　　　　　　B. 产量指数

C. 职工人数指数　　　　　　　　　　　　　　　D. 商品销售量总指数

（5）一次移动平均法是在（   ）的基础上加以改进的。

A. 最小二乘法　　　　　B. 算术平均法　　　　　C. 指数平滑法　　　　　　D. 趋势外推法

3. 多选题

（1）以下属于变异指标的包括（   ）。

A. 算术平均数　　　　B. 极差　　　　　　C. 四分位差　　　　　D. 中位数

（2）统计指数按所表示的经济指标性质不同，可以分为（   ）。

A. 数量指数指数　　　B. 定基指数　　　　C. 质量指标指数　　　D. 动态指数

（3）以下属于静态分析指标的是（   ）。

A. 总量指标　　　　　B. 绝对时间序列　　C. 相对时间序列　　　D. 相对指标

（4）以下不可以被认为是时间序列数据的是（   ）。

A. 班级同学身高数据　　　　　　　　　　　　　B. 每日气温

C. 心跳变化　　　　　　　　　　　　　　　　　D. 地震强度

（5）按相关的强度分类，属于该类相关关系的是（   ）。

A. 完全相关　　　　　B. 不完全相关　　　C. 正相关　　　　　　D. 不相关

4. 简答题

（1）什么是平均指标？

（2）简述统计指数的作用。

（3）按变量数量对相关分析进行分类。

（4）简述移动平均法的思想。

（5）简述一次指数平滑法的局限性。

5. 案例题

Target 顾客数据分析部高级经理 Andrew Pole 根据"Target 迎婴聚会"的登记表建立了一个购买商品与妊娠阶段之间的相关模型，选出了 25 种典型商品的消费数据构建了"怀孕预测指数"。根据 Andrew Pole 的数据模型，Target 制定了全新的母婴用品广告营销方案，结果 Target 的孕期用品销售呈现了爆炸性的增长。

根据上述案例思考以下问题：①在商业领域，数据分析的作用有哪些？②上述案例中应用了哪些数据分析方法？③请同学们收集资料并分组讨论，商业领域中还有哪些成功的数据分析案例。

第4章
商务数据的采集与处理

【学习目标】

1. 熟悉商务数据采集的类型和方法;
2. 了解网络数据的爬取方式和开源工具;
3. 掌握调查问卷的设计方法与注意事项;
4. 掌握数据在 Excel 中的导入/导出操作;
5. 掌握用 Excel 进行基本的数据处理和规范化操作。

【本章重点】

1. 对网页数据的采集操作;
2. 利用 Excel 进行数据的导入和导出;
3. 利用 Excel 进行数据的预处理。

【本章难点】

1. 操作爬取网络数据的二具;
2. 设计调查问卷及了解数据统计方法。

【思维导图】

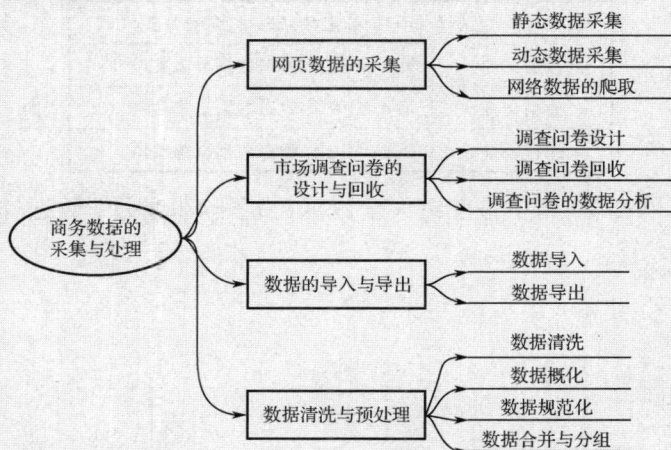

亚马逊不仅是电子商务公司更是一家信息公司

亚马逊是全球电子商务的巨头。对于亚马逊来说，大数据意味着大销售量。该公司的各个业务环节都离不开"数据驱动"的身影，它不仅从每个用户的购买行为中获得信息，还将每个用户在其网站上的所有行为都记录下来。这种对数据价值的高度敏感和重视，以及强大的海量数据处理与挖掘能力，尝试定位每一位客户和获取客户反馈，使得亚马逊绘制出大数据时代的宏伟商业蓝图，成为了一家名副其实的"信息公司"。对数据的长期专注让亚马逊能够以更低的售价提供更好的服务。不难看出，大型商业企业对数据十分重视，数据在商业领域既是基础，又是商业决策的指挥棒，而如何收集这些数据也就成了众多渴望成功的企业的关注重点。本章将介绍数据获取的主要渠道及数据处理的方法。

4.1 网页数据的采集

大量的商务数据是在网页上展现和发布的，这就要求我们采集和存储网页上的静态数据与动态数据，为数据分析提供基础数据资源。

4.1.1 静态数据采集

静态数据是指在程序运行过程中主要作为控制或参考用的数据，这些数据在很长一段时间内不会变化，一般也不随系统运行而改变。静态数据根据性质、用途等特征分为不同的类型，例如，函数、源数据等，每个数据都有名称、定义、度量单位、值域、格式和类型等属性。静态网页数据一般在网页源代码中，可一次性加载在网页中。下面将通过案例详细说明静态数据采集的方法。

案例分析——静态数据采集实例	
数据文件	第 4 章\数据\静态数据采集实例
效果文件	第 4 章\效果\静态数据采集实例
操作视频	第 4 章\视频\静态数据采集实例

采集东方财富网 2020 年中报业绩大全数据，如图 4.1 所示，数据样例如表 4.1 所示。

| 我的数据 > | 业绩报表 | 业绩快报 | 业绩预告 | 预约披露时间 | 资产负债表 | 利润表 | 现金流量表 |

| 热门数据 > | 市场 全部 沪深A股 沪市A股 科创板 深市A股 创业板 ST板 B股 三板 | 行业 全部 电子元件 医药制造 机械行业 化工行业 更多>> |

资金流向 > / 特色数据 > / 新股数据 > / 沪深港通 > / 公告大全 > / 研究报告 > / 年报季报 >

序号	股票代码	股票简称	相关	每股收益(元)	营业收入			净利润			每股净资产(元)	净资产收益率(%)	每股经营现金流量(元)	销售毛利率(%)	所处行业	最新公告日期
					营业收入(元)	同比增长(%)	季度环比增长(%)	净利润(元)	同比增长(%)	季度环比增长(%)						
1	300992	泰福泵业	详细	0.84	2.95亿	-	-	5730万	-	-	6.3914	14.09	1.2537	33.03	机械行业	05-19
2	000935	四川双马	详细	0.91	11.63亿	-13.40	-33.45	6.96亿	24.19	24.79	6.3659	15.36	0.5438	45.35	水泥建材	05-15
3	300348	长亮科技	详细	0.0492	6.49亿	-11.61	16.80	3410万	42.81	14.69	1.6225	3.13	-0.2835	53.07	软件服务	05-11
4	688565	力源科技	详细	0.26	1.76亿	-32.07	931.56	2068万	-48.66	883.74	4.9253	5.34	0.0029	28.51	环保工程	05-10
5	873591	光合生物	详细	0.05	5970万	-	-	47.69万	-	-	2.2306	1.68	0.7847	15.49		05-07
6	603559	中通国脉	详细	-0.0266	4.27亿	-9.386	36.20	-380.9万	-114.13	534.60	6.1177	-0.43	-1.0419	17.81	通讯行业	05-07
7	600905	三峡能源	详细	-	80.98亿	25.34	-17.10	28.11亿	38.05	-48.03	2.0563	7.05	0.2045	55.55	电力行业	05-07
8	600593	大连圣亚	详细	-0.4765	5867万	-78.26	186.54	-6137万	-187.51	71.48	3.7496	-12.31	-0.0994	-19.28	旅游酒店	05-06

图 4.1 采集东方财富网 2020 年中报业绩大全数据

表 4.1 静态数据的样例

序 号	股票代码	股票简称	每股收益/元	营业收入/元	其他更多字段
1	000935	四川双马	0.91	11.63 亿	⋯
2	873578	德蕴电气	-0.001	2774 万	⋯
3	300370	ST 安控	-0.1046	1.53 亿	⋯
4	300348	长亮科技	0.0492	6.49 亿	⋯
5	072842	翔鹭钨业	0.05	6.10 亿	⋯

Step 1 新建 Excel 工作簿，在"数据"选项卡中的"获取和转换"选项组中单击"新建查询"→"从其他源"→"从 Web"命令，如图 4.2 所示。

图 4.2 获取网站数据操作界面

Step 2 在弹出的"从 Web"对话框的地址栏中输入网址，单击"确定"按钮，如图 4.3 所示。

Step 3 在弹出的"导航器"对话框中的"表视图"选项卡中可以看出"Table 0"是目标数据，单击"Table 0"工作表，再单击"编辑"按钮，进入"Power Query 编辑器"，如图 4.4 所示。

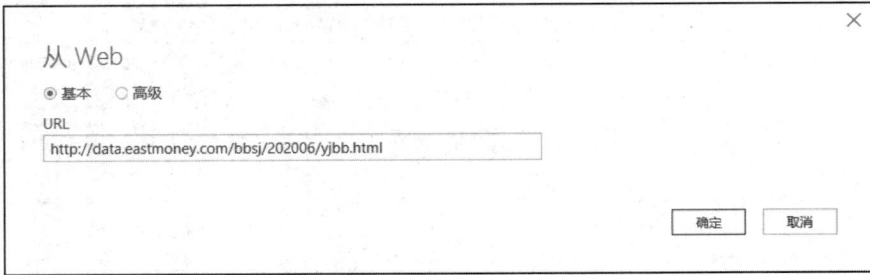

图 4.3　输入网址

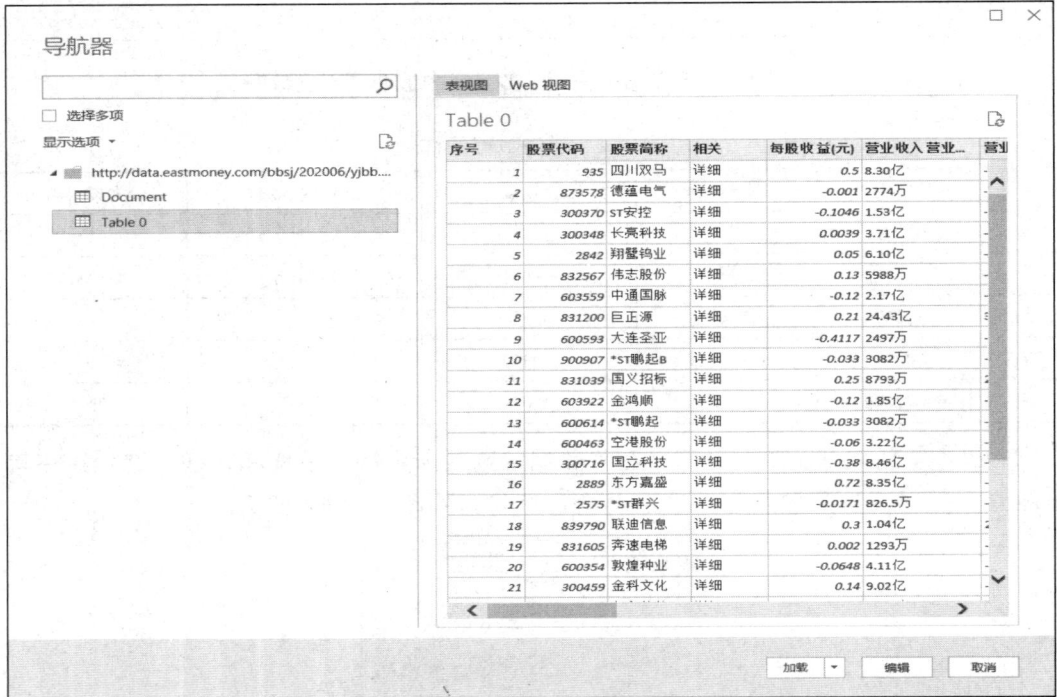

图 4.4　选择目标工作表

Step 4 在"Power Query 编辑器"中，删除不需要的数据，如图 4.5 所示。在"主页"选项卡中单击"关闭并上载"按钮。

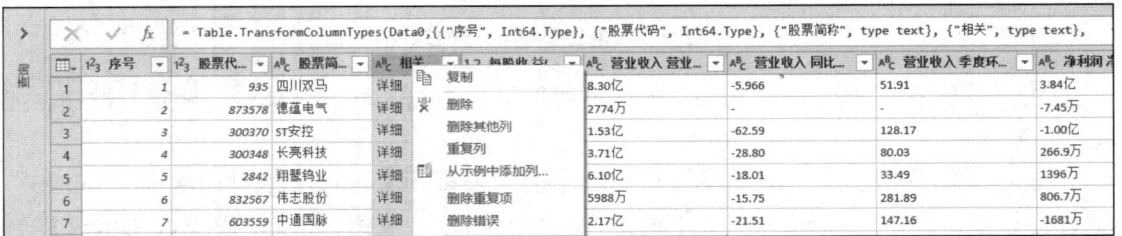

图 4.5　删除无用数据后上载数据

Step 5 加载后工作表中的数据如图 4.6 所示。

序号	股票代码	股票简称	每股收益(元)	营业收入 营业收入(元)	营业收入 同比增长(%)	营业收入 季度环比 增长(%)	净利润 净利润(元)	净利润 同比增长(%)	净利润 季度环比 增长(%)
1	935	四川双马	0.5	8.30亿	-5.966	51.91	3.84亿	-4.550	88.20
2	873573	德维电气	-0.001	2774万	-	-	-7.45万	-	-
3	300370	ST安控	-0.1046	1.53亿	-62.59	128.17	-1.00亿	-2266.9	-23.65
4	300348	长亮科技	0.0039	3.71亿	-28.80	80.03	266.9万	-69.20	210.79
5	2842	翔鹭钨业	0.05	6.10亿	-18.01	33.49	1396万	-63.76	-49.20
6	832567	伟志股份	0.13	5988万	-15.75	281.89	806.7万	-42.06	501.86
7	603559	中通国脉	-0.12	2.17亿	-21.51	147.16	-1681万	-253.86	78.35
8	831200	巨正源	0.21	24.43亿	380.76	-	1.41亿	609.57	-
9	600593	大连圣亚	-0.4117	2497万	-78.75	-10.91	-5303万	-800.61	-22.83
10	900907	*ST鹏起B	-0.033	3082万	-96.22	161.77	-5749万	11.72	-122.77
11	831039	国义招标	0.25	8793万	2.608	57.60	3459万	37.29	75.49
12	603922	金鸿顺	-0.12	1.85亿	-47.01	33.01	-1502万	51.87	-0.240
13	600614	*ST鹏起	-0.033	3082万	-96.22	161.77	-5749万	11.72	-122.77
14	600463	空港股份	-0.06	3.22亿	-14.38	86.67	-1898万	33.55	15.12

图 4.6　加载后工作表中的数据

4.1.2　动态数据采集

动态数据指在系统应用中随时间变化而改变的数据。动态数据的准备和系统切换的时间有直接关系。动态数据采集的目标数据在 JavaScript 或 XHR 中，只有在网页中进行特定操作才能向服务器请求加载动态数据。

案例分析——动态数据采集实例	
数据文件	第 4 章\数据\动态数据采集实例
效果文件	第 4 章\效果\动态数据采集实例
操作视频	第 4 章\视频\动态数据采集实例

从美国职业篮球协会数据库和网站获取动态的球队信息。根据球队名称、缩写和年份创建球队信息表，如表 4.2 所示。

表 4.2　球队信息表

属性名	球队名称	缩写	年份	球员	出场	首发	时间	投篮	其他
样例	勇士	GSW	2018	斯蒂芬·库里	69	69	33.7	47.2%	…

Step 1　打开美国职业篮球协会网站，右击，在弹出的菜单中单击"检查"命令，进入"开发者模式"，在 NetWork 选项卡中选择不同的赛季，在 Name 下拉列表框中单击新增文件链接，在 Preview 下拉列表框中可查看文件内容，如图 4.7 所示。

图 4.7　抓包界面

Step 2　打开 Headers 选项卡，可以看到请求的 URL：http://www.stat-nba.com/team/stat_box_team.php?team=MIA&season=2018&col=pts&order=1&isseason=1，如图 4.8 所示。

Step 3　在 Excel 的"数据"选项中单击"获取和转换"选项组中的"从表格"选项，如图 4.9 所示。在弹出的"创建表"对话框中设置"表数据的来源"为$A$1:$C$5，如图 4.10 所示。

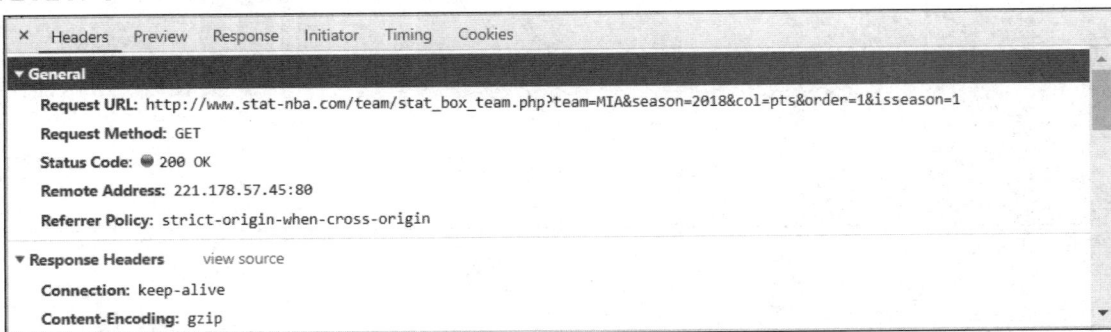

图 4.8　请求 URL

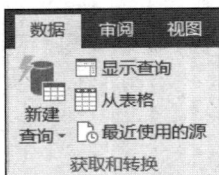

图 4.9　选择"从表格"选项

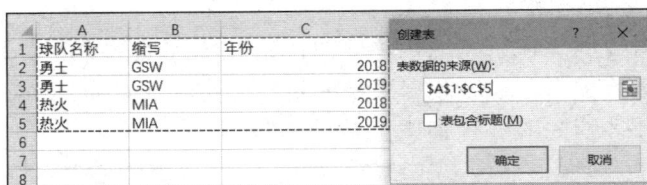

图 4.10　创建表界面

Step 4　单击"确定"按钮，进入"Power Query 编辑器"，单击"年份"列右侧的下拉按钮，在弹出的菜单中单击"更改类型"→"整数"命令，如图 4.11 所示。

图 4.11　更改年份类型

Step 5　在弹出的"更改列类型"对话框中，单击"替换当前转换"按钮，如图 4.12 所示。

Step 6　在"添加列"选项卡中的"常规"选项组中单击"自定义列"选项，如图 4.13 所示。

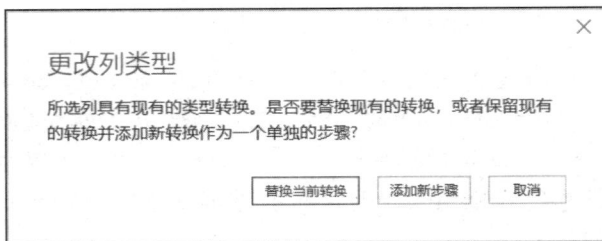

图 4.12　替换当前转换选项

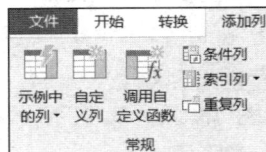

图 4.13　自定义列

Step 7 在弹出的"自定义列"对话框中，将"新列名"设置为 URL，在"自定义列公式"列表框中输入""http://www.stat-nba.com/team/stat_box_team.php?team="&[缩写]&"&season="&[年份]&"&col=pts&order=1&isseason=1""，如图 4.14 所示。

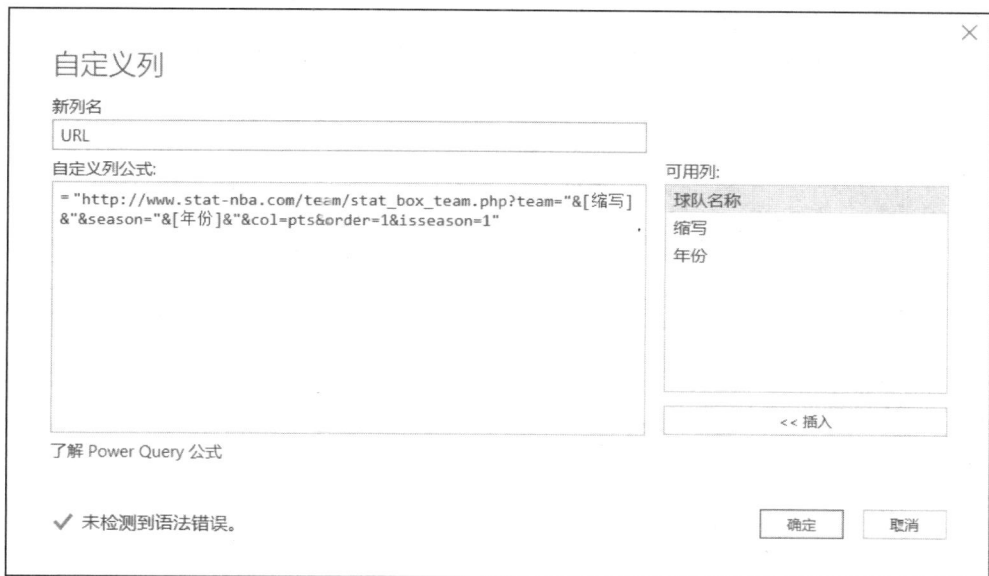

图 4.14　创建 URL

Step 8 单击"确定"按钮，重复上述操作打开"自定义列"对话框，在"自定义列公式"列表框中输入" Web.Page(Text.FromBinary(Web.Contents([URL]),65001)){0}[Data]"，设置"新列名"为"数据"，如图 4.15 所示。Text.FromBinary()函数的作用是将二进制文件转换成文本，本例使用该函数是为了解决乱码问题，第二个参数 65001 表示 UTF-8 编码。

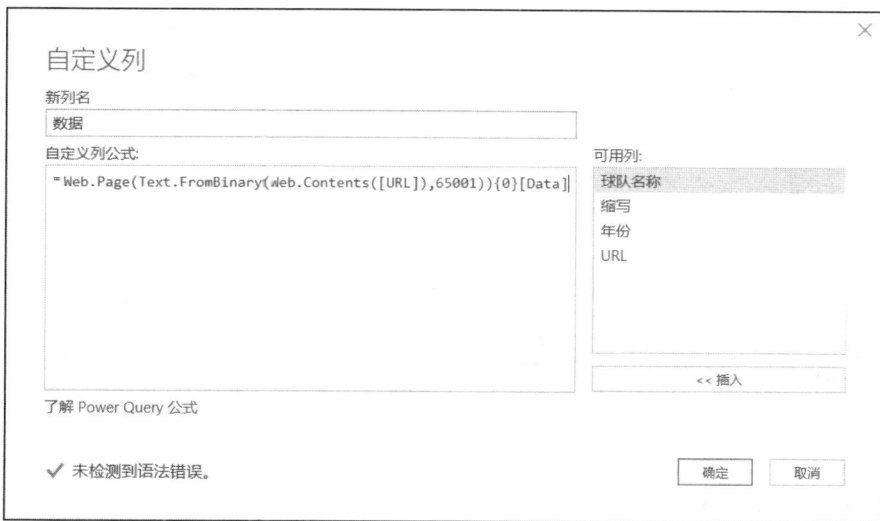

图 4.15　通过 URL 下载数据

Step 9 单击"确定"按钮，单击"数据"列右侧的下拉按钮，在弹出的菜单中取消空列和"使用原始列名作为前缀"复选框的勾选，如图 4.16 所示。

Step 10 单击"确定"按钮，单击"球员"列右侧的下拉按钮，在弹出的菜单中取消"总计"、"全队数据"和"对手数据"复选框的勾选，如图 4.17 所示。

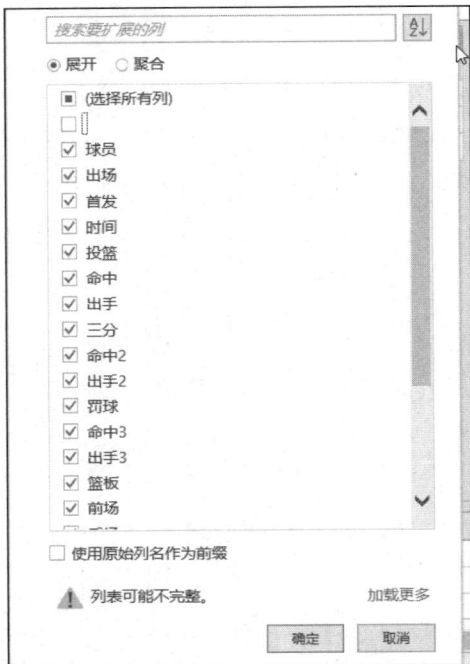

图 4.16　数据表展开设置　　　　　图 4.17　取消勾选不需要的数据

Step 11 单击"确定"按钮，在"Power Query 编辑器的主页"的"开始"选项卡中单击"关闭并上载"选项删除 URL 列，即可在工作表中得到相应的数据，如图 4.18 所示。

	球队名称	缩写	年份	球员	出场	首发	时间	投篮	命中	出手	三分	命中2	出手2	罚球	命中3	出手3	篮板	前场	后场	助攻	抢断	盖帽	失误
1	勇士	GSW	2018	斯蒂芬-库里	69	69	33.7	47.2%	9.2	19.4	43.7%	5.1	11.7	91.6%	3.8	4.2	5.3	0.7	4.7	5.2	1.3	0.4	2.8
2	勇士	GSW	2018	凯文-杜兰特	78	78	34.7	52.1%	9.2	17.7	35.3%	1.8	5.0	88.5%	5.7	6.5	6.4	0.4	5.9	5.9	0.7	1.1	2.9
3	勇士	GSW	2018	克莱-汤普森	78	78	34.0	46.7%	8.4	18.0	40.2%	3.1	7.7	81.6%	1.7	2.0	3.8	0.5	3.4	2.4	1.1	0.6	1.5
4	勇士	GSW	2018	德马库斯-考辛斯	30	30	25.7	48.0%	5.9	12.4	27.4%	0.9	3.2	73.6%	3.5	4.8	8.2	1.4	6.8	3.6	1.3	1.5	2.4
5	勇士	GSW	2018	德雷蒙德-格林	66	66	31.3	44.5%	2.8	6.4	28.5%	0.7	2.5	69.2%	1.0	1.4	7.3	0.9	6.4	6.9	1.4	1.1	2.6
6	勇士	GSW	2018	奎因-库克	74	10	14.4	46.5%	2.8	5.9	40.5%	1.1	2.7	76.9%	0.3	0.4	2.1	0.3	1.8	1.6	0.3	0.0	0.7
7	勇士	GSW	2018	约纳斯-杰雷布科	73	6	16.7	45.9%	2.2	4.9	36.7%	0.9	2.6	80.0%	0.9	1.1	3.9	1.0	3.0	1.3	0.4	0.2	0.6
8	勇士	GSW	2018	凯文-卢尼	80	24	18.5	62.5%	2.7	4.3	10.0%	0.0	0.1	61.9%	0.8	1.3	5.2	2.4	2.8	1.5	0.6	0.7	0.6
9	勇士	GSW	2018	安德烈-伊格达拉	68	13	23.2	50.0%	2.2	4.4	33.3%	0.7	2.1	58.2%	0.6	1.0	3.7	0.7	3.0	3.2	0.9	0.8	0.8
10	勇士	GSW	2018	达米恩-琼斯	24	22	17.1	71.6%	2.2	3.1		0.0	0.0	64.9%	1.0	1.5	3.1	1.3	1.8	1.2	0.5	1.0	0.7
11	勇士	GSW	2018	达米恩-李	32	0	11.7	44.1%	1.8	4.0	39.7%	0.8	2.1	86.4%	0.6	0.7	2.0	0.3	1.8	0.4	0.4	0.3	0.4
12	勇士	GSW	2018	阿方索-麦金尼	72	5	13.9	48.7%	1.9	3.8	35.6%	0.4	1.6	56.3%	0.4	0.7	3.4	1.1	2.3	0.4	0.3	0.2	0.4

图 4.18　勇士和热火 18-19 与 19-20 赛季球员数据对比

4.1.3　网络数据的爬取

网络爬虫是一种按照指定规则，自动抓取或下载网络资源的计算机程序或自动化脚本。

1. 网络爬虫基本概念

网络爬虫即通过计算机程序访问互联网中的网页，又称为网络蜘蛛或 Web 信息采集器。狭义的网络爬虫指利用标准网络协议（如 HTTP、HTTPS 等），根据网络超链接和信息检索方法（如深度优先）访问网络数据的软件程序。网络爬虫的应用步骤为，先确定待采集的 URL 队列，获取每个 URL 对应的网页内容（如 HTML 和 JSON 等），根据用户要求解析网页中的字段（如标题），并存储解析得到的数据。此外，由于批量爬虫需要等待服务器响应，效率相对较低，因此可以通过多进程、多线程的设计来充分利用资源。利用网络爬虫抓取数据有技术难度，需要熟练掌握 R 或 Python 等语言，同时也有不少成熟的爬虫软件，如八爪鱼等。

【知识拓展】

网络爬虫的数据伦理

爬虫作为一种计算机技术，具有技术中立性，因此爬虫技术在法律上从未被禁止。但是由于部分数据存在敏感性，如果在利用爬虫获取数据时不能甄别哪些数据可以被爬取，则可能会面临牢狱之灾。总的来说，未公开、未经许可且带有敏感信息的数据，不管通过什么渠道获得，都是不合法的行为。如果通过破解、侵入等"黑客"手段来获取数据，更会触犯刑法。因此，在使用该技术的过程中，应遵守 Robots 协议（互联网行业数据抓取的道德协议）作为行业约定。

2. 利用开源的网络爬虫工具爬取数据——八爪鱼

1）八爪鱼采集器

八爪鱼采集器是深圳视界信息技术有限公司研发的一款业界领先的网页采集软件，具有使用简单、功能强大等优点。八爪鱼采集器可简单快速地将网页数据转化为结构化数据，存储于 Excel 或数据库中，并且提供基于云计算的大数据云采集解决方案，实现精准、高效、大规模的数据采集，其智能模式更可实现输入网址全自动化导出数据，是国内首个大数据一键采集平台。

八爪鱼采集器的规则配置流程模拟人的思维模式，贴合用户的操作习惯，以满足不同的个性化应用需求。八爪鱼的简易模式内置了上百种主流网站数据源，存放了国内一些主流网站的爬虫采集规则，如京东、天猫、大众点评等热门采集网站，只需要参照模板简单设置参数，就可以快速获取网站的公开数据，从而节省了制定规则的时间及精力。对于大部分电子商务平台上的卖家来说，直接自定义规则可能有难度，在这种情况下，可以使用简易模式。

2）八爪鱼简易模式下采集苏宁易购商品列表

采集网站中的商品数据可以用来分析商品价格变化趋势，了解评价数量、竞品销量和价格，分析竞争店铺等，帮助企业快速掌握市场行情，制定相应的营销策略。下面介绍在八爪鱼简易模式下采集苏宁易购商品列表的方法。

案例分析——苏宁易购商品列表采集	
数据文件	第 4 章\数据\苏宁易购商品列表采集
效果文件	第 4 章\效果\苏宁易购商品列表采集
操作视频	第 4 章\视频\苏宁易购商品列表采集

Step 1 打开八爪鱼软件官方下载界面，单击"立即下载"按钮，下载并安装八爪鱼软件，如图4.19所示。安装完毕后打开软件，先进行账户注册并登录。

图4.19　八爪鱼软件官方下载界面

Step 2 在八爪鱼工作界面单击"热门采集模板"右侧的"更多"按钮，设置"模板类型"为"电子商务"，在下方的下拉列表框中选择"苏宁易购"，如图4.20、图4.21和图4.22所示。

图4.20　八爪鱼主页

图 4.21　设置模板类型

图 4.22　选择"苏宁易购"

Step 3 "采集模板"页面的"模板介绍"详细介绍了该模板的使用方法，如图 4.23 所示。"采集字段预览"包括商品图片、评价数、标签、价格、是否自营、详情链接、关键词等，如图 4.24 所示。"采集参数预览"包括输入关键词等。"示例数据"以表格形式给出爬取的数据，如图 4.25 所示，单击"立即使用"按钮。

图 4.23　采集模板页面

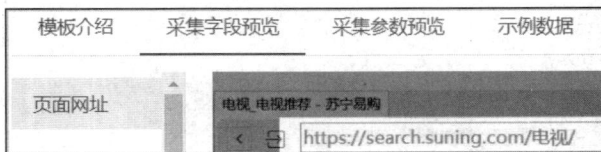

图 4.24　采集字段预览

模板介绍	采集字段预览		采集参数预览	示例数据			
关键词	价格	标题	评价数	是否自营	标签	商品图片	
冰箱	¥1699.00	容声（Ronshe…	1400+评价	苏宁自营	秒杀/	https://i	
冰箱	¥2899.00	容声（Ronshe…	8.0万+评价	苏宁自营	秒杀/	https://i	
冰箱	¥3099.00	海尔（Haier）…	14万+评价	苏宁自营	秒杀/_x000d_ …	https://i	
冰箱	¥2599.00	海信（Hisense…	3300+评价	苏宁自营	秒杀/_x000d_ …	https://i	
冰箱	¥1299.00	容声（Ronshe…	9.1万+评价	苏宁自营	秒杀/_x000d_ …	https://i	
冰箱	¥1999.00	美的（Midea…	13万+评价	苏宁自营	领券99-5/	https://i	
冰箱	¥2099.00	海尔（Haier）…	34万+评价	苏宁自营	秒杀/	https://i	
冰箱	¥3700.00	海尔（Haier）…	14万+评价	苏宁自营	6期免患/	https://i	

图 4.25　示例数据

Step 4　设置"任务名"为"苏宁易购-商品列表-关键词搜索"，"任务组"为"我的任务组"，"输入关键词"为"手机"，"输入要翻页的页数"为"30"，单击"保存并启动"按钮，如图 4.26 所示。

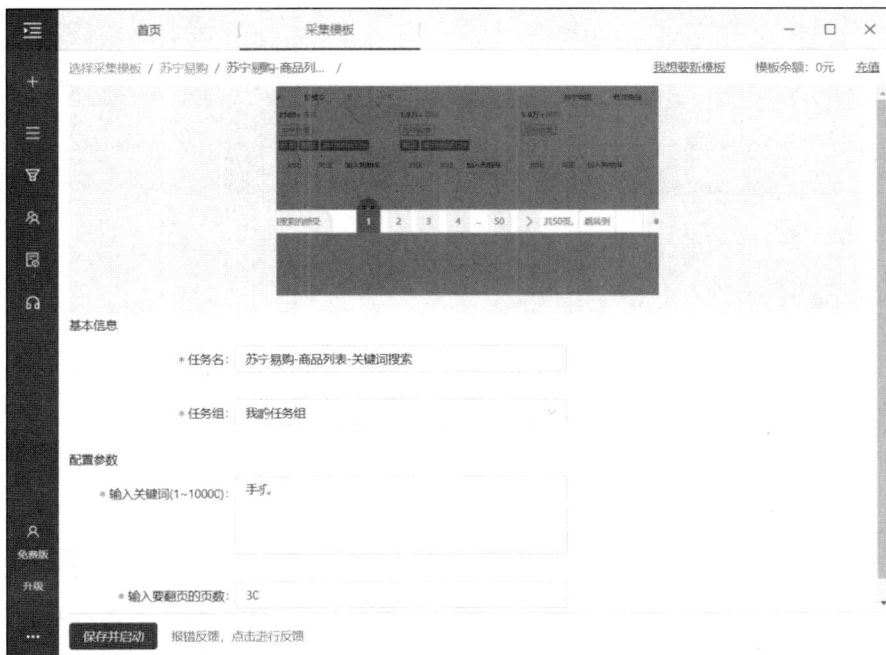

图 4.26　设置爬虫参数

Step 5 在弹出的"启动任务"对话框中单击"启动本地采集"按钮，如图 4.27 所示。

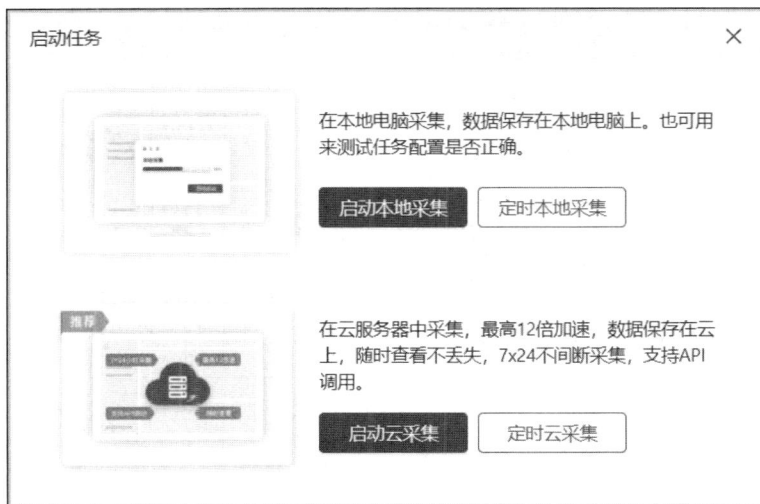

图 4.27　启动本地采集

Step 6 弹出一个信息采集窗口，上半部分显示实时网页画面，可以看到网页在不断地下拉，说明正在爬取数据，采集过程中可以随时单击"停止采集"按钮，如图 4.28 所示。

图 4.28 信息采集

Step 7 采集结束后，弹出"采集已停止"对话框，单击"导出数据"按钮，如图 4.29 所示。

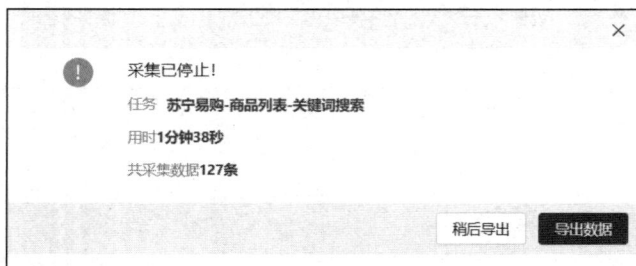

图 4.29 导出数据

Step 8 在弹出的对话框中选中 Excel（xlsx）单选按钮，如图 4.30 所示。单击"确定"按钮，在工作表中得到保存的数据，如图 4.31 所示。

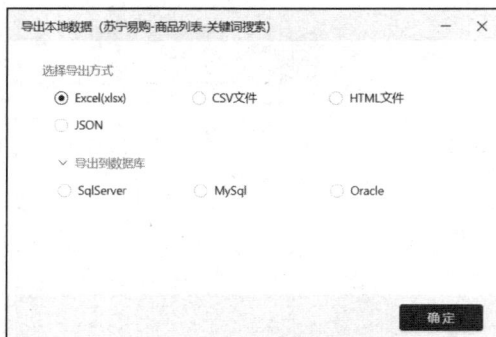

图 4.30 选择数据导出格式

	关键词	价格	标题	评价数	是否自营	标签	商品图片 是否广告	详情链接	页面网址		当前页码
2	手机	¥2999.00	荣耀V40轻奢版 8GB+128G 7730+		苏宁自营	新品/大聚惠/赠	https:/广告	https://;	https://search. suning. com/%E6%89%8B%E6%9C%BA/		1
3	手机	¥4198.00	vivo iQOO 7 传奇 12+254730+		苏宁自营	12期免息/大聚惠	https:/;	https://;	https://search. suning. com/%E6%89%8B%E6%9C%BA/		1
4	手机	¥3699.00	一加 OnePlus 8T 银时 11.2万+		苏宁自营	6期免息/大聚惠	https:/;	https://;	https://search. suning. com/%E6%89%8B%E6%9C%BA/		1
5	手机	¥5999.00	一加 OnePlus 9 Pro 黑0		苏宁自营	时器数码专新品	https:/;	https://;	https://search. suning. com/%E6%89%8B%E6%9C%BA/		1
6	手机	¥1699.00	小米 (MI)Redmi Note 9 6.1万+		苏宁自营	大聚惠/赠品	https:/;	https://;	https://search. suning. com/%E6%89%8B%E6%9C%BA/		1
7	手机	¥4498.00	vivo X60 Pro 12G+256G 5100+		苏宁自营	24期免息/大聚惠	https:/;	https://;	https://search. suning. com/%E6%89%8B%E6%9C%BA/		1
8	手机	¥2999.00	OPPO Reno5 5G 月夜黑 13600+		苏宁自营	6期免息/大聚惠	https:/;	https://;	https://search. suning. com/%E6%89%8B%E6%9C%BA/		1
9	手机	¥599.00	小米 (MI) Redmi 9A 砂+5.2万+		苏宁自营	大聚惠/赠品	https:/;	https://;	https://search. suning. com/%E6%89%8B%E6%9C%BA/		1

图 4.31　导出的数据

3. 利用免费的爬虫插件爬取数据——Web Scraper

1）Web Scraper 爬虫插件

Web Scraper 是一个免费的轻量级 Chrome 浏览器爬虫插件，用于抓取任意 Web 页面，并使用 JavaScript 代码提取结构化数据，它能够加载 Web 页面并实现动态抓取。Web Scraper 既可以在用户界面中手动配置和运行，也可以使用 API 运行，并可以将抓取的数据以各种格式导出保存到本地，比如 JSON、XML 或 CSV。

2）使用 Web Scraper 抓取数据

案例分析——Web Scraper 抓取数据的操作	
数据文件	第 4 章\数据\ Web Scraper 抓取数据的操作
效果文件	第 4 章\效果\ Web Scraper 抓取数据的操作
操作视频	第 4 章\视频\ Web Scraper 抓取数据的操作

Step 1　在 Chrome 网上应用商店下载 Web Scraper 插件，下载完成后得到一个以.crx 结尾的文件。打开 Chrome 浏览器，单击右上角的自定义按钮，在弹出的菜单中单击"更多工具"→"扩展程序"命令，如图 4.32 所示。

图 4.32　进入扩展程序

Step 2　打开开发者模式，如图 4.33 所示。

图 4.33　打开开发者模式

Step 3 将下载的 crx 文件扩展名更改为 zip 并解压，单击"加载已解压的扩展程序"按钮，选择解压后的文件夹，如图 4.34 所示。

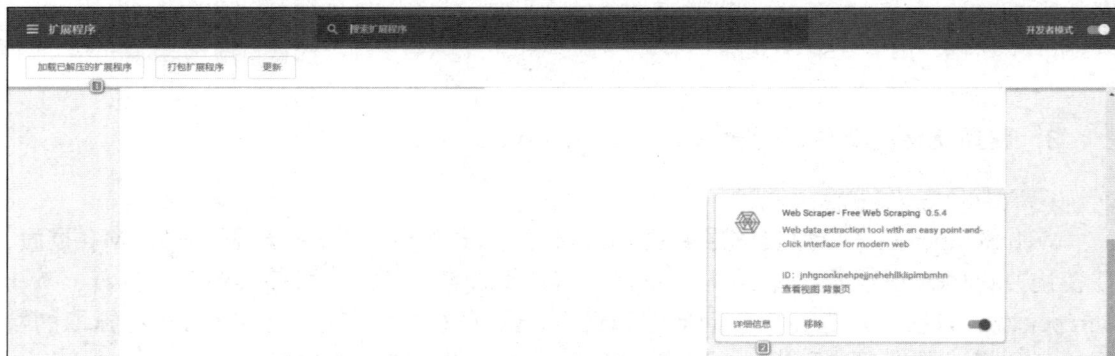

图 4.34 安装 Web Scraper

Step 4 打开 CSDN 网站的博客首页，搜索 java，如图 4.35 所示，记录 URL：https://so.csdn.net/so/search?q=java&t=&u=。

图 4.35 搜索界面

Step 5 右击，在弹出的菜单中单击"检查"选项，在打开的窗口中单击 Web Scraper 选项卡标签，在该选项卡中单击"Create new sitemap"→"Create sitemap"选项，创建一个新网站地图。设置 Sitemap name 为 search_jave，输入前面记录的 Start URL，单击 Create Sitemap 按钮，如图 4.36 所示。

Step 6 此时只有一个根节点，单击 Add new selector，创建一个新的选择器并为其命名。在 Id 文本框中输入 page 作为父节点，设置 Type 为 Element，表示要抓取的是元素节点。因为 Web Scraper 是基于 DOM 的抓取工具，它会将 HTML 页面解析为一个节点树，在根节点下有元素、元素属性、文本等节点类型。单击 Selector 选项下的 Select

按钮，到页面上移动光标，会发现能够自动框选元素，调整光标到合适的位置，可以框选整个条目。勾选 Multiple 复选框，可以同时框选多个节点。当框选一定数量的节点后，工具会自动帮助我们选择相同结构的节点，选择完毕后，单击 Done selecting 按钮，如图 4.37 所示。

图 4.36　创建新网站地图

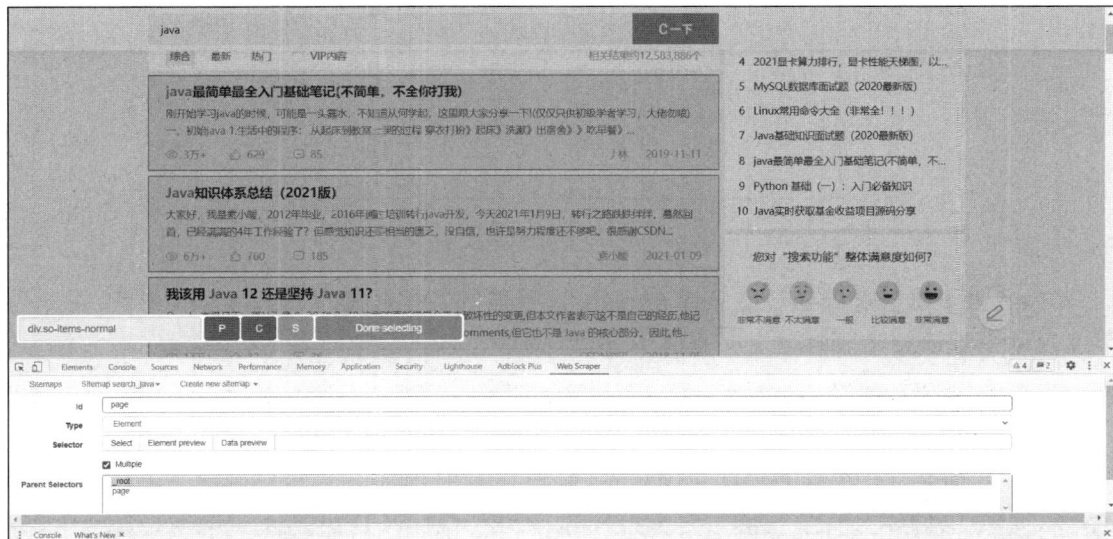

图 4.37　设置元素属性

Step 7　单击 Selector 选项下的 Element preview 按钮，可以看到已选择的元素，单击 Data preview 按钮，可以看到数据预览。由于选择的是 Element 节点，它包含子节点，因此数据预览无法显示，它只适用于文本类型节点的预览。单击 Save selector 按钮，保存选择器，如图 4.38 所示。

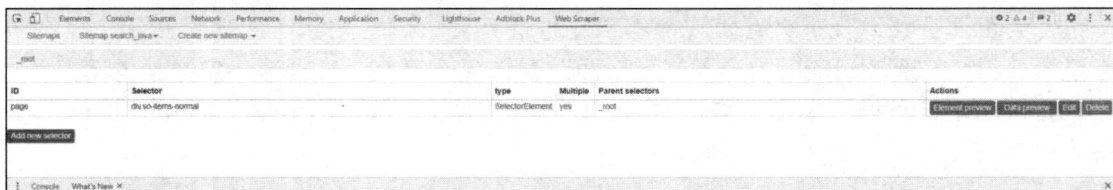

图 4.38　保存选择器

Step 8　为爬取文章或资源的标题和文本，添加两个选择器。单击 page 进入该父节点，再添加两个选择器，设置 type 为 text，设置 Parent selectors 为 page，一个 page 元素只有一个子元素，如图 4.39 所示。

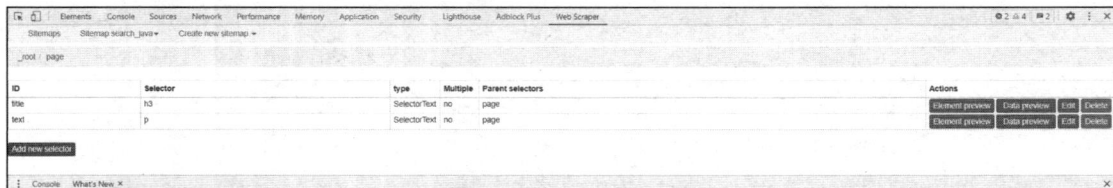

图 4.39　创建子选择器

Step 9　单击 Sitemap（web_scraper）→Selector Graph，可以看到层次清晰的选择器结构图，如图 4.40 所示。

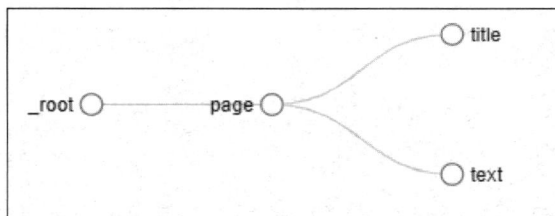

图 4.40　选择器结构图

Step 10　单击选择器节点，单击 page 选择器的数据预览，可以看到 title 和 text 子节点自动变成表格的列标题，如图 4.41 所示。

图 4.41　page 的数据预览

Step 11　单击 Sitemap（web_scraper）→Scrape，设置 Request interval 和 Page load delay 参数，使选择器按设定的时间段和响应时间爬取网页。Request interval 参数的作用是让 web_scraper 以一定的时间间隔发起爬取请求，Page load delay 参数的作用是爬取后显示数据的延迟，如图 4.42 所示。

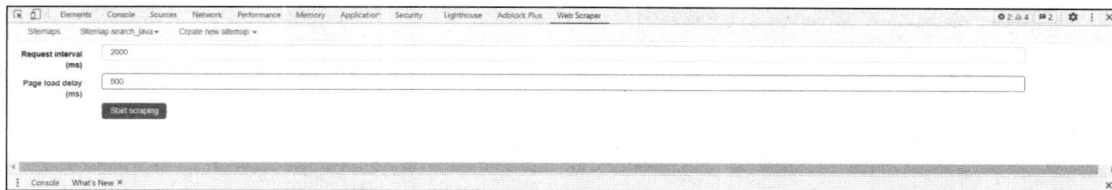

图 4.42　开始爬取数据

Step 12 单击 Start scraping 按钮，在弹出的页面中可以看到爬取选择器对应的数据，爬取成功后，单击 Refresh Data 按钮预览爬取的数据，如图 4.43 所示。

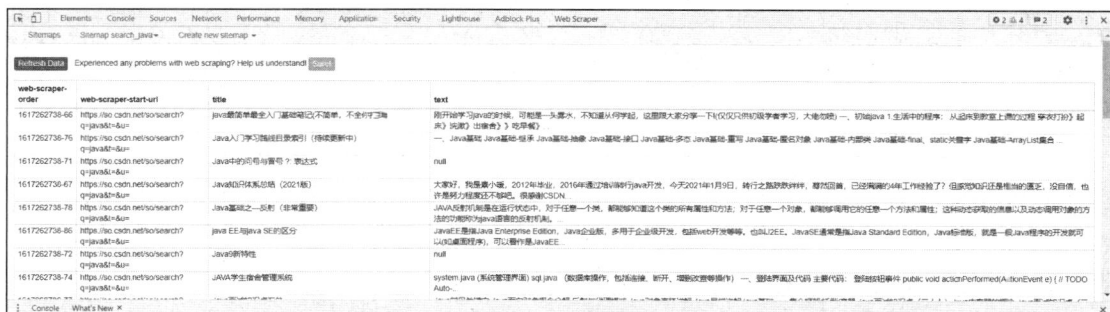

图 4.43　预览爬取数据

Step 13 单击 Sitemaps（web_scraper）→Export data as CSV→Download now!，将爬取的数据以 CSV 格式保存到本地，如图 4.44 所示。在工作表中可以看到保存后的数据，如图 4.45 所示。

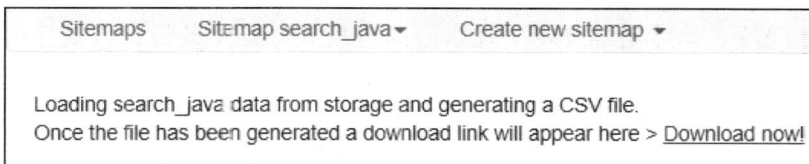

图 4.44　保存数据

1	web-scraper-order	web-scraper-start-url	title	text
2	1617262738-66	https://so.csdn.net/so/	java最简单最全入门基础笔记(不简单，不	刚开始学习java的时候，可能是一头雾水，不知道从何学起，这里跟大家分享一下!(仅仅
3	1617262738-76	https://so.csdn.net/so/	Java入门学习路线目录索引（持续更新中	一、Java基础 Java基础-继承 Java基础-抽象 Java基础-接口 Java基础-多态 Java基础-重写
4	1617262738-71	https://so.csdn.net/so/	Java中的问号与冒号 ?: 表达式	null
5	1617262738-67	https://so.csdn.net/so/	Java知识体系总结（2021版）	大家好，我是素小暖，2012年毕业，2016年通过培训转行java开发，今天2021年1月9日
6	1617262738-78	https://so.csdn.net/so/	Java基础之—反射（非常重要）	JAVA反射机制是在运行状态中，对于任意一个类，都能够知道这个类的所有属性和方法
7	1617262738-86	https://so.csdn.net/so/	java EE与java SE的区分	JavaEE是指Java Enterprise Edition，Java企业版，多用于企业级开发，包括web开发等等。
8	1617262738-72	https://so.csdn.net/so/	Java9新特性	null
9	1617262738-74	https://so.csdn.net/so/	JAVA学生宿舍管理系统	system.java（系统管理界面）sql.java（数据库操作，包括连接、断开、增删改查等操作）
10	1617262738-77	https://so.csdn.net/so/	Java面试知识点汇总	Java常见关键字 Java面向对象概念全解 反射与代理模式 Java对象克隆详解 Java异常详解
11	1617262738-89	https://so.csdn.net/so/	VSCode 配置Java环境	VSCode 配置Java环境 闲话少说，开始配置挚爱的 VSCode！！！ 第一步，安装VSCode/

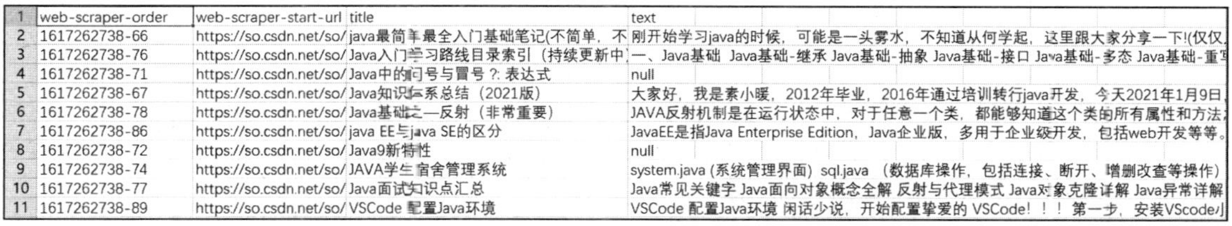

图 4.45　保存到本地的 CSV 文件

通过上述爬虫软件的应用实例不难发现，爬虫的核心任务就是访问某个站点（一般为一个 URL 地址），提取 HTML 文档中的特定数据，最后对数据进行保存、处理。当然爬虫软件还具备很多其他的功能，比如自动抓取多个页面、处理表单、对数据进行存储或者清洗等。掌握一些网络爬虫知识，不仅能够实现定制化的功能，还能在某种程度上拥有一个高度个性化的"浏览器"。

4.2 市场调查问卷的设计与回收

市场调查的范围主要包括对市场潜在需求量、消费者分布和特征的研究，对产品设计、改良的建议，评估各种营销手段的效果，销售预测分析等。市场调查的数据被越来越多的企业采纳，用于决策参考。

4.2.1 调查问卷设计

1. 搭建问卷框架

调查问卷是一种非常好的数据收集方式。在正式设计调查问卷之前，首先要明确问卷的内容，需要采集哪些数据。这可以通过搭建问卷框架来实现，问卷框架通常包含三部分，分别为中心概念、核心内容、具体问项，如表 4.3 所示。

（1）中心概念。中心概念可理解为一级指标，一般由研究主题直接获得。中心概念的作用在于进一步明确问卷调查的主题，确保不会遗漏重要内容。例如，有关"京东移动端使用情况"的调研问卷，中心概念就由"使用情况"和"需求满足情况"两个方面构成。

（2）核心内容。核心内容是对中心概念的阐述，也可以理解为一级指标下面包含了哪些二级指标。核心内容并不会体现在具体的问题设计当中，但是有助于把整个问卷模块化、逻辑化。

（3）具体问项。具体问项是每一项核心内容的具体细化条目，是直接出现在问卷中的问题内容，决定了最终能获得哪些数据。

表 4.3　问卷框架示例

中心概念（一级指标）	核心内容（二级指标）	具体问项（三级指标）
1 使用情况	1.1 使用广度	1.1.1 京东用户占比
		1.1.2 使用时间
		1.1.3 获知渠道
	1.2 使用深度	1.2.1 依赖程度
		1.2.2 持续使用情况
		1.2.3 功能了解程度
		1.2.4 替代性
2 需求满足情况	2.1 主观满意度	2.1.1 功能多样
		2.1.2 获取信息
		2.1.3 情感交流
		2.1.4 人性化设计

2. 确定问题形式

如果说搭建问卷框架有助于梳理问项的内容，那么确定问题形式就是在决定所采集的数据类型。问卷中常见的问题形式包括封闭式问题和开放式问题。单选题、多选题、排序题、量表题都是常见的封闭式问题的表现形式，如表 4.4 所示。

表 4.4　问卷中的常见问题形式及示例

问题形式		示例
开放式问题		您希望京东移动端可以做哪些改进？请留下您的宝贵意见（_____）
封闭式问题	单选题	您对京东移动端的使用程度如何？（_____） A．基本每天都会使用　　　　B．一周 4～5 次 C．一周 2～3 次　　　　　　D．一周一次或更少
	多选题	您觉得京东移动端的哪些功能做得好？（多选，至多三项） A．搜索功能　B．加购功能　C．结算功能　D．领券功能 E．社交功能　F．小游戏　　G．售后功能 H．协调买卖双方纠纷功能　　I．其他（请注明内容：_____）
	排序题	您觉得京东移动端哪些功能好？请选出最好的三项功能并排序。 A．搜索功能　B．加购功能　C．结算功能　D．领券功能 E．社交功能　F．小游戏　　G．售后功能 H．协调买卖双方纠纷功能　　I．其他（请注明内容：_____）
	量表（五级）	京东移动端是一种在线购物的有效渠道（___）。 A．非常同意　B．比较同意　C．一般 D．比较不同意　E．非常不同意
	量表（评分式）	请根据您最近一次的购物经历，对京东移动端的购物体验打分。(0～5 分，0 分最不满意，5 分最满意)（___）

由表 4.4 可知，采用开放式问题，得到的是半结构化或者非结构化的文本数据，后期需要经过人工编码、加工处理才能整理成结构化的、易于分析的数据；采用封闭式问题，得到的是结构化的数据，从而省去了大量的加工成本。但是，这并不意味着开放式问题完全不可用。对于意见、建议征集等问题或其他无预设标准答案的问题，开放式问题仍然是最佳选择。

虽然表 4.4 中的封闭式问题得到的都是结构化数据，但是由于答项的设计不同，最后得到的数据类型也有所差别。例如，单选题、多选题得到的通常是定性数据（定类数据或定序数据），主要通过柱形图、饼图、频数频率表、列联表等进行统计分析和描述分析。通过量表题（五级/七级、评分式）可以得到定量数据，满足后续更为复杂的数据分析要求，如回归分析、多元分析、因子分析、聚类分析等。因此，在设计问卷时，需要将后续的数据分析也纳入思考范畴，带着分析需求来设计问题，会让问卷更有针对性。

3. 选措辞、排结构

确定了问卷框架和问题形式，接下来需要对每一个问题的措辞表达和前后位置进行设计。问题的措辞表达应与受访者的认知能力相适应，基本要求是准确、优雅。准确指的是受访者清楚理解问题的含义,优雅指的是让受访者以一种轻松舒适的心情配合调查。这两个要求共同保障了"所答即所需"。表 4.5 中列出了问项措辞、答项设置的若干基本原则,以及对应的错误示例和修改方案。其中,前三个原则是为了满足"准确"的要求,后两个原则保证了问卷的"优雅"。

表 4.5　问项措辞原则、错误示例及修改方案

避免复合内容	错误示例	您认为京东移动端支付功能安全、方便吗
	点评和建议	安全和方便是两个概念,不应在一个问项中同时测量,考虑两个概念是否都必须测量,若是,则设为两个单独的问题
	修改方案	您认为京东移动端的支付功能安全吗? 您认为京东移动端的支付功能方便吗
避免指代不明	错误示例	您最近使用过优惠券吗
	点评和建议	"最近"指代不明,应指明具体范围
	修改方案	您最近一周使用过优惠券吗
避免答项缺失	错误示例	您一般使用什么手机应用购物?①手机淘宝;②京东;③唯品会;④苏宁易购
	点评和建议	遗漏了一些方式,如"拼多多""网易严选"等,同时考虑到难以保证涵盖全部方式,应补充其他选项让受访者自行补充
	修改方案	您一般使用什么手机应用购物?①手机淘宝;②京东;③唯品会;④苏宁易购;⑤拼多多;⑥其他____
避免感情色彩	错误示例	您至今未进行网购的原因是什么?①骗子多;②不方便;③不懂;④软件少
	点评和建议	"骗子多""不懂"都是带有贬义和偏见的表达,应改为中性的表达
	修改方案	您至今未进行网购的原因是什么?①安全考虑;②方便程度考虑;③技术门槛;④选择少;⑤其他____
避免难以回答	错误示例	最近三年,您在线购物的次数是多少
	点评和建议	时间太长、难以回忆,建议重新思考需要测量的概念,如可能请缩减时间段
	修改方案	最近一周,您在线购物的次数是多少

　　一般来说,一份问卷包含四个部分,分别是开头(标题、开场白、填表说明、问卷编号);正文(核心问项、背景信息);结束语(感谢、联系方式);作业记载(访员信息、调查时间等)。①在开头部分,标题和开场白都应简明扼要,后者应至少包含"我们是谁"、"因何目的需要开展调查"、"需要您做什么"、"数据是否商用/保密"及"感谢"等信息。②在正文部分,核心问项指的是前面已经设计好的具体问题,应按照从易到难的原则来排序,即先封闭问题、后开放问题,先客观性的核查问题、后主观性的态度问题。同时,建议最好按类编排核心问项,也就是按照问卷框架中的"核心内容"来使问卷模块化。背景信息一般包含与受访者个人有关的特征,如年龄、性别、婚姻状况、工作单位属性、收入情况等。因为涉及个人隐私,建议将这部分内容放在核心问项之后。避免因为敏感性让受访者感到不安而影响核心问项的回答质量,甚至拒填问卷。

▶ 4.2.2　调查问卷的回收

收集到一定数量的答卷后，即可对问卷进行分析。首先要录入数据并进行校订。数据录入比较简单，现在有许多在线调查问卷工具，可以直接将数据导出为.csv、.xls等格式，线下问卷也可以仿照导出的文件内容进行人工数据录入。相对于数据录入，数据校订更加重要，所谓校订是指对回收的问卷资料进行详细审查，以确定所收集资料的有效性及合理性。问卷中需要校订的内容主要包括以下几个方面。①调查员是否按照抽样调查要求进行访问？样本单位是否正确？如果受访者不符合抽样的要求，其答案不应采纳。例如，抽样的总体是大学生群体，其他社会人士的答卷则不应被计入有效答卷。②答案是否完整无遗漏？所有应该答复的问题是否都有回答？③字迹是否清晰可见？受访者寄回的问卷、访问员的访问报告或观察员的观察记录上的字迹是否清晰可读？如果无法辨认，有时可以送回原答卷者或原记录者重新填写，但有时因时间关系或其他原因，只能舍弃不用。④答案是否有前后不一致的现象或者出现矛盾的地方？⑤答案的意义是否明确？开放式答案的叙述如有含糊不清的地方应设法弄清楚。

▶ 4.2.3　调查问卷的数据分析

问卷调查分为两大类，即量表问卷和非量表问卷。量表问卷通常用于学术研究，问卷的内容为态度认知题项，调查样本人群对某事物的态度和看法等，通过对变量关系的研究，找出其逻辑关系。非量表问卷调查样本人群对某现状的事实情况的了解程度和基本态度，通过研究收集到的信息，分析该现状所产生的影响。

量表问卷一般使用信度、效度、因子分析等分析方法。非量表问卷使用基本频数分析和交叉分析等分析方法，同时使用图形和表格进行多样化展示。调查问卷使用的具体数据分析方法主要包括：样本背景分析（频数分析、描述性分析），样本特征与行为分析（频数分析、描述性分析），指标归类分析（探索性因子分析），信度分析（信度分析），效度分析（探索性因子分析），研究变量描述分析（描述性分析、频数分析），变量相关关系分析（相关分析），研究假设验证分析（回归分析），差异分析（方差分析、t 检验、卡方分析），影响关系分析（Logistic 回归分析）等。

4.3　数据的导入与导出

商务数据来源具有多样性，可能存储在数据库、网页上或文本文件中。为了进行数据分析和结果展示，需要将数据在不同格式间进行转换。

4.3.1　数据导入

收集到的数据可以直接输入 Excel 工作表中，也可以利用 Excel 的数据功能将多种格式的数据文件导入到 Excel 工作表中。在 Excel 中单击"数据"选项卡下的"新建查询"下拉按钮，通过该菜单命令可以将不同格式的数据文件导入 Excel 表格，如图 4.46 所示。

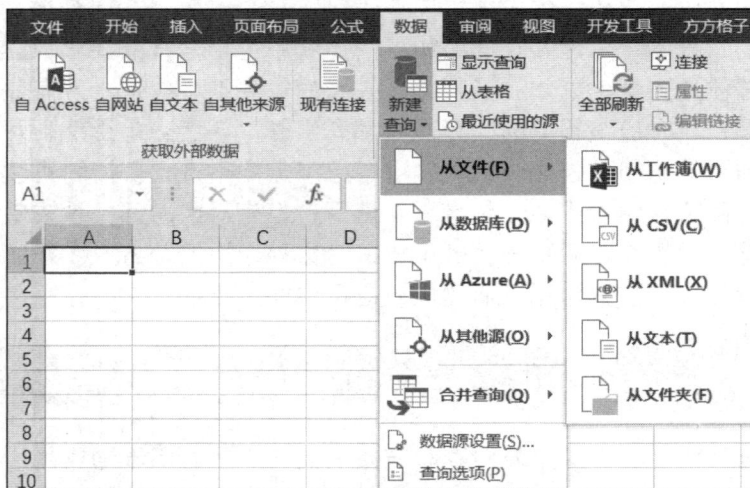

图 4.46　将不同格式的数据文件导入 Excel 表格

1．将文本文件导入 Excel 表格

案例分析——将文本文件导入 Excel 表格	
数据文件	第 4 章\数据\将文本文件导入 Excel 表格
效果文件	第 4 章\效果\将文本文件导入 Excel 表格
操作视频	第 4 章\视频\将文本文件导入 Excel 表格

将如图 4.47 所示的文本文件导入 Excel 表格中。

图 4.47　某旗舰店部分月份销售情况

Step 1 新建 Excel 工作簿，在"数据"选项卡中单击"新建查询"→"从文件"→
"从文本"命令，如图 4.48 所示。

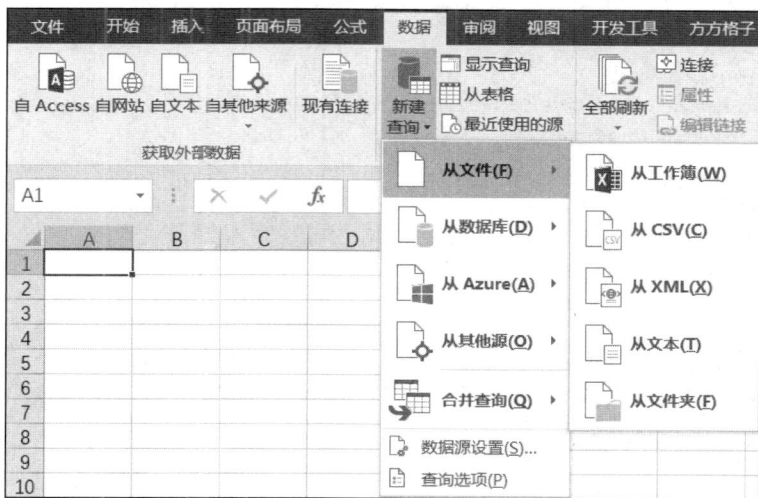

图 4.48 选择"从文本"选项

Step 2 在弹出的"导入文本文件"对话框中选择要导入的文件，单击"导入"按
钮，如图 4.49 所示。

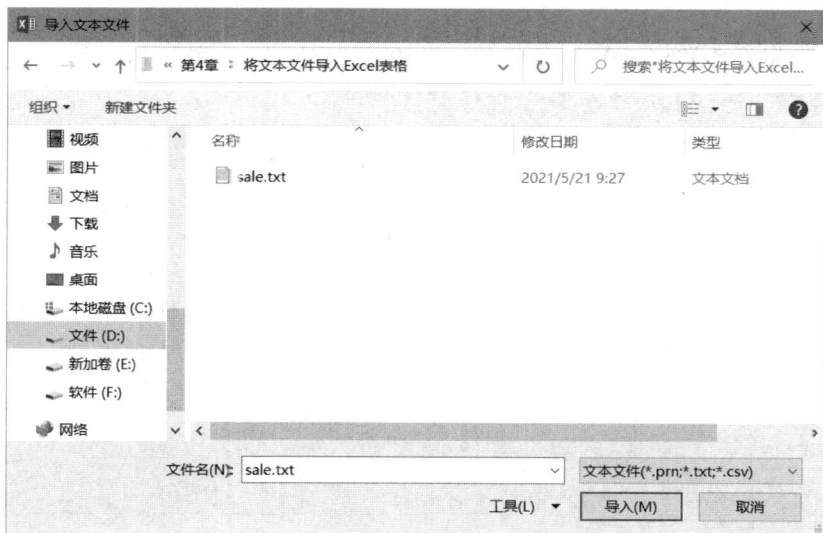

图 4.49 导入文本文件

Step 3 在弹出的"文本导入向导"对话框中，选中"原始数据类型"选项区域中
的"分隔符号"单选按钮，单击"下一步"按钮，如图 4.50 所示。

Step 4 在弹出的"文本导入向导"对话框中，勾选"分隔符号"选项区域中的"Tab
键"复选框，单击"下一步"按钮，如图 4.51 所示。

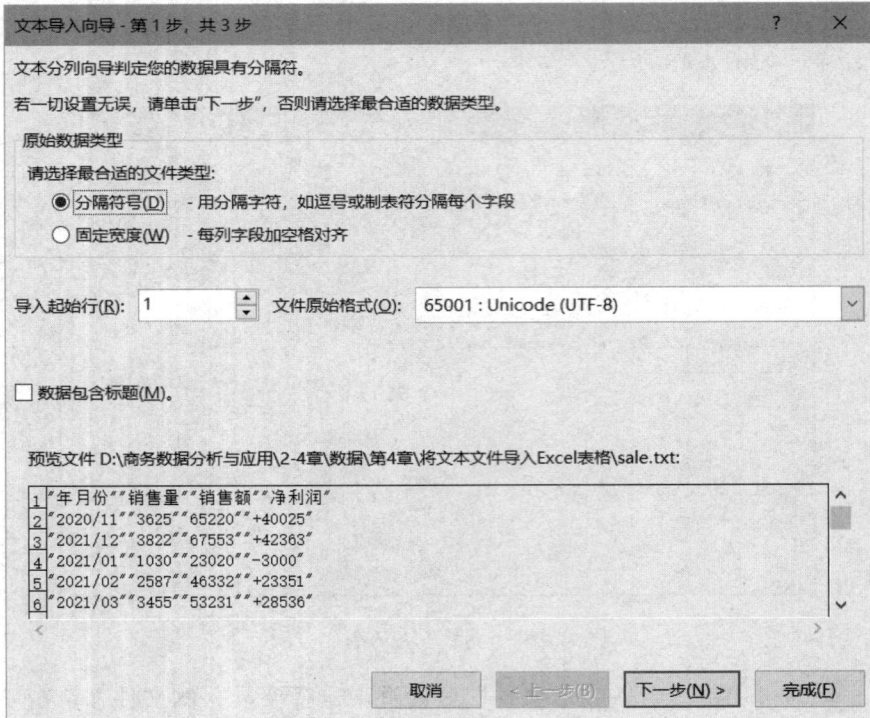

图 4.50　设置分隔符号

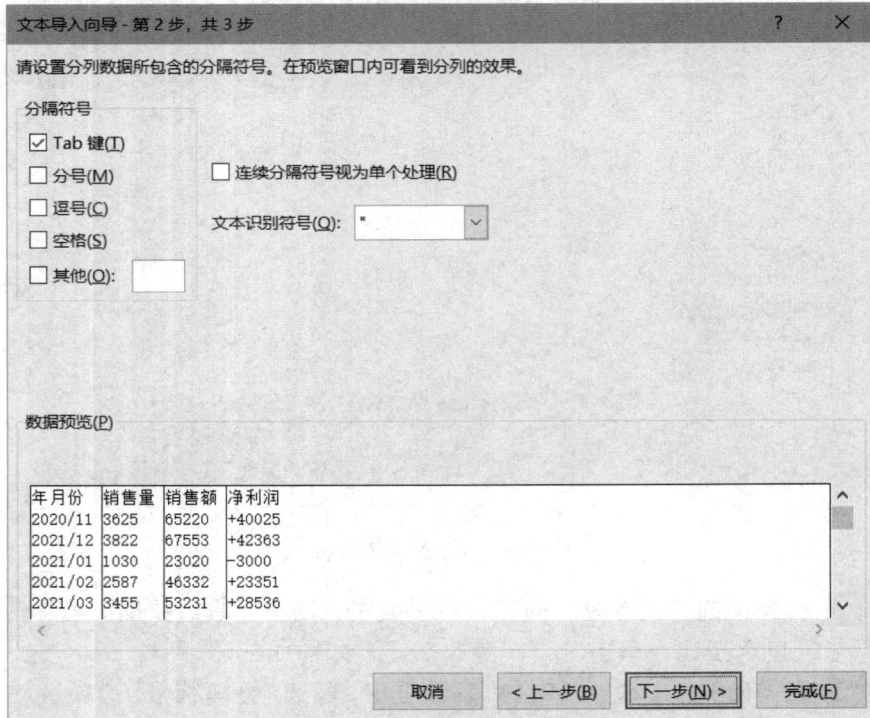

图 4.51　选择 Tab 键

Step 5 在弹出的"文本导入向导"对话框中，选中"列数据格式"选项区域中的"常规"单选按钮，单击"完成"按钮，如图 4.52 所示。

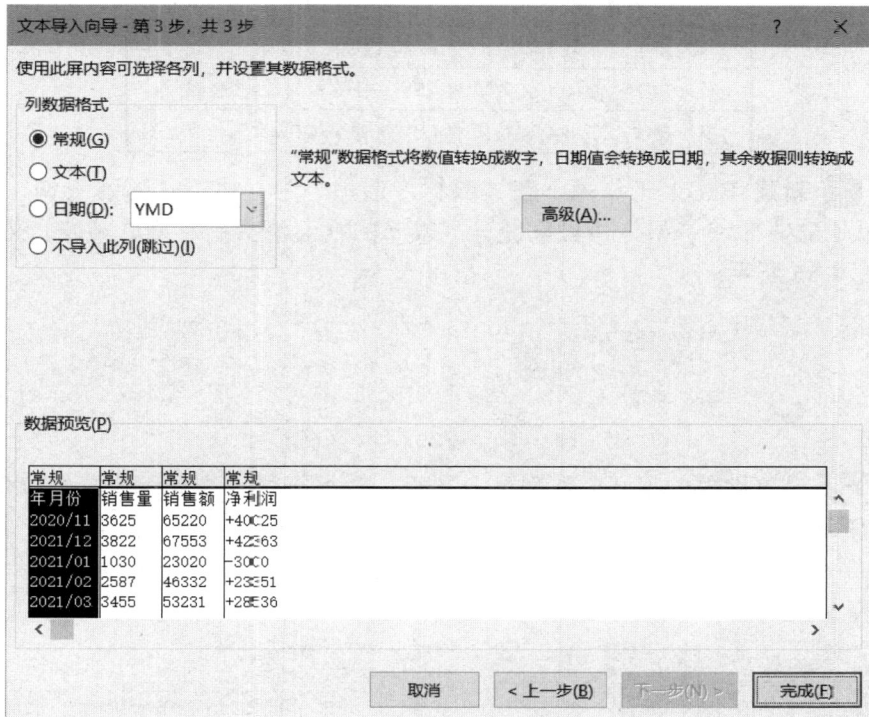

图 4.52 选择常规格式

Step 6 在弹出的"导入数据"对话框中，选中"新工作表"单选按钮，单击"确定"按钮，如图 4.53 所示。

Step 7 返回 Excel 工作表，可以看到导入的数据，如图 4.54 所示。

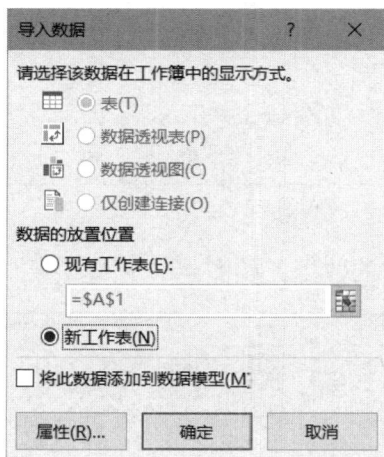

图 4.53 导入新工作表

1	年月份	销售量	销售额	净利润
2	Nov-20	3625	65220	40025
3	Dec-21	3822	67553	42363
4	Jan-21	1030	23020	-3000
5	Feb-21	2587	46332	23351
6	Mar-21	3455	53231	28536
7	Apr-21	4211	73264	49224
8	May-21	2790	48223	25668

图 4.54 文本文件导入结果

2. 将 CSV 文件导入 Excel 工作表

案例分析——将 CSV 文件导入 Excel 工作表	
数据文件	第 4 章\数据\将 CSV 文件导入 Excel 工作表
效果文件	第 4 章\效果\将 CSV 文件导入 Excel 工作表
操作视频	第 4 章\视频\将 CSV 文件导入 Excel 工作表

Step 1 新建 Excel 工作簿，在"数据"选项卡中，执行"新建查询"→"从文件"→"从 CSV"命令，导入由国家统计局发布的社会消费品零售总额表，文件格式为 CSV，如图 4.55 所示。

图 4.55 导入 CSV 文件

Step 2 设置数据的格式、编码、分隔符、数据行数等参数，单击"加载"按钮，如图 4.56 所示。

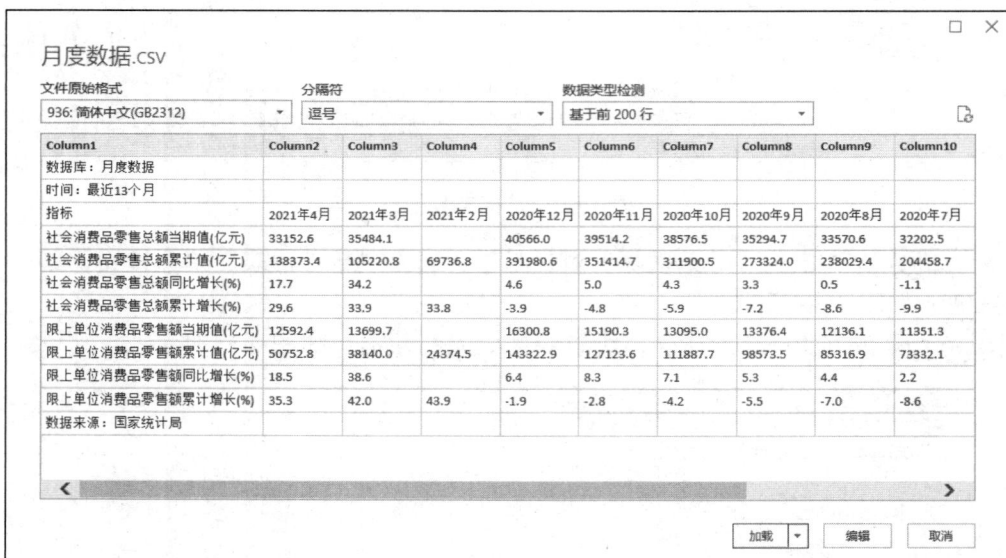

图 4.56 社会消费品零售总额表

Step 3 在 Excel 工作表中可以看到导入后的数据，如图 4.57 所示。

Column1	Column2	Column3	Column4	Column5	Column6	Column7	Column8	Column9	Column10	Column11	Column12	Column13
数据库：月度数据												
时间：最近13个月												
指标	2021年4月	2021年3月	2021年2月	2020年12月	2020年11月	2020年10月	2020年9月	2020年8月	2020年7月	2020年6月	2020年5月	2020年4月
社会消费品零售总额当期值(亿元)	33152.6	35484.1		40566.0	39514.2	38576.5	35294.7	33570.6	32202.5	33525.9	31972.8	28177.8
社会消费品零售总额累计值(亿元)	138373.4	105220.8	69736.8	391980.6	351414.7	311900.5	273324.0	238029.4	204458.7	172256.2	138730.3	106757.5
社会消费品零售总额同比增长(%)	17.7	34.2		4.6	5.0	4.3	3.3	0.5	-1.1	-1.8	-2.8	-7.5
社会消费品零售总额累计增长(%)	29.6	33.9	33.8	-3.9	-4.8	-5.9	-7.2	-8.6	-9.9	-11.4	-13.5	-16.2
限上单位消费品零售额当期值(亿元)	12592.4	13699.7		16300.8	15190.3	13095.0	13376.4	12136.1	11351.3	13106.9	11664.2	10588.3
限上单位消费品零售额累计值(亿元)	50752.8	38140.0	24374.5	143322.9	127123.6	111887.7	98573.5	85316.9	73332.1	62374.8	49317.2	37607.7
限上单位消费品零售额同比增长(%)	18.5	38.6		6.4	8.3	7.1	5.3	4.4	2.2	-0.4	1.3	-3.2
限上单位消费品零售额累计增长(%)	35.3	42.0	43.9	-1.9	-2.8	-4.2	-5.5	-7.0	-8.6	-10.3	-12.7	-16.3
数据来源：国家统计局												

图 4.57 CSV 文件导入结果

4.3.2 数据导出

Excel 中的数据可以导出到其他软件中。下面介绍将 Excel 中的数据导出到 Word 中。

案例分析——将 Excel 中数据导出到 Word 中	
数据文件	第 4 章\数据\将 Excel 中数据导出到 Word 中
效果文件	第 4 章\效果\将 Excel 中数据导出到 Word 中
操作视频	第 4 章\视频\将 Excel 中数据导出到 Word 中

Step 1 打开 Word，在"插入"选项卡中单击"对象"按钮，如图 4.58 所示。

图 4.58 选择"对象"选项

Step 2 弹出"对象"对话框，在"由文件创建"选项卡中单击"浏览"按钮，如图 4.59 所示。

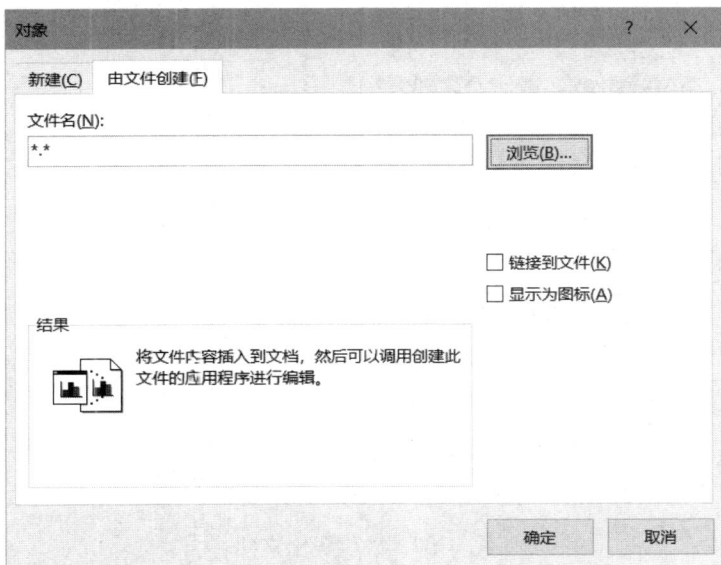

图 4.59 打开"对象"对话框

Step 3 在弹出的对话框中选择需要导出的 Excel 文件，单击"插入"按钮，如图 4.60 所示。

Step 4 在"对象"对话框中单击"确定"按钮，如图 4.61 所示。

Step 5 返回 Word，可以看到从 Excel 导出的数据，如图 4.62 所示。

图 4.60　导出数据源

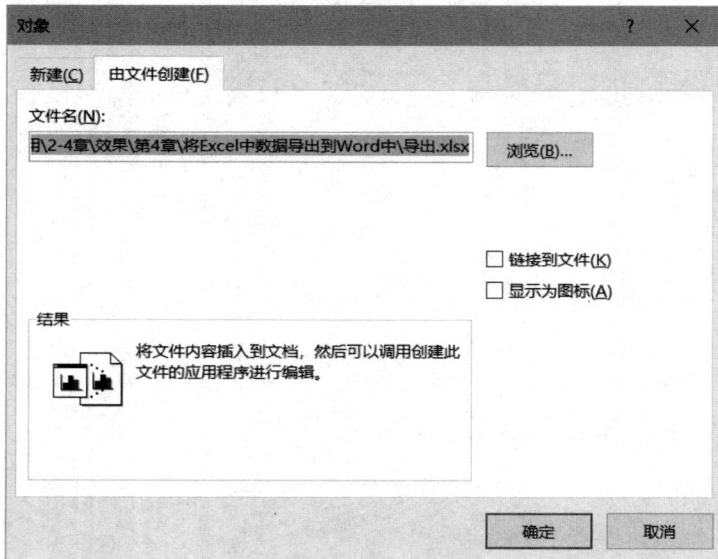

图 4.61　确定导出文件

年月份	销售量	销售额	净利润
Nov-20	3625	65220	40025
Dec-21	3822	67553	42363
Jan-21	1030	23020	-3000
Feb-21	2587	46332	23351
Mar-21	3455	53231	28536
Apr-21	4211	73264	49224
May-21	2790	48223	25668

图 4.62　将 Excel 文件导出到 Word 中的结果

4.4 数据清洗与预处理

数据预处理就是根据数据分析的目的，将收集到的原始数据用适当的处理工具进行整理加工，转换成正确的格式，以满足数据分析模型对数据的要求，提高数据质量。数据预处理的流程主要包括数据清洗、数据集成和融合、数据变换、数据规约以及在对数据挖掘结果的评价计划基础上进行的二次预处理的精炼。

▶ 4.4.1 数据清洗

数据清洗是数据准备过程中最花费时间、最乏味的，但也是最重要的一步。可以有效减少计算过程中可能出现的矛盾。初始获得的数据主要有以下几种情况需要处理。

1. 含噪声数据

处理含噪声数据最常用的是数据平滑法。应用分箱技术通过检测周围相应属性值进行局部数据平滑。分箱方法主要包括按箱平均值平滑、按箱中值平滑和按箱边界值平滑。例如，某 price 属性值排序后为 4,8,12,12,15,24,24,28,38。采用不同分箱方法进行处理的结果如表 4.6 所示。

表 4.6　分箱处理示例

首先，划分为等深箱：	用箱平均值平滑：	用箱中值平滑：	用箱边界值平滑：
箱 1：4,8,12	箱 1：8,8,8	箱 1：8,8,8	箱 1：4,4,12
箱 2：12,15,24	箱 2：17,17,17	箱 2：15,15,15	箱 2：12,12,24
箱 3：24,28,38	箱 3：30,30,30	箱 3：28,28,28	箱 3：24,24,38

处理含噪声数据还可以应用聚类技术检测孤立点数据并进行修正，或者利用回归函数或时间序列分析的方法进行修正。另外，使用计算机和人工相结合的方式也非常有效。对于含噪声数据，尤其是孤立点或异常数据，是不可以随便以删除方式进行处理的。因为某些孤立点数据和离群数据代表了某些重要的有特定意义的潜在知识。因此，对于孤立点数据可以先载入数据库，而不进行任何处理。当然，如果结合专业知识分析，确信无用的数据则可进行删除处理。

2. 错误数据

对带有错误数据的数据元组，应结合数据所反映的实际问题，进行分析、更改、删除或忽略，或者根据前一段历史数据趋势对当前数据进行修正。

3. 缺失数据

补充缺失数据的主要方法包括以下几个方面。①若数据属于时间局部性缺失，则可采用近阶段数据的线性差值法进行补缺；若时间段较长，则应该采用该时间段的历史数据恢复丢失数据；若属于数据的空间残损，则用其周围数据点的信息来代替，且对相关数据做备注说明，以备查用。②使用一个全局常量或属性的平均值填充空缺值。③使用回归的方法或基于推导的贝叶斯方法或判定树等来对数据的部分属性进行修复。④忽略该数据元组。

4. 冗余数据

冗余数据包括属性冗余和属性数据冗余，若通过因子分析或经验等方法确信部分属性的相关数据足以对信息进行挖掘和决策，则可通过用相关数学方法找出具有最大影响因子的属性数据，其余属性则可删除。若某属性的部分数据足以反映该问题的信息，则其余的属性可被删除。若经过分析，发现这部分冗余数据可能还有他用，则先保留并进行备注说明。

4.4.2 数据概化

数据概化在数据变换过程中使用得比较广泛，例如，将细节数据汇聚到粗粒度的类别层面，通过电商销售记录统计各品类的总体销售水平、发现更具普遍意义的数据分析结论等。如图 4.63 所示，从下至上形成具有四个层级的"家电类"商品的概化结构。

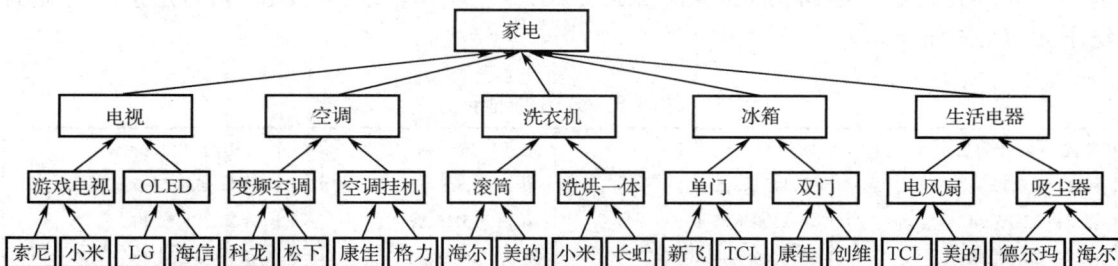

图 4.63　数据概化示例

4.4.3 数据规范化

数据规范化、标准化的目的是将其转化为无量纲的纯数据，便于不同单位或量级的指标进行比较或加权。常见的方法有以下四种。

（1）最小-最大标准化。又称为离差标准化，是对原始数据的线性变化，计算结果在[0,1]区间，转换函数如下。

$$x' = \frac{x - \min_A}{\max_A - \min_A} \tag{4.1}$$

式中，x 为属性 A 数据序列中的某一个原数值，$\min_A$ 和 $\max_A$ 分别是该序列中的最小值和最大值。若希望转换后结果在某个指定的区间[new_$\min_A$, new_$\max_A$]中，则转化函数如下。

$$x' = \frac{x - \min_A}{\max_A - \min_A} - (new\_\max_A - new\_\min_A) + new\_\min_A \qquad (4.2)$$

（2）对数转换。通过对数函数转换的方法实现归一化，方法如下：

$$x' = {\lg(x)}\Big/{\lg(\max_A)} \qquad (4.3)$$

（3）arctan 函数转化。用反正切函数实现数据的归一化，方法如下：

$$x' = \frac{2}{\pi}\arctan(x) \qquad (4.4)$$

（4）z-score 标准化。又称为标准差标准化，经过处理的数据符合标准正态分布，即均值为 0，标准差为 1，其转化函数为

$$x' = \frac{x - \mu}{\sigma} \qquad (4.5)$$

式中，μ 为所有样本数据的均值，σ 为所有样本数据的标准差。

例如，某品牌手表门店在过去半年内的月销售量（件）分别为 24,28,12,10,46,20。分别采用最小-最大标准化和 z-score 标准化法处理这组数据。①采用最小-最大标准化处理，该组数据中，最大值为 46，最小值为 10，为使结果在[0,1]之间，进行转化后上述数值依次变为 0.389,0.5,0.056,0,1,0.278。②采用 z-score 标准化处理，该组数据中，μ 为 23.33，σ 为 13.06，则上述数值依次变为 0.051,0.357,−0.867,−1.020,1.736,−0.255。

4.4.4 数据合并与分组

1. 数据合并

数据合并包括纵向合并和横向合并，旨在将多张表格合并成一张表格；数据分组是将数据按照某个维度进行统计分组。

1）纵向合并

纵向合并也称数据追加，常用于将多张结构字段相同的表格合并成一张表格。

案例分析——数据纵向合并	
数据文件	第 4 章\数据\数据纵向合并
效果文件	第 4 章\效果\数据纵向合并
操作视频	第 4 章\视频\数据纵向合并

现有 4 个国家 120 个地区的销售数据，分别保存在 4 个文件中，将这 120 个地区的销售数据合并成一张表格。

Step 1 启动 Excel，在"数据"选项卡中的"获取和转换"选项组中，单击"新建查询"→"从文件"→"从文件夹"命令，将数据导入 Power Query 编辑器中，如图 4.64 中。

Step 2 在弹出的"文件夹"对话框中，选择要导入的文件，单击"确定"按钮，如图 4.65 所示。

商务数据分析与应用

图 4.64　选择"从文件夹"选项

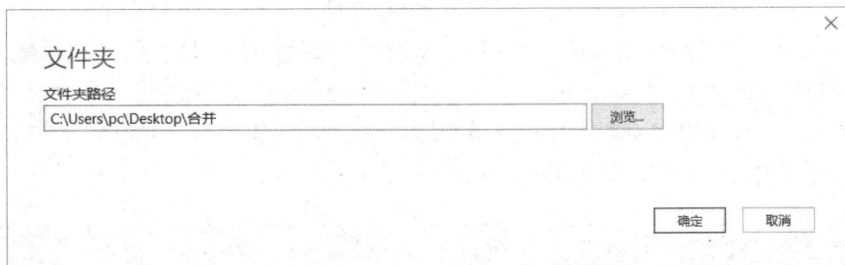

图 4.65　选择要导入的文件

Step 3 单击"组合"下拉按钮，在弹出下拉菜单中，选择"合并和编辑"选项，如图 4.66 所示。

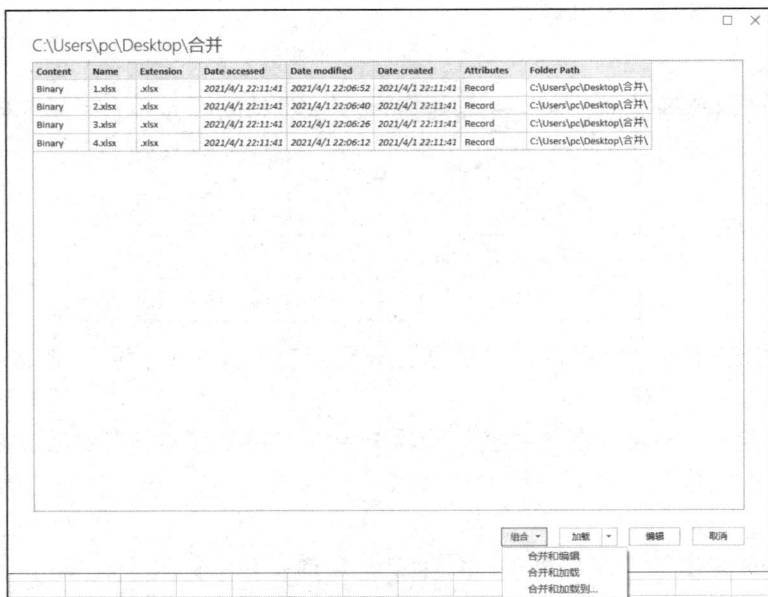

图 4.66　组合文件

Step 4 浏览并确认文件内容无误后，单击"确定"按钮进入"Power Query 编辑器"，如图 4.67 所示。

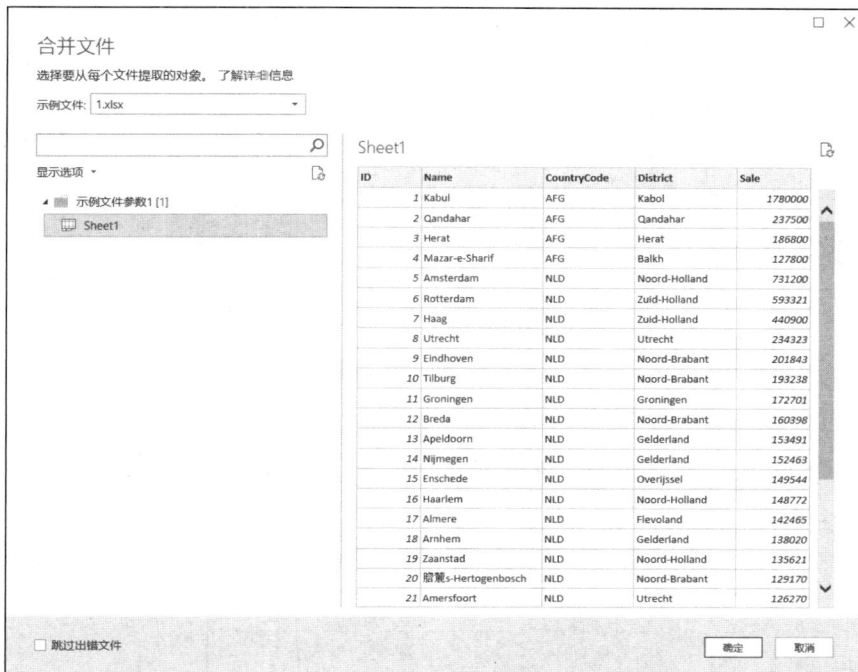

图 4.67　合并文件

Step 5 在 Power Query 编辑器中浏览文件内容，确认无误后，在"开始"选项卡中单击"关闭并上载"按钮，即可得到合并后的数据，如图 4.68 所示。

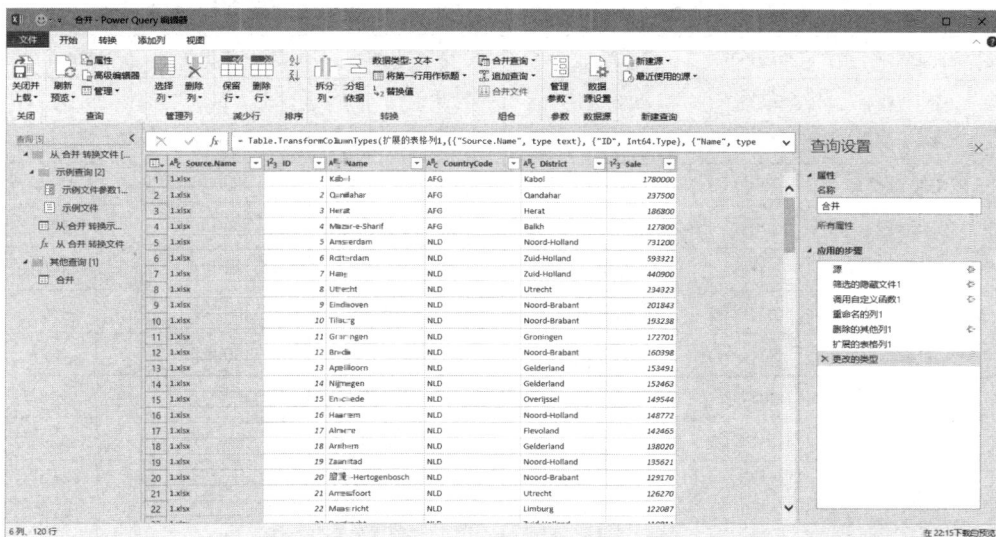

图 4.68　Power Query 编辑器

Step 6 在 Excel 工作表中，可以看到合并后的数据，如图 4.69 所示。

1	Source.Name	ID	Name	CountryCode	District	Sale
2	1.xlsx	1	Kabul	AFG	Kabol	1780000
15	1.xlsx	14	Nijmegen	NLD	Gelderland	152463
29	1.xlsx	28	Zwolle	NLD	Overijssel	105819
30	1.xlsx	29	Ede	NLD	Gelderland	101574
40	2.xlsx	39	Batna	DZA	Batna	183377
41	2.xlsx	40	S脉漏tif	DZA	S脉漏tif	179055
58	2.xlsx	57	Huambo	AGO	Huambo	163100
59	2.xlsx	58	Lobito	AGO	Benguela	130000
60	2.xlsx	59	Benguela	AGO	Benguela	128300
61	3.xlsx	60	Namibe	AGO	Namibe	118200
62	3.xlsx	61	South Hill	AIA	腤鈥?961"	
63	3.xlsx	62	The Valley	AIA	腤鈥?595"	
64	3.xlsx	63	Saint John腤麓s	ATG	St John	24000
65	3.xlsx	64	Dubai	ARE	Dubai	669181
66	3.xlsx	65	Abu Dhabi	ARE	Abu Dhabi	398695
67	3.xlsx	66	Sharja	ARE	Sharja	320095
91	4.xlsx	89	San Isidro	ARG	Buenos Aires	306341
92	4.xlsx	90	Tigre	ARG	Buenos Aires	296226
93	4.xlsx	91	Malvinas Argentinas	ARG	Buenos Aires	290335

图 4.69　合并后的数据

2）横向合并

横向合并也称为合并查询，合并查询分为左外部、右外部、完全外部、内部、左反和右反 6 种连接方式。

案例分析——数据横向合并	
数据文件	第 4 章\数据\数据横向合并
效果文件	第 4 章\效果\数据横向合并
操作视频	第 4 章\视频\数据横向合并

表 4.7 和表 4.8 分别是商家的基本信息表和销售情况表。若要分析不同商家的销售情况差异，就需要将两张表进行合并。

表 4.7　商家基本信息表

商家名称	从业年份	资质
十秋	2005/1/1	良好
陆 x 简	2010/1/1	优秀
罗 GX 旗舰店	2008/1/1	优秀
英尔旗舰店	2006/1/1	优秀
索 T 旗舰店	2012/1/1	优秀
BOC 旗舰店	2005/1/1	良好
大米旗舰店	2010/1/1	优秀
QQL 旗舰店	2011/1/1	良好
雅诗兰科旗舰店	2012/1/1	良好
神 Z 旗舰店	2002/1/1	优秀
DALL 旗舰店	2006/1/1	良好
海 T 旗舰店	2007/1/1	优秀
DILL 旗舰店	2008/1/1	良好
CG 旗舰店	2006/1/1	普通

表 4.8　商家销售情况表

商家名称	2019 年销售量	2020 年销售量
十秋	230 万	360 万
陆 x 简	190 万	320 万
罗 GX 旗舰店	2000 万	1200 万
英尔旗舰店	1000 万	800 万
索 T 旗舰店	900 万	850 万
BOC 旗舰店	860 万	800 万
大米旗舰店	3000 万	1400 万
QQL 旗舰店	650 万	350 万
雅诗兰科旗舰店	560 万	420 万
神 Z 旗舰店	760 万	550 万
DALL 旗舰店	450 万	320 万
海 T 旗舰店	820 万	610 万
DILL 旗舰店	150 万	100 万
CG 旗舰店	300 万	120 万

Step 1 启动 Excel，在"数据"选项卡中的"获取和转换"选项组中，单击"从表格"选项，导入商家基本信息表，如图 4.70 所示。

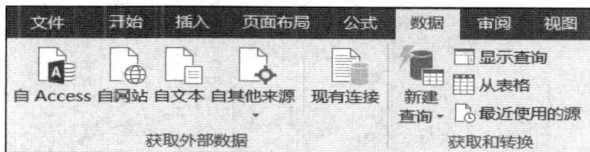

图 4.70 选择"从表格"选项

Step 2 进入 Power Query 编辑器，在"开始"选项卡中单击"新建源"→"文件"→"Excel"命令，如图 4.71 所示。

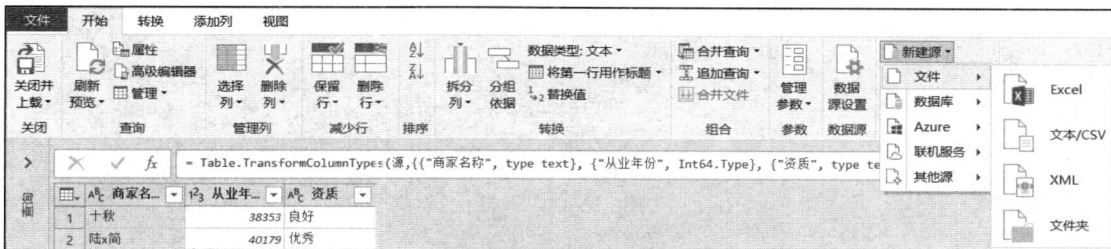

图 4.71 选择 Excel 选项

Step 3 在弹出的"导航器"对话框中选择"销售情况表"，单击"确定"按钮，如图 4.72 所示。

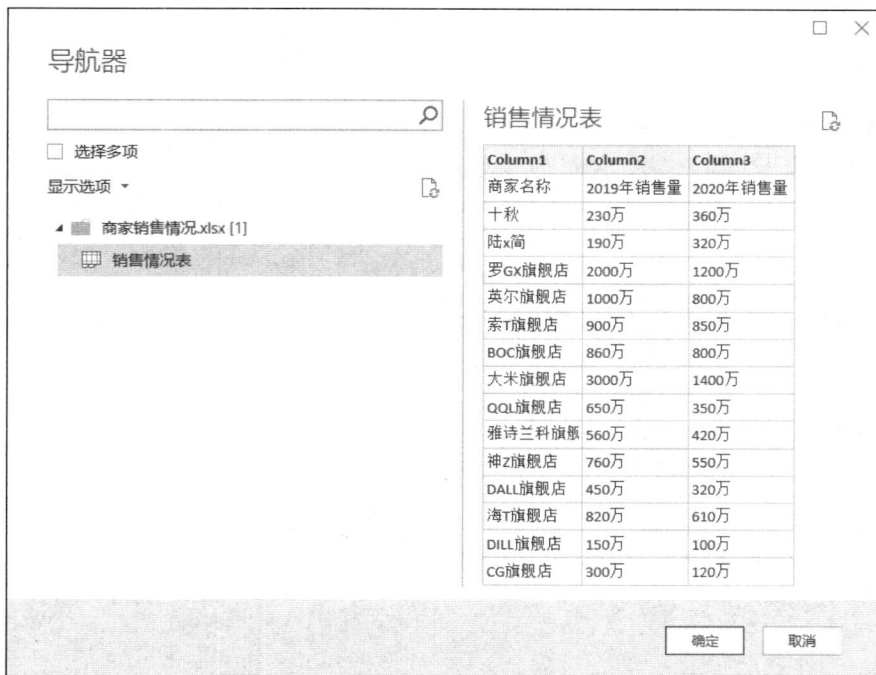

图 4.72 导入销售情况表

Step 4 在左侧选择"销售情况表",右击左上角的表格图标,单击"将第一行用作标题"选项,如图 4.73 所示。

图 4.73　设置标题

Step 5 选中基本信息表,单击"开始"选项卡中的"合并查询"按钮,选中相同的列,如图 4.74 和图 4.75 所示。

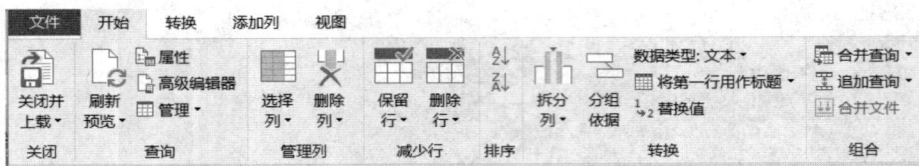

图 4.74　合并查询

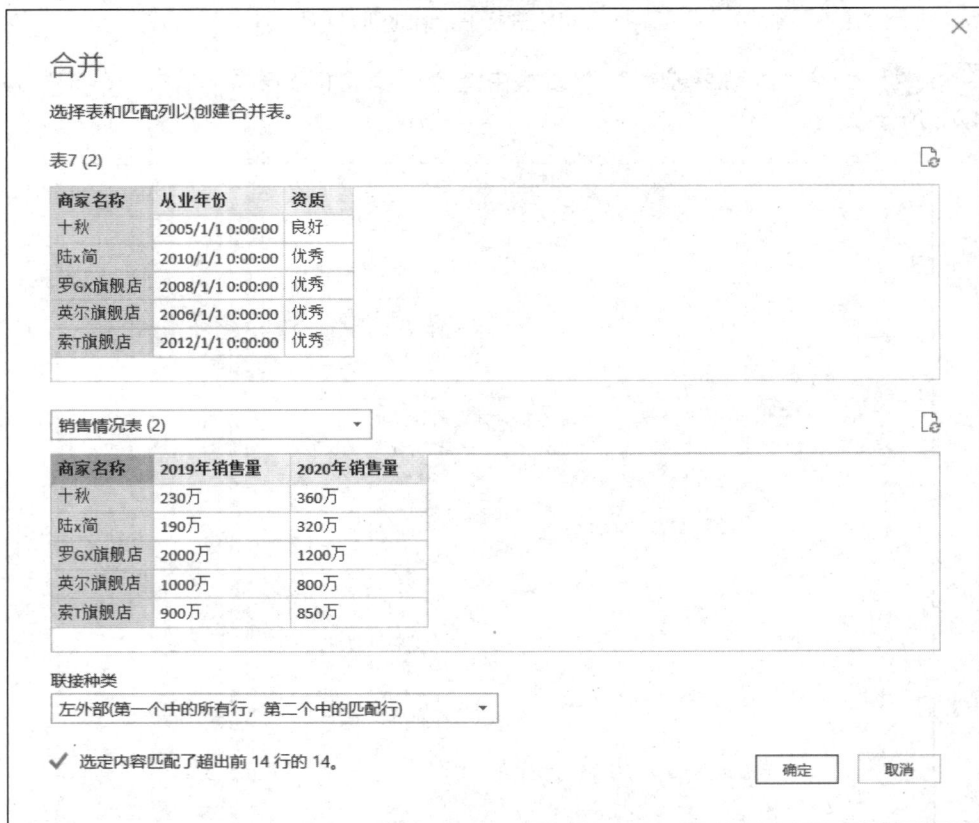

图 4.75　选中相同列

Step 6 单击“确定”按钮，在展开的销售情况表中取消“商家名称”复选框的勾选，如图 4.76 所示。

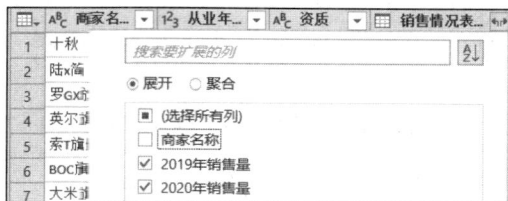

图 4.76　展开操作列表

Step 7 展开后的表格如图 4.77 所示。

	商家名...	从业年份	资质	销售情况表 (2).2019...	销售情况表 (2).2020...
1	十秋	2005/1/1 0:00:00	良好	230万	360万
2	陆x简	2010/1/1 0:00:00	优秀	190万	320万
3	罗GX旗舰店	2008/1/1 0:00:00	优秀	2000万	1200万
4	英尔旗舰店	2006/1/1 0:00:00	优秀	1000万	800万
5	索T旗舰店	2012/1/1 0:00:00	优秀	900万	850万
6	BOC旗舰店	2005/1/1 0:00:00	良好	860万	800万
7	大米旗舰店	2010/1/1 0:00:00	优秀	3000万	1400万
8	QQL旗舰店	2011/1/1 0:00:00	良好	650万	350万
9	雅诗兰科旗舰店	2012/1/1 0:00:00	良好	560万	420万
10	神Z旗舰店	2002/1/1 0:00:00	优秀	760万	550万
11	DALL旗舰店	2006/1/1 0:00:00	良好	450万	320万
12	海T旗舰店	2007/1/1 0:00:00	优秀	820万	610万
13	DILL旗舰店	2008/1/1 0:00:00	良好	150万	100万
14	CG旗舰店	2006/1/1 0:00:00	普通	300万	120万

图 4.77　展开后的表格

Step 8 单击左上角的“关闭并上载”按钮，返回 Excel 工作表，可以看到合并后的数据，如图 4.78 所示。

1	商家名称	从业年份	资质	销售情况表.2019年销售量	销售情况表.2020年销售量
2	十秋	2005/1/1 0:00:00	良好	230万	360万
3	陆x简	2010/1/1 0:00:00	优秀	190万	320万
4	罗GX旗舰店	2008/1/1 0:00:00	优秀	2000万	1200万
5	英尔旗舰店	2006/1/1 0:00:00	优秀	1000万	800万
6	索T旗舰店	2012/1/1 0:00:00	优秀	900万	850万
7	BOC旗舰店	2005/1/1 0:00:00	良好	860万	800万
8	大米旗舰店	2010/1/1 0:00:00	优秀	3000万	1400万
9	QQL旗舰店	2011/1/1 0:00:00	良好	650万	350万
10	雅诗兰科旗舰店	2012/1/1 0:00:00	良好	560万	420万
11	神Z旗舰店	2002/1/1 0:00:00	优秀	760万	550万
12	DALL旗舰店	2006/1/1 0:00:00	良好	450万	320万
13	海T旗舰店	2007/1/1 0:00:00	优秀	820万	610万
14	DILL旗舰店	2008/1/1 0:00:00	良好	150万	100万
15	CG旗舰店	2006/1/1 0:00:00	普通	300万	120万

图 4.78　合并后的数据

2. 数据分组

数据分组是根据某个维度将数据以某种算术方法（求和、计数等）进行统计汇总。

商务数据分析与应用

案例分析——数据分组	
数据文件	第 4 章\数据\数据分组
效果文件	第 4 章\效果\数据分组
操作视频	第 4 章\视频\数据分组

统计部分旗舰店部分月份的平均销售量，如表 4.9 所示。

表 4.9　部分旗舰店部分月份的销售量

店　　名	月　　份	销量/件
海 T 旗舰店	2021.01	3398
海 T 旗舰店	2021.02	4286
海 T 旗舰店	2021.03	3175
十秋旗舰店	2021.01	4593
十秋旗舰店	2021.02	5582
十秋旗舰店	2021.03	6274
DILL 旗舰店	2021.01	3298
DILL 旗舰店	2021.02	4394
DILL 旗舰店	2021.03	3293
QQL 旗舰店	2021.01	5685
QQL 旗舰店	2021.02	5786
QQL 旗舰店	2021.03	5478

Step 1　启动 Excel，在"数据"选项卡中单击"从表格"按钮，将表格导入 Power Query 编辑器。

Step 2　单击"开始"选项卡中的"分组依据"按钮，对数据进行分组统计，如图 4.79 所示。

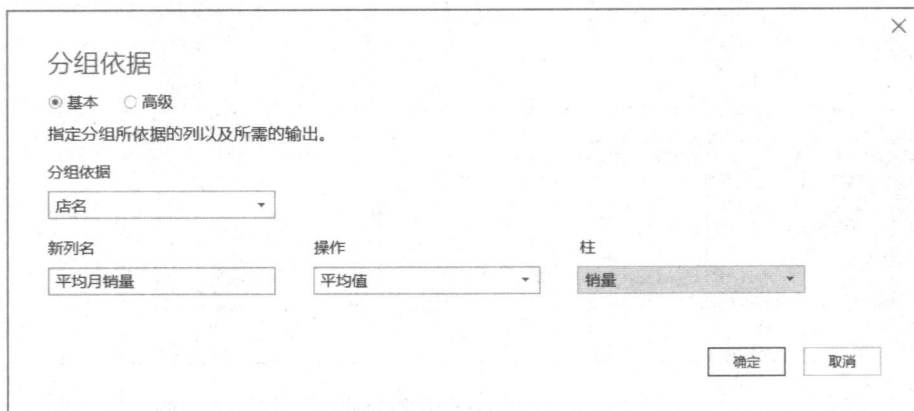

图 4.79　分组统计

Step 3　在 Excel 中可以看到分组后的结果，如图 4.80 所示。

	店名	平均月...
1	海T旗舰店	3619.666667
2	十秋旗舰店	5483
3	DILL旗舰店	3661.666667
4	QQL旗舰店	5649.666667

图 4.80　分组结果

本章知识小结

　　数据收集是商务数据分析的第一步，也是非常重要的一步。本章主要介绍了数据采集和数据获取的主要渠道，主要包括从网页上获取静态和动态数据，通过爬虫工具获取网络数据，设计调查问卷获取用户反馈等方式，并详细说明了基于网络爬虫对网络数据进行爬取的过程，给出了调查问卷的设计和回收处理的基本原则。本章还介绍了如何运用 Excel 进行数据的导入/导出操作，对重复、缺失、错误数据的基本处理操作，并从数据清洗、数据概化和规范化、数据纵向与横向合并、数据分组等方面介绍了数据的准备与预处理操作。

本章考核检测评价

1．判断题

（1）只要在网站上显示出的信息都可以爬取。（　　　）

（2）爬虫被广泛应用于搜索引擎中。（　　　）

（3）用 Web Scraper 爬取数据时，不能提前预览数据。（　　　）

（4）数据预处理的目的是提高数据质量。（　　　）

（5）数据分组是采用线性或非线性的数学变换方法将多维数据压缩成较少维数的数据。（　　　）

2．单选题

（1）以下问题放在调查问卷中合适的是（　　　）。

A．在线购物比门店购物更好

B．你在过去一段时间没有进行网购活动

C．您的年龄在以下哪个范围

D．网购比线下购买更方便、更便宜

（2）（　　　）就是将细节数据汇聚到粗粒度的类别层面。

A．数据概化　　　　　B．数据融合　　　　　C．数据变换　　　　　D．数据规约

（3）调查问卷框架最好分为（　　　）。

A. 两级　　　　　　　B. 三级　　　　　　C. 四级及以上　　　D. 不用分级

（4）下列属于爬虫技术工具的是（　　　）。

A. 八爪鱼　　　　　　B. Web Scratch　　　C. Screen Capture　　D. Pychanrm

（5）下列导出格式中，八爪鱼不支持的是（　　　）。

A. JSON　　　　　　　B. CSV　　　　　　　C. TXT　　　　　　　D. Excel

3. 多选题

（1）以下格式的数据可以导入到 Excel 中的是（　　　）。

A. 文本　　　　　　　B. CSV　　　　　　　C. XML　　　　　　　D. JSON

（2）分箱技术作为一种局部数据平滑方法，主要包括（　　　）平滑方法。

A. 箱平均值　　　　　B. 箱中值　　　　　　C. 箱边界值　　　　　D. 箱中心值

（3）在调查问卷中，封闭式问题的表现形式有（　　　）。

A. 单选题　　　　　　B. 多选题　　　　　　C. 排序题　　　　　　D. 量表题

（4）数据预处理方法包括（　　　）。

A. 数据合并　　　　　B. 数据分组　　　　　C. 数据概化　　　　　D. 数据规范化

（5）数据规范化方法包括（　　　）。

A. 最小-最大　　　　　　　　　　　　　　　B. 对数转换

C. arctan 函数转化　　　　　　　　　　　　D. z-score 标准化

4. 简答题

（1）网络数据爬取有哪些工具？

（2）哪些常见的数据分箱方法能够去除噪声？

（3）网络爬虫是什么？

（4）常见的数据规范化方法有哪些？

（5）数据概化对数据分析的作用有哪些？

5. 案例题

尝试使用本章介绍的网络数据爬取方式，爬取感兴趣的电子商务平台数据并进行数据清洗及预处理。

第 5 章
数据可视化

【学习目标】

1. 掌握数据可视化的主要内容；
2. 熟悉图形制作的主要方法；
3. 掌握创建数据透视表的方法和多维操作；
4. 熟悉标签云可视化的主要内容。

【本章重点】

1. 制作各类 Excel 表格和图形；
2. 创建数据透视表。

【本章难点】

1. 应用适当的 Excel 图形展现所要分析的问题；
2. 根据数据分析的要求，操作数据透视表和数据透视图。

【思维导图】

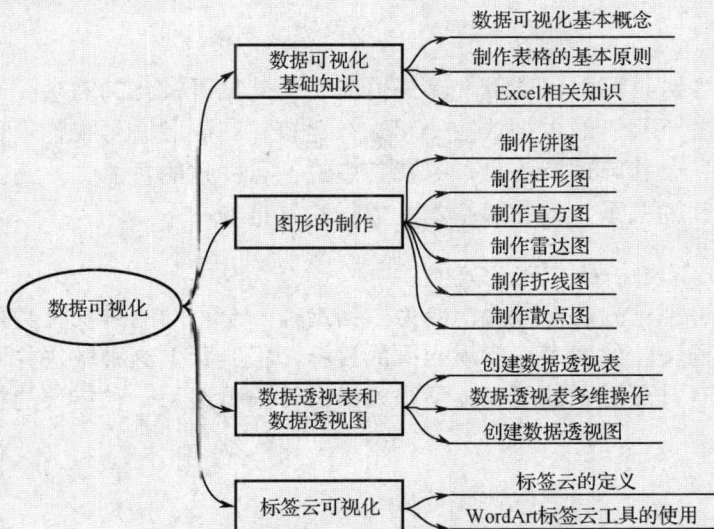

【知识导入】

数据可视化对企业财务分析的作用

幸福西饼创立于 2008 年，是一家全国知名的蛋糕品牌。在高速扩张过程中，该公司逐渐暴露出管理上的短板，自营门店、合伙分公司、合作城市伙伴渠道关系复杂，流程繁复，信息孤岛化。金蝶集团协助幸福西饼梳理优化其业务流程，建立多组织间的业务委托关系，统一规范采购流程，并应用可视化的财务管理平台，将各个财务指标的数据进行采集和归纳，综合分析企业的偿债能力、盈利能力和发展能力，降低成本，推动了幸福西饼管理电子化、规范化，数据的共享化和管控集中化。可见，数据可视化技术可将庞大的数据转化为简单易懂的图形或者图表，减少人为数据转换，从而降低了人工整合信息时失误的可能性，提高了信息的准确性，更好地帮助信息使用者提取信息。

5.1 数据可视化基础知识

通常情况下，数据分析的结果是通过图表来展现的，以更加形象、有效地传递出分析人员所要表达的观点。

5.1.1 数据可视化基本概念

1. 数据可视化的定义

数据可视化本身就是一种数据分析方法，指借助图形化的手段，将数据以图形图像的形式表示，以传达数据或信息的技术。

2. 数据可视化的关键点

1）明确数据可视化的需求

创建一个商务数据可视化项目，首先需要明确数据可视化的需求。避免在数据可视化设计中，将一些不相干的数据放在一起进行比较。在确定了可视化项目的目标之后，不仅要通过整理、分组与理解信息，寻找其中进行可视化的可能性，还要通过观察与比较，总结信息之间的关系，建立起基本的数据关系结构。

2）为数据选择正确的可视化类型

确定了数据可视化的需求之后，要为数据选择一个正确的可视化类型。有些设计人员会选择使用不同类型的图表来实现相同的目标，但实际上这种做法并不值得借鉴。不同类型的数据，有其最适合的图表类型，如果设计人员选用一种错误的类型去展现，就很容易造成误解。

3）确定最关键的信息指标并给予场景联系

高效的数据可视化不仅取决于信息可视化的类型，还取决于一种平衡，既要保证总体信息的通俗易懂，同时也要在某些关键点上有所突出；既能提供深刻、独家的信息解读，也能提供合适的场景进行上下文的联系，从而更加合理地运用数据。

4）为内容而设计，优化展现形式

如果设计形式不理想，即使数据再有吸引力，用户也不会被吸引。因此，优秀的设计形式同样重要，它可以帮助设计人员高效地将信息进行转换，利用精美的外观来吸引用户阅读。

【知识拓展】

将按年龄段分布的人口百分比进行可视化展现

应该用什么方式去呈现某一单一维度的数据呢？美国的皮尤研究中心（Pew Research Center）制作了一个 GIF 动画，用来显示人口数量随时间推移的变化情况。左侧是男性人口数量的横向条形图，右侧是女性人口数量的横向条形图，最左侧从下到上依次为 0～85+岁的各年龄段分布。这种将数据较多、时间跨度较大的数据压缩成一个小的动图包的方式，很容易在社交网络上分享，从而扩大了内容的传播范围。

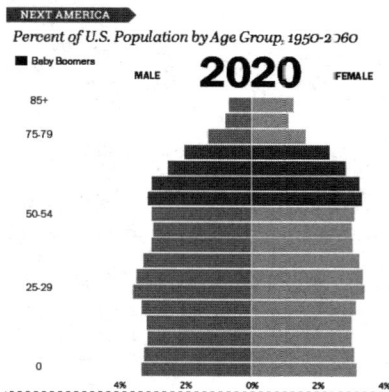

5.1.2　制作表格的基本原则

制作表格的基本原则包括数据管理原则、一致性原则、整体性原则、规范性原则、安全性原则和可扩展性原则。

1）数据管理原则

表格设计者要有良好的数据管理理念，明确数据处理的步骤。先根据数据量的大小确定需要使用何种表格，再确定表格的整体结构和布局。

2）一致性原则

①同物同名称。也就是说一个对象只能有一个名称，同一对象的名称在同时设计和使用的任何表格都要保持一致，以便数据引用，避免引起歧义。②同表同格式。相同的表格其格式必须保持相同，以便统计汇总数据。另外，同一类工作簿/工作表的名称也应保持一致的格式，以方便批量修改公式。

3）整体性原则

同一事项、同一类型的工作表放在同一个工作簿，同一类工作簿放置在同一文件夹，以便于统计分析数据、编辑修改公式。

4）规范性原则

注意名称规范、格式规范。表格中的各类数据使用规范的格式，如日期型数据不能输入 20200313、2020.3.13、20.3.13 等多种格式，而数字要使用常规或数值型的格式。

5）安全性原则

输入数据时可使用数据有效性校验；分发表格前要设置保护工作表，仅允许其他用户修改可以修改的单元格；如果引用了其他工作簿的数据，在不需要链接时就应断开链接，以免源表格被删除或移动后，造成本表数据丢失。另外，还要养成定期备份数据的习惯。

6）可扩展性原则

编辑的公式应有良好的扩展性。表格名称应规范、有规律，单元格引用时应正确使用相对引用、绝对引用，以便快速填充公式。

▶ 5.1.3 Excel 相关知识

工作簿是 Excel 用来储存和处理工作数据的文件，其扩展名为 XLS 或 XLSX（2007以上版本）。每一个工作簿可以拥有许多不同的工作表，一个工作簿中最多可创建 255个工作表。工作表是显示在工作簿窗口中的表格，一个工作表可以由 1048576 行和 256列构成，行的编号为 1～1048576，列的编号依次用字母 A、B、……、IV 表示；行号显示在工作簿窗口的左侧，列号显示在工作簿窗口的上方。工作表中的行、列组成单元格，数据、与数据相关的公式或者对其他单元格的绝对引用均保存在单元格中，Excel 的"智能重算"功能，使得单元格中的数据发生变动时，与之相关的数据会被自动更新。

Excel 有直观的界面、出色的计算功能和图表图形工具，允许用户自定义界面（包括字体、文字属性和单元格格式）。常用的 Excel 图表包括饼图、柱形图、直方图、雷达图、折线图、散点图等。

5.2　图形的制作

数据点是在图表中绘制的单个值，这些值由条形、柱形、折线、饼图和圆环图等图形表示。相同颜色的数据标记组成一个数据系列。数据系列是指在图表中绘制的相关数据点，这些数据源自数据表的行或列。图表中的每个数据系列具有唯一的颜色或图案并与图例相对应。可以在图表中绘制一个或多个数据系列，表示各数据系列在全部数据中的比例。

▶ 5.2.1 制作饼图

饼图又称圆饼图、圆形图，它是利用圆形及圆内扇形面积来表示数据大小的图形。

饼图仅显示一个数据系列各组成部分所占的比例。将工作表的一列或一行中的数据绘制到饼图中，饼图中的数据点表示其在整个饼图中的百分比。下面将详细介绍如何制作饼图，具体操作步骤如下。

案例分析——某商店进货单_饼图	
数据文件	第 5 章\数据\某商店进货单.xlsx
效果文件	第 5 章\效果\某商店进货单_饼图.xlsx
操作视频	第 5 章\视频\某商店进货单_饼图.mp4

Step 1 打开"某商店进货单.xlsx"工作簿，选中 A2:A13 单元格区域，按住 Ctrl 键，再选中 E2:E13 单元格区域，在"插入"选项卡的"图表"选项组中单击"插入饼图或圆环图"下拉按钮，如图 5.1 所示。

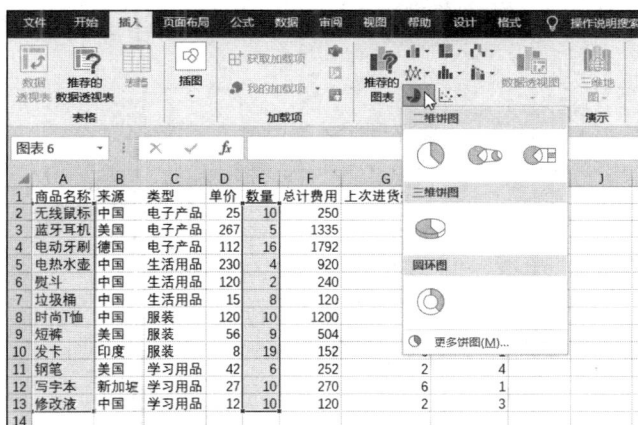

图 5.1　单击"插入饼图或圆环图"下拉按钮

Step 2 在下拉菜单中选择二维饼图的样式，即可插入对应的二维饼图，如图 5.2 所示。也可单击"更多饼图"选项，在弹出的对话框中选择饼图的样式，如图 5.3 所示，单击"确定"按钮，插入饼图。

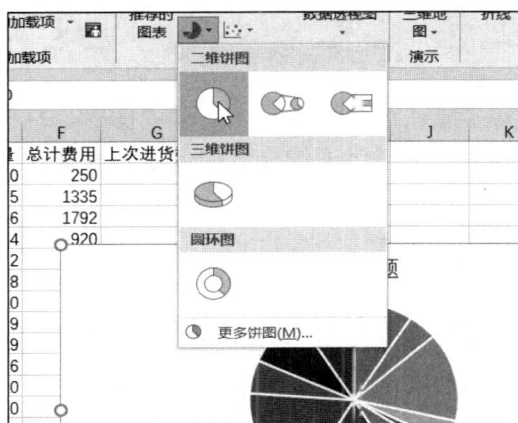

图 5.2　在菜单中选择饼图样式

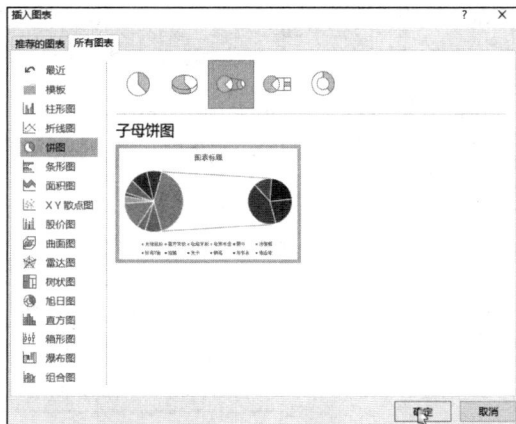

图 5.3　在对话框中选择饼图样式

Step 3 单击"图表标题",再次双击切换至输入状态,即可输入新的图表标题。单击图表区,右侧将出现三个按钮,依次是"图表元素"、"图表样式"和"图表筛选器",单击相应按钮,打开对应菜单,即可设置饼图的样式,如图 5.4 所示。也可在图表区单击右键,利用弹出的菜单对图表进行相应设置,如图 5.5 所示。

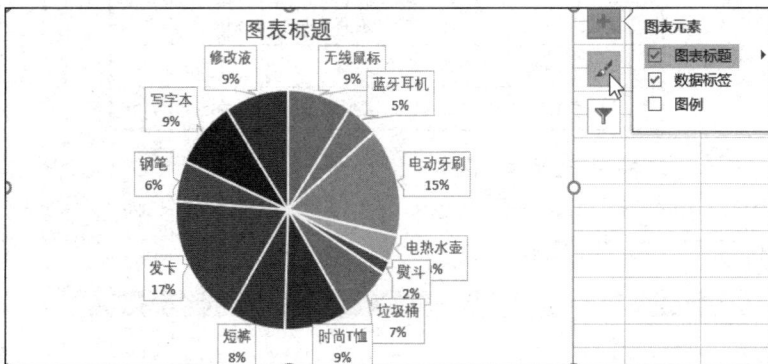

图 5.4　通过按钮菜单设置饼图的样式

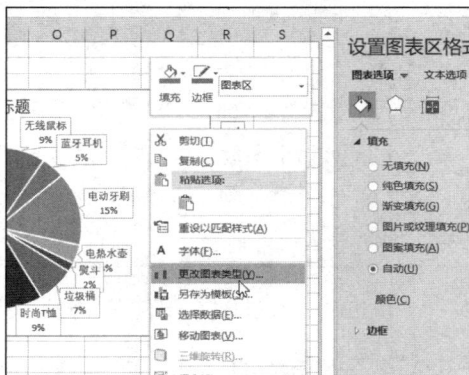

图 5.5　单击右键设置饼图的样式

📺 5.2.2　制作柱形图

柱形图也叫条形图,是用宽度相同的条形高度或长度来表示数据变动的图形。柱形图可纵向排列,也可横向排列,或用多维方式表达。下面将详细介绍如何制作柱形图,具体操作步骤如下。

案例分析——某商店进货单_柱形图	
数据文件	第 5 章\数据\某商店进货单.xlsx
效果文件	第 5 章\效果\某商店进货单_柱形图.xlsx
操作视频	第 5 章\视频\某商店进货单_柱形图.mp4

Step 1 打开"某商店进货单.xlsx"工作簿,选中 A2:A13 单元格区域,按住 Ctrl

键，再选中 H2:H13 单元格区域，在"插入"选项卡中的"图表"选项组中单击"插入柱形图或条形图"下拉按钮，如图 5.6 所示。

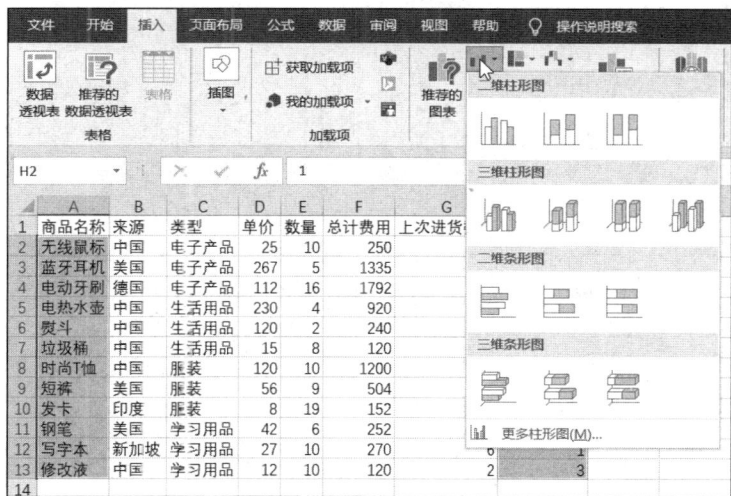

图 5.6　单击"插入柱形图或条形图"下拉按钮

Step 2　在下拉菜单中选择二维柱形图的样式，即可插入对应的二维柱形图，如图 5.7 所示。也可单击"更多柱形图"选项，在弹出的对话框中选择柱形图的样式，如图 5.8 所示，单击"确定"按钮，插入柱形图。

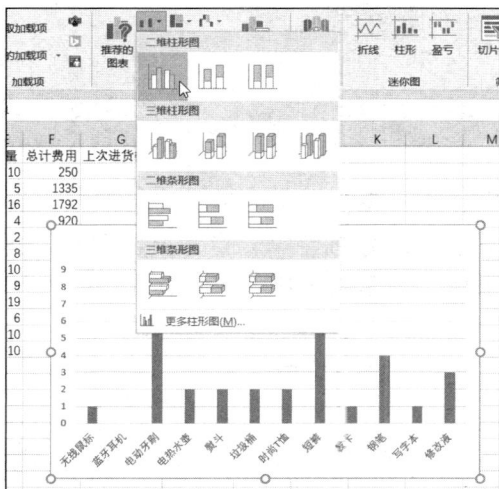

图 5.7　在菜单中选择柱形图样式

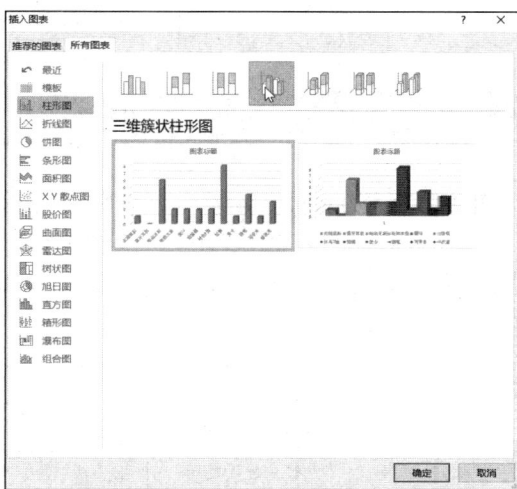

图 5.8　在对话框中选择柱形图样式

Step 3　单击"图表标题"，再次双击切换至输入状态，即可输入新的图表标题。单击图表区，右侧将出现三个按钮，依次是"图表元素"、"图表样式"和"图表筛选器"，单击相应按钮，打开对应菜单，即可设置柱形图的样式，如图 5.9 所示。也可在图表区单击右键，利用弹出的菜单对图表进行相应设置，如图 5.10 所示。

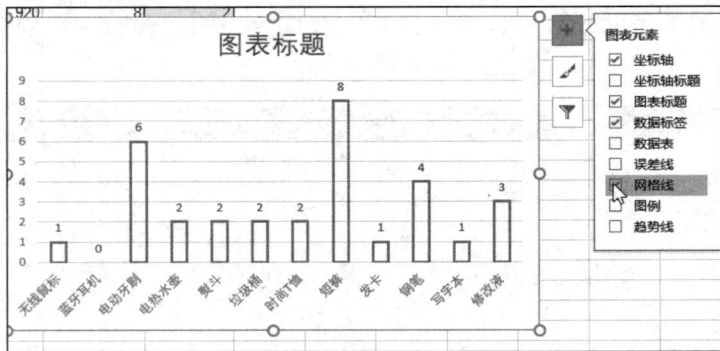

图 5.9　通过按钮菜单设置柱形图的样式

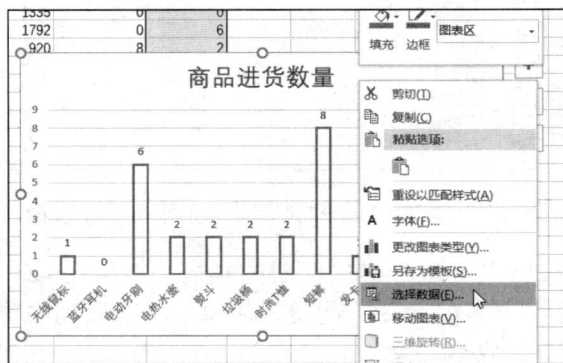

图 5.10　单击右键设置柱形图的样式

5.2.3　制作直方图

　　直方图又称质量分布图，是一种统计报告图，由一系列高度不等的矩形面积来表示数据分布的情况。一般用横轴表示数据类型，纵轴表示分布情况。直方图是数值数据分布的精确图形表示，可以看成是一种特殊的柱形图。下面将详细介绍如何制作直方图，具体操作步骤如下。

案例分析——某商店进货单_直方图	
数据文件	第 5 章\数据\某商店进货单.xlsx
效果文件	第 5 章\效果\某商店进货单_直方图.xlsx
操作视频	第 5 章\视频\某商店进货单_直方图.mp4

　　Step 1　打开"某商店进货单.xlsx"工作簿，选中 C2:C13 单元格区域，按住 Ctrl 键，再选中 F2:F13 单元格区域，在"插入"选项卡的"图表"选项组中单击"插入直方图"下拉按钮，如图 5.11 所示。

　　Step 2　在下拉菜单中选择直方图的样式，即可插入对应的直方图，如图 5.12 所示。

图 5.11　单击"插入直方图"下拉按钮

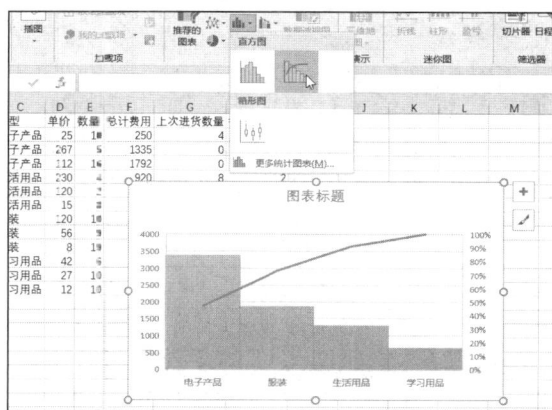

图 5.12　选择直方图样式

Step 3　单击"图表标题"，再次双击切换至输入状态，即可输入新的图表标题。
单击图表区，右侧将出现两个按钮，依次是"图表元素"和"图表样式"，单击相应按钮，
打开对应菜单，即可设置直方图的样式，如图 5.13 所示。也可在图表区单击右键，利用
弹出的菜单对图表进行相应设置，如图 5.14 所示。

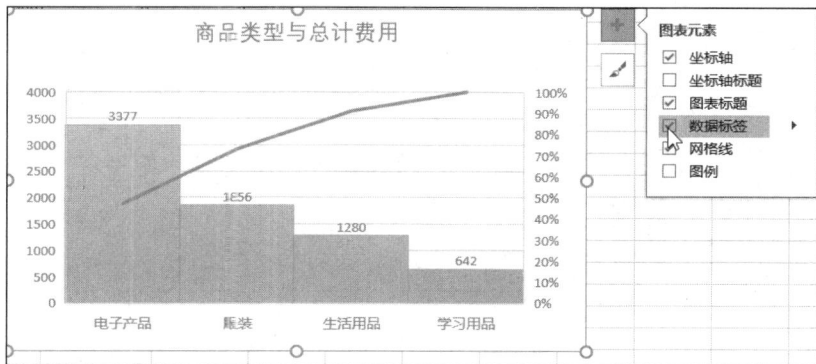

图 5.13　通过按钮菜单设置直方图的样式

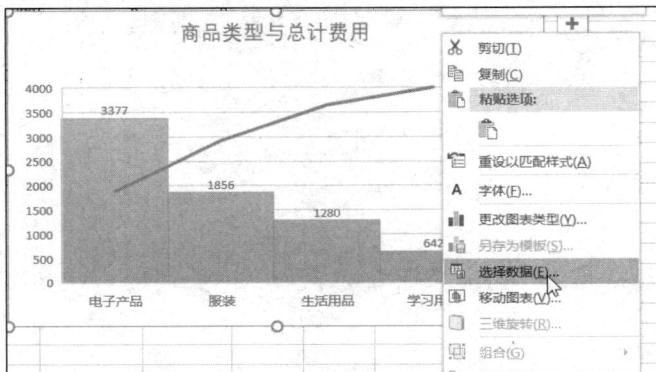

图 5.14　单击右键设置直方图的样式

5.2.4　制作雷达图

雷达图又称为蜘蛛图，它相当于平行坐标图，轴径向排列。雷达图是以从同一点开始的轴上表示的三个或多个定量变量的二维图表形式，是显示多个变量数据的图形表示方法。下面将详细介绍如何制作雷达图，具体操作步骤如下。

案例分析——某商店进货单_雷达图	
数据文件	第 5 章\数据\某商店进货单.xlsx
效果文件	第 5 章\效果\某商店进货单_雷达图.xlsx
操作视频	第 5 章\视频\某商店进货单_雷达图.mp4

Step 1　打开"某商店进货单.xlsx"工作簿，选中 A5:A8 单元格区域，按住 Ctrl 键，再选中 G5:H8 单元格区域，在"插入"选项卡的"图表"选项组中单击"插入曲面图或雷达图"下拉按钮，如图 5.15 所示。

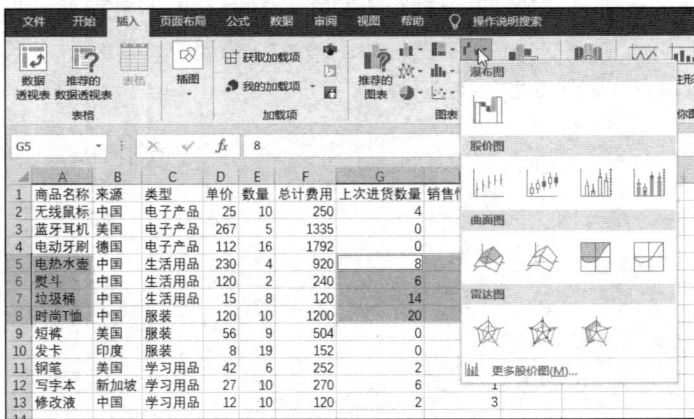

图 5.15　单击"插入曲面图或雷达图"下拉按钮

Step 2　在下拉菜单中选择雷达图的样式，即可插入对应的雷达图，如图 5.16 所示。

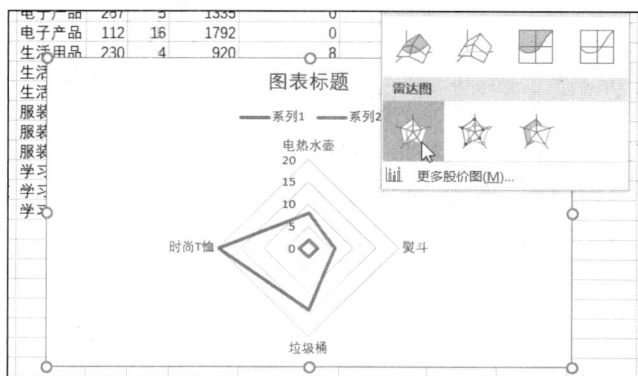

图 5.16　选择雷达图样式

Step 3 　单击"图表标题"，再次双击切换至输入状态，即可输入新的图表标题。单击图表区，右侧将出现三个按钮，依次是"图表元素"、"图表样式"和"图表筛选器"，单击相应按钮，打开对应菜单，即可设置雷达图的样式，如图 5.17 所示。

Step 4 　单击"图表筛选器"按钮，在弹出的菜单中单击"编辑序列"选项，弹出"编辑数据系列"对话框，如图 5.18 所示。在"系列名称"文本框中输入"上次进货数量"，单击"确定"按钮，即可更改图例项的名称。也可在图表区单击右键，利用弹出的菜单对图表进行相应设置，如图 5.19 所示。

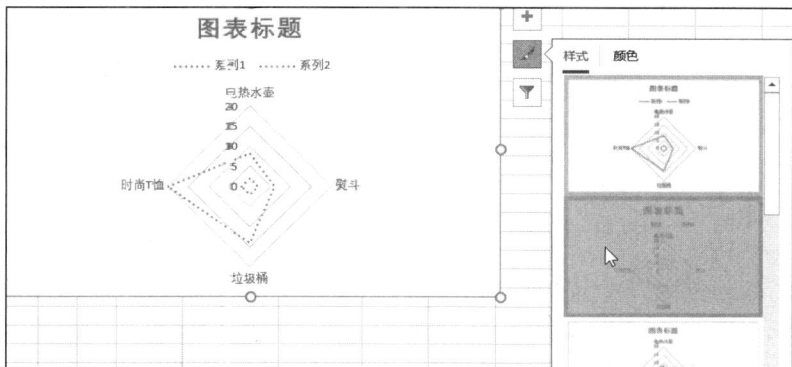

图 5.17　通过按钮菜单设置雷达图的样式

图 5.18　"编辑数据系列"对话框

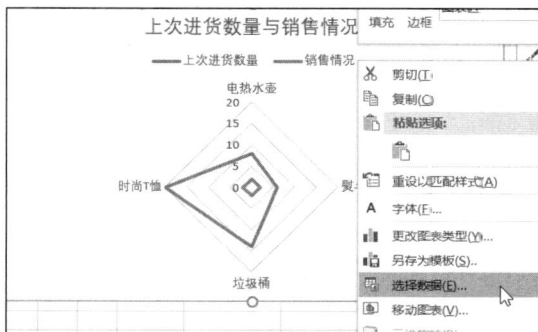

图 5.19　单击右键设置雷达图的样式

▶ 5.2.5　制作折线图

折线图是利用线段的升降起伏来表示数据在一段时间内变动情况的图形。折线图主要用于显示数据随时间变化的规律,因此非常适用于显示具有相等时间间隔的数据趋势。下面将详细介绍如何制作折线图,具体操作步骤如下。

案例分析——钢笔销售情况_折线图	
数据文件	第 5 章\数据\钢笔销售情况.xlsx
效果文件	第 5 章\效果\钢笔销售情况_折线图.xlsx
操作视频	第 5 章\视频\钢笔销售情况_折线图.mp4

Step 1 打开"钢笔销售情况.xlsx"工作簿,选中 A1:B13 单元格区域,在"插入"选项卡的"图表"选项组中单击"插入折线图或面积图"下拉按钮,如图 5.20 所示。

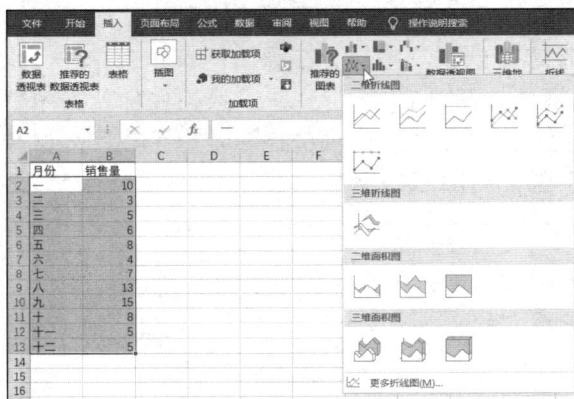

图 5.20　单击"插入折线图或面积图"下拉按钮

Step 2 在下拉菜单中选择二维折线图的样式,即可插入对应的二维折线图,如图 5.21 所示。也可单击"更多折线图"选项,在弹出的对话框中选择折线图的样式,如图 5.22 所示,再单击"确定"按钮,插入选定样式的折线图。

图 5.21　在菜单中选择折线图样式

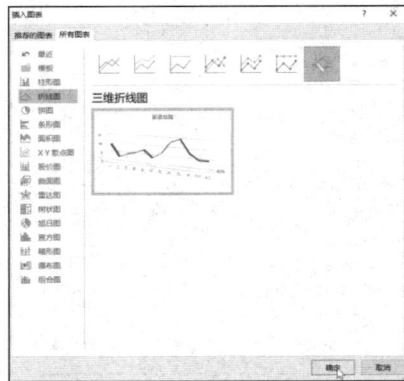

图 5.22　在对话框中选择折线图样式

Step 3 单击"图表标题",再次双击切换至输入状态,即可输入新的图表标题。
单击图表区,右侧将出现三个按钮,依次是"图表元素"、"图表样式"和"图表筛选器",
单击相应按钮,打开对应菜单,即可设置折线图的样式,如图 5.23 所示。也可在图表区
单击右键,利用弹出的菜单对图表进行相应设置,如图 5.24 所示。

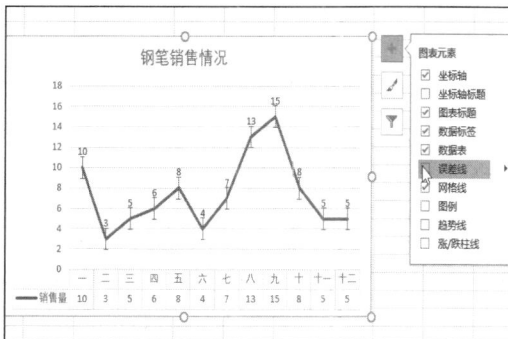

图 5.23 通过按钮菜单设置折线图的样式   图 5.24 单击右键设置折线图样式

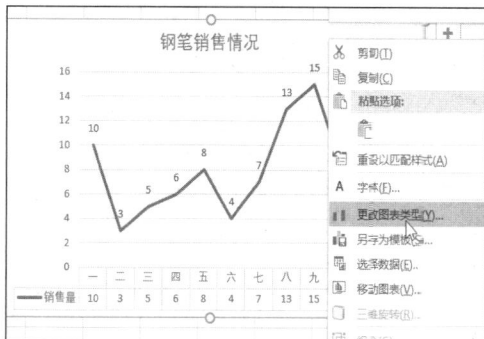

5.2.6 制作散点图

散点图在直角坐标系中用两组数据显示为一组点,分析数据点的分布情况,从而判断
两个变量之间是否存在某种关联。下面将详细介绍如何制作散点图,具体操作步骤如下。

案例分析——某商店空调销售情况_散点图	
数据文件	第 5 章\数据\某商店空调销售情况.xlsx
效果文件	第 5 章\效果\某商店空调销售情况_散点图.xlsx
操作视频	第 5 章\视频\某商店空调销售情况_散点图.mp4

Step 1 打开"某商店空调销售情况.xlsx"工作簿,选中 A1:B13 单元格区域,在
"插入"选项卡的"图表"选项组中单击"插入散点图(X,Y)或气泡图"下拉按钮,如
图 5.25 所示。

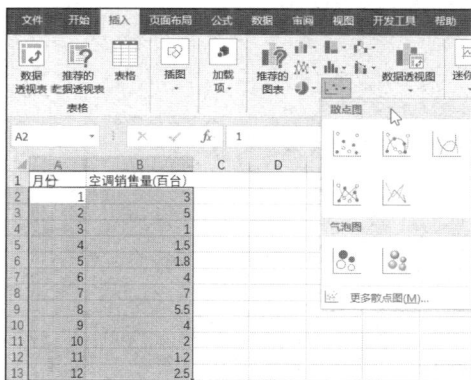

图 5.25 单击"插入散点图(X,Y)或气泡图"下拉按钮

Step 2 在下拉菜单中选择散点图的样式，即可插入对应的散点图，如图 5.26 所示。也可单击"更多散点图"选项，在弹出的对话框中选择散点图的样式，如图 5.27 所示，再单击"确定"按钮，插入选定样式的散点图。

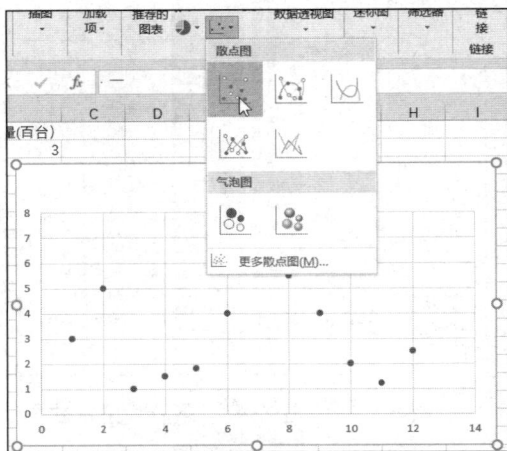

图 5.26　在菜单中选择散点图样式　　　　图 5.27　在对话框中选择散点图样式

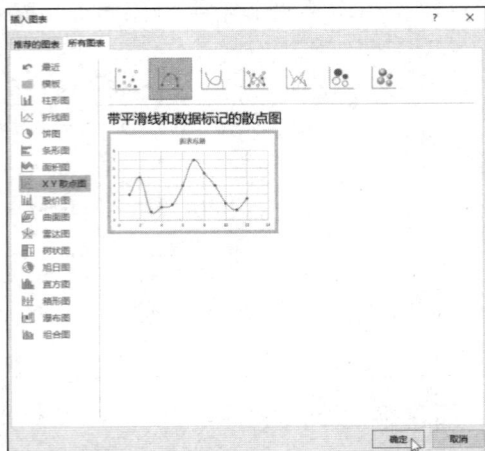

Step 3 单击"图表标题"，再次双击切换至输入状态，即可输入新的图表标题。单击图表区，右侧将出现三个按钮，依次是"图表元素"、"图表样式"和"图表筛选器"，单击相应按钮，打开对应菜单，即可设置散点图的样式。也可在图表区单击右键，利用弹出的菜单设置散点图的样式，如图 5.28 所示。

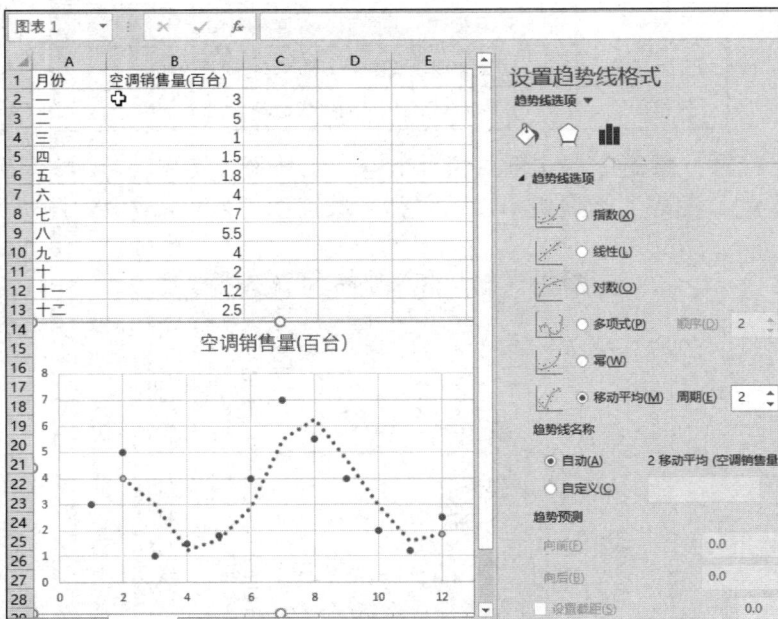

图 5.28　通过按钮菜单设置散点图的样式

Step 4 单击"图表筛选器"按钮，在弹出的菜单中单击"选择数据"选项，弹出

"选择数据源"对话框，如图 5.29 所示。单击"图例项（系列）"中的"添加"按钮，在"系列名称"文本框中输入文字，单击"确定"按钮，即可更改图例项的名称。也可在图表区单击右键，利用弹出的菜单对图表进行相应设置，如图 5.30 所示。

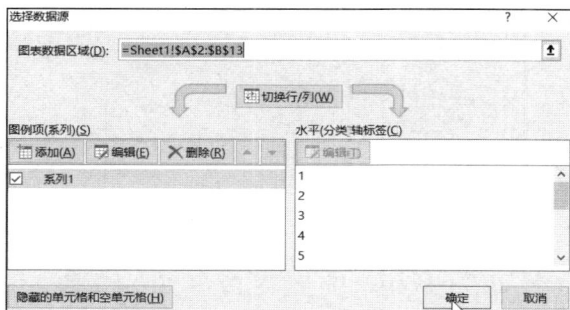

图 5.29　"选择数据源"对话框

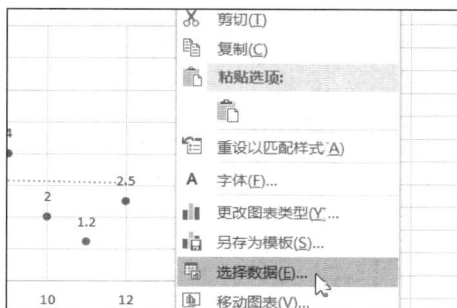

图 5.30　单击右键设置散点图样式

5.3　数据透视表和数据透视图

数据透视表是一种数据交互式报表，它能对大量数据进行汇总，使用户可以快速浏览、分析、合并数据。数据透视表可以动态地改变版面布局，以便按照不同的方式分析数据。当版面布局发生变动时，数据透视表会立即按照新的布局重新计算数据。另外，如果原始数据发生更改，则数据透视表也会自动更新。

5.3.1　创建数据透视表

创建数据透视表与创建图表的方法类似，可以在工作表中选择相应的数据区域，再通过插入数据透视表的选项按钮进行创建；也可以先不选择数据区域，在插入数据透视表时选择数据源进行创建。下面将详细介绍如何创建数据透视表，具体操作步骤如下。

案例分析——某商店进货单_数据透视表	
数据文件	第 5 章\数据\某商店进货单.xlsx
效果文件	第 5 章\效果\某商店进货单_数据透视表.xlsx
操作视频	第 5 章\视频\某商店进货单_数据透视表.mp4

Step 1 打开"某商店进货单.xlsx"工作簿，选中 A1:H13 单元格区域，在"插入"选项卡中的"表格"选项组中单击"数据透视表"按钮，如图 5.31 所示。

Step 2 打开"创建数据透视表"对话框，在"选择放置数据透视表的位置"选项区域中选中"新工作表"单选按钮，单击"确定"按钮，如图 5.32 所示。

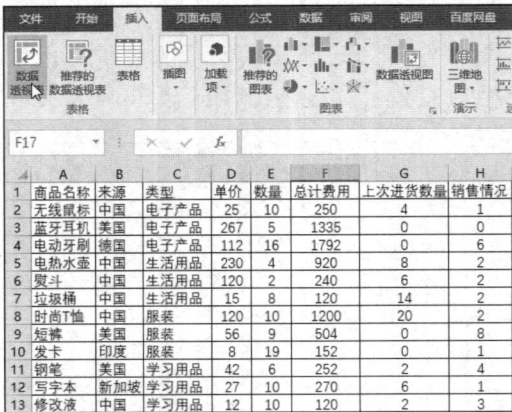

图 5.31　选择数据区域

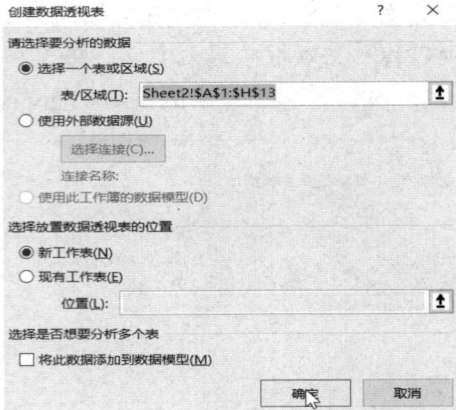

图 5.32　选择数据透视表的放置位置

Step 3　双击新建的工作表标签，将其重命名为"透视分析表"，如图 5.33 所示。

Step 4　在"数据透视表字段"面板的"选择要添加到报表的字段"下拉列表框中，勾选"类型"复选框，将该字段添加到下方的"行"列表框中，如图 5.34 所示。

图 5.33　重命名工作表

图 5.34　添加字段

Step 5　在"选择要添加到报表的字段"下拉列表框中，勾选"来源"复选框，此时该字段被添加到下方的"行"列表框中，将光标移至"来源"字段上并按住鼠标左键不放，将其拖动至"筛选"列表框，如图 5.35 所示。

Step 6　按照相同的操作方法，将"数量"字段拖动至"列"列表框，将"总计费用"字段拖动至"值"列表框，如图 5.36 所示。单击"总计费用"下拉按钮，在弹出的菜单中单击"值字段设置"命令，如图 5.37 所示。在弹出的"值字段设置"对话框中对字段进行相应的设置，如图 5.38 所示。

Step 7　单击 B2 单元格，对"来源"字段的值进行选择，即可查看对应报表筛选的内容，如图 5.39 所示。

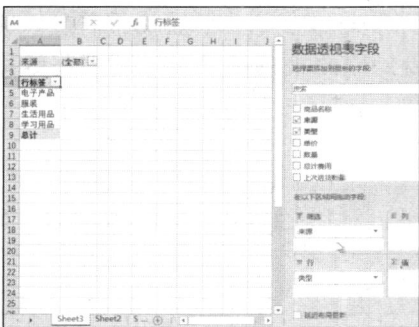

图 5.35　拖动"来源"字段

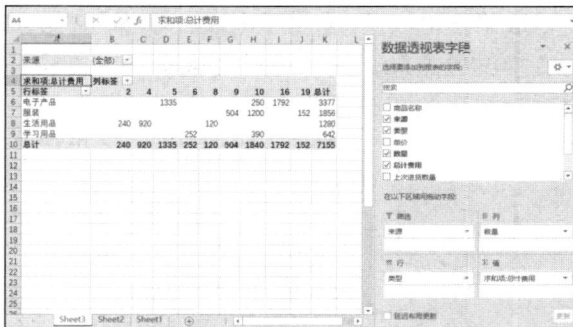

图 5.36　拖动"数量"和"总计费用"字段

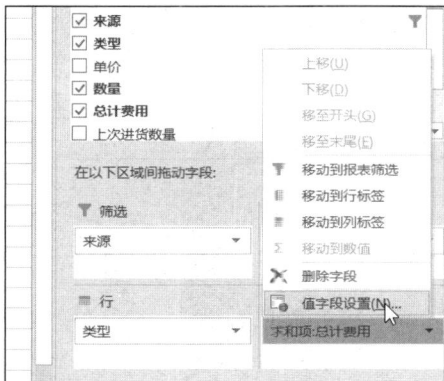

图 5.37　"总计费用"下拉菜单

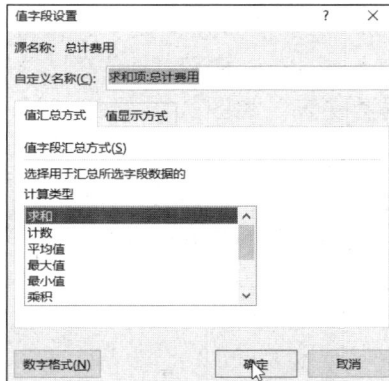

图 5.38　打开"值字段设置"对话框

图 5.39　将"来源"字段的值设置为"美国"

5.3.2　数据透视表的多维操作

数据透视表的多维分析是指对以多维形式组织起来的数据采取多种分析方法，从多个角度、多个层面观察和剖析数据，从而深入了解包含在数据中的信息和规律。这些分析方法主要包括：切片（Slice）、切块（Dice）、旋转（Rotate）、钻取（Drill）等。①切片。在多维分析过程中，如果从多维数据中集中选择某一个维度的数据，称为切片。②切块。如果从多维数据中集中选择两个或两个以上维度的数据，称为切块。③钻取。改变维的层次，变换分析的粒度。维层次实际上反映了数据的综合程度。层次越高，代表数据综合度越高，细节越少。钻取包含向下钻取（Drill-down）/下卷（Roll-down）和

商务数据分析与应用

向上钻取（Drill-up）/上卷（Roll-up）操作，钻取的深度与维所划分的层次相对应。④旋转。变换维的方向，例如行列互换，通过旋转可以得到不同视角的数据。下面将详细介绍数据透视表的多维操作，具体操作步骤如下。

案例分析——customer_数据透视表多维操作	
数据文件	第 5 章\数据\ customer.xlsx
效果文件	第 5 章\效果\ customer_数据透视表多维操作.xlsx
操作视频	第 5 章\视频\ customer_数据透视表多维操作.mp4

Step 1 打开 customer.xlsx 工作簿，按下 Ctrl+A 组合键选中工作表中全部数据（即选中 A1:AB501 单元格区域），创建数据透视表，选择要分析的字段，对数据透视表进行设置。例如，想要了解顾客孩子的数量与学历和职位的关系，将 education 字段拖至"行"列表框，occupation 拖至"列"列表框，total_children 拖至"值"列表框，即可得到相应的数据透视表，如图 5.40 所示。

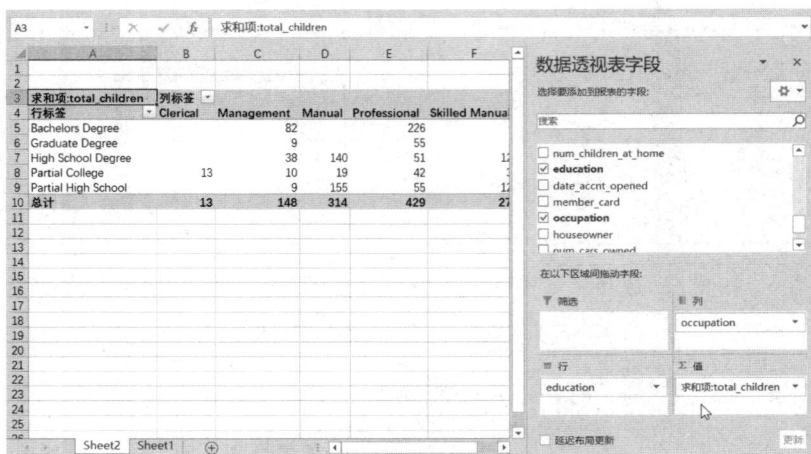

图 5.40　创建数据透视表

Step 2 单击"值"列表框下的"求和项：total_children"下拉按钮，如图 5.41 所示，在弹出的菜单中单击"值字段设置"命令，打开如图 5.42 所示的对话框。在打开的"值字段设置"对话框中设置"值字段汇总方式"，可了解顾客孩子拥有总数的平均值、最大值、最小值等。

Step 3 若想了解某一学历的信息，单击"行标签"下拉按钮，在弹出的菜单中单击"标签筛选"→"等于"命令，如图 5.43 所示。在弹出的"标签筛选"对话框中，输入想要了解的学历名称，单击"确定"按钮，如图 5.44 所示。

Step 4 单击"行标签"的下拉按钮，在弹出的菜单中执行"值筛选"→"等于"命令，在弹出的"值筛选"对话框中设置相应的参数，单击"确定"按钮。

Step 5 在"插入"选项卡中的"筛选器"选项组中单击"切片器"按钮，如图 5.45 所示。在弹出的"插入切片器"对话框中勾选 gender 复选框，单击"确定"按钮，对数据进行切片，如图 5.46 所示。

110

图 5.41　单击“求和项”下拉按钮

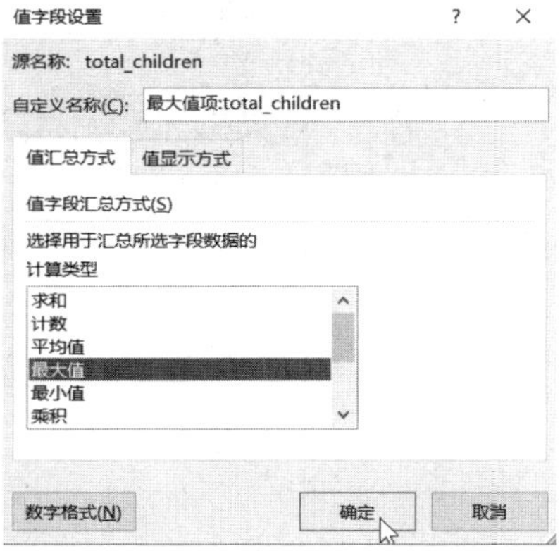

图 5.42　打开“值字段设置”对话框

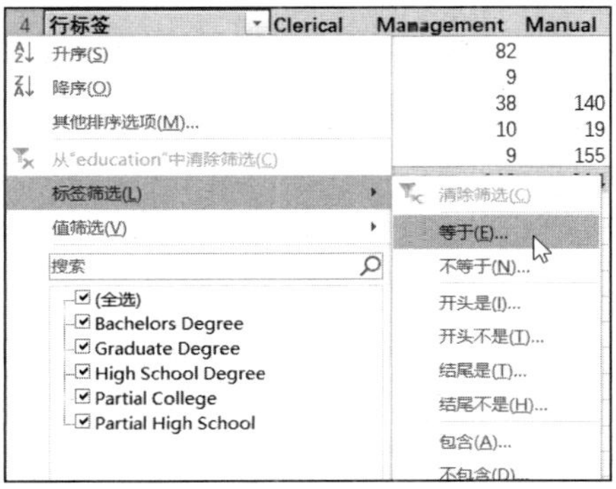

图 5.43　单击“行标签”菜单命令

图 5.44　打开“标签筛选”对话框

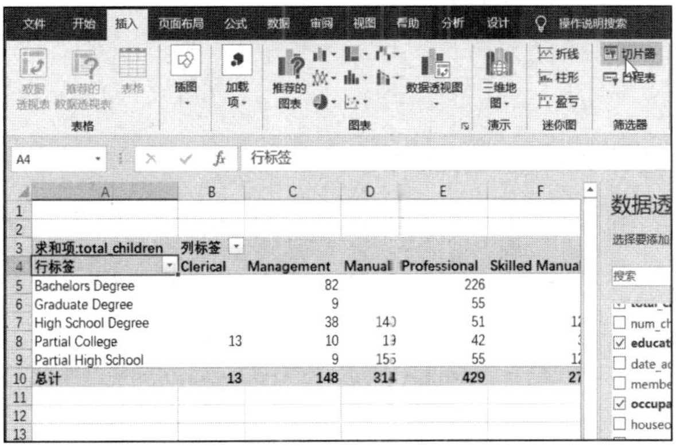

图 5.45　单击“切片器”按钮

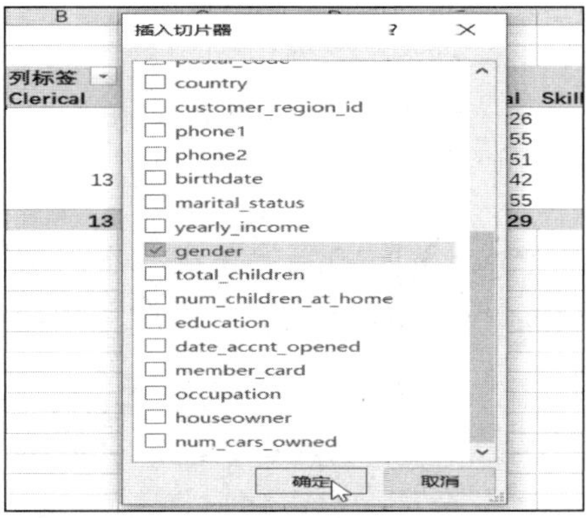

图 5.46　插入切片器

Step 6 在“插入切片器”对话框中，选择两个或两个以上的选项，即可对数据进行“切块”操作。

Step 7 在“数据透视表字段”面板中将行列标签互换，对数据进行旋转，如图 5.47 所示。

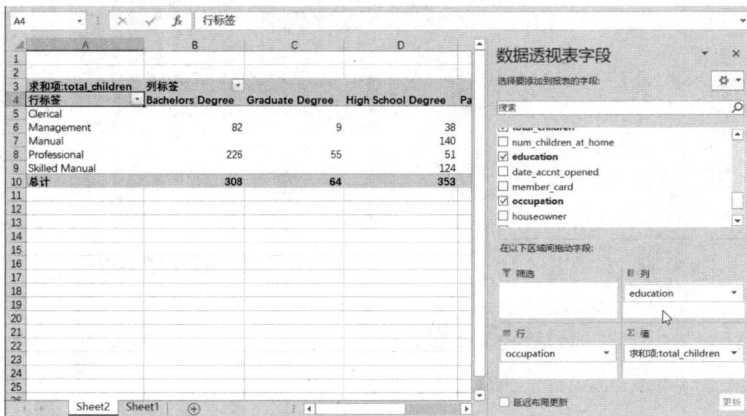

图 5.47　旋转数据透视表

Step 8　如果想要查看年收入为$90K～$110K 的顾客的孩子拥有数与学历和职位的关系数据，将 yearly_income 拖至"筛选"列表框，在表的上方选择$90K- $110K 即可，如图 5.48 所示。

图 5.48　数据透视表的"向上钻取"

Step 9　如果想要查看不同年收入的顾客的孩子拥有数与学历和职位的关系数据，将 yearly_income 拖至"筛选"列表框，在表的上方选择"全部"即可，如图 5.49 所示。

图 5.49　数据透视表的"向下钻取"

▶ 5.3.3 创建数据透视图

数据透视图是以图表的形式表示数据透视表中的数据。Excel 在创建数据透视图的同时会创建数据透视表。也就是说，数据透视图和数据透视表是相互关联的，无论哪一个对象发生了变动，另一个对象也将同步发生变动。下面将详细介绍如何创建数据透视图，具体操作步骤如下。

案例分析——customer _数据透视图	
数据文件	第 5 章\数据\ customer.xlsx
效果文件	第 5 章\效果\ customer _数据透视图.xlsx
操作视频	第 5 章\视频\ customer _数据透视图.mp4

Step 1 打开 customer.xlsx 工作簿，按下 Ctrl+A 组合键，选中工作表中全部数据（即选中 A1:AB501 单元格区域），在"插入"选项卡的"图表"选项组中单击"数据透视图"下拉按钮，在弹出的下拉菜单中，单击"数据透视图"命令，如图 5.50 所示。弹出"创建数据透视图"对话框，单击"确定"按钮，如图 5.51 所示。在新工作表中可以看到创建的数据透视图，如图 5.52 所示。

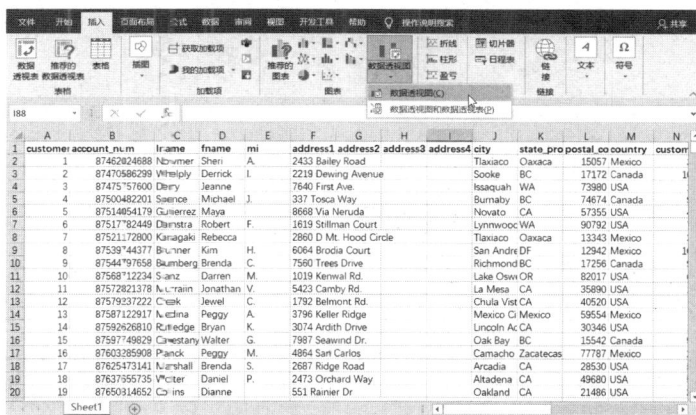

图 5.50　插入数据透视图

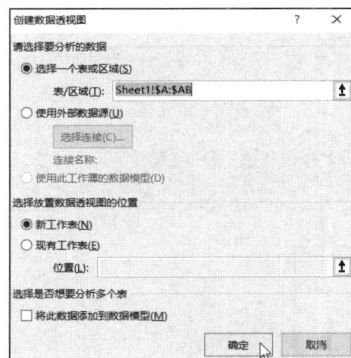

图 5.51　打开"创建数据透视图"对话框

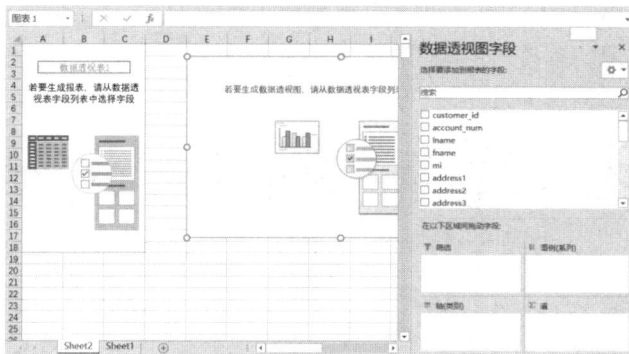

图 5.52　创建的数据透视图

Step 2 选择需要分析的字段，对数据透视图进行编辑。例如，想要了解顾客的孩子拥有总数与学历和职位的关系，将 education 字段拖至"轴（类别）"列表框，occupation 拖至"图例（系列）"列表框，total_children 拖至"值"列表框，即可得到相应的数据透视图，如图 5.53 所示。

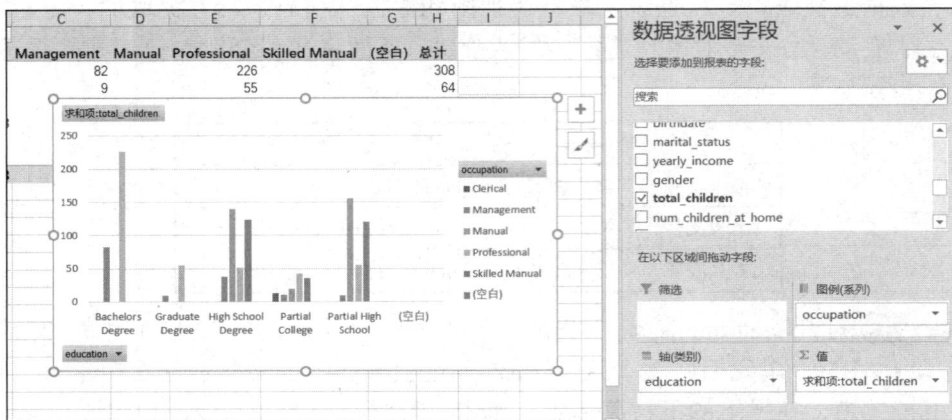

图 5.53　数据透视图

5.4　标签云可视化

随着互联网技术的发展，网络中产生了海量数据。其中大部分数据都是以文本形式存在的，从而推动了文本可视化技术的发展，利用文本可视化工具可以简单明了地显示文本中的关系。标签云是最为简单有效的文本可视化方法，它可以帮助人们理解复杂文本的内容和内在规律等信息。

5.4.1　标签云的定义

标签云又称文字云、词云，是对文本数据中出现频率较高的"关键词"在视觉上的突出呈现，通过关键词的渲染形成类似云一样的彩色图片，以传达文本数据的主要表达意思，常见于博客、微博、文章分析等。本节通过 WordArt 标签云工具介绍如何利用标签云对文本数据进行可视化描述。

5.4.2　WordArt 标签云工具的使用

案例分析——标签云	
数据文件	第 5 章\数据\标签云.docx
效果文件	第 5 章\效果\标签云.png
操作视频	第 5 章\视频\标签云.mp4

Step 1 登录 WordArt 网站（https://wordart.com），单击 CREATE NOW 按钮，如图 5.54 所示。

Step 2 在弹出的 Import words from 对话框中输入文本内容，单击 Import words 按钮，如图 5.55 所示。

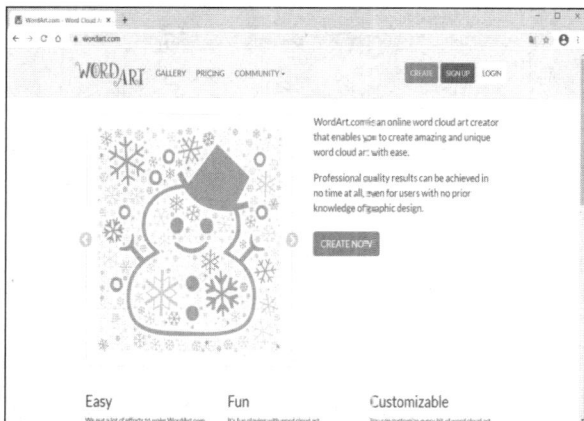

图 5.54　登录 WordArt 网站

图 5.55　输入文本内容

Step 3 单击 Remove 按钮删除对文本分析无意义的内容，如"使分析者"等，如图 5.56 所示。

Step 4 单击 SHAPES 按钮，可以选择标签云的形状，如图 5.57 所示。

图 5.56　删除无用标签

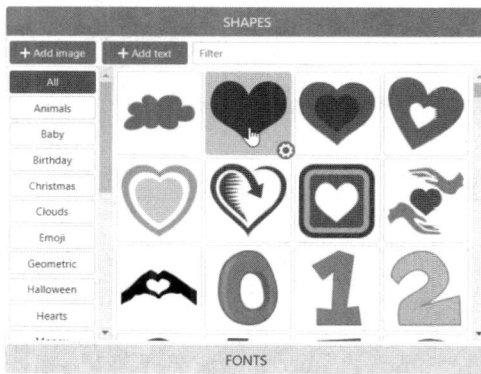

图 5.57　选择标签云形状

Step 5 单击 Add font 按钮，手动添加中文字体，如图 5.58 所示。若希望标签云文字为仿宋简体，则添加仿宋简体文字的字体库。

Step 6 单击 LAYOUT 按钮，可以选择单个标签排列形状，设置标签云的布局。Words amount 参数用来设置标签个数，Density 参数用来设置透明度，如图 5.59 所示。

Step 7 单击 STYLE 按钮，设置标签云的样式参数。Words colors 用来设置字体颜色，Color emphasis 用来设置颜色比重，Background color 用来设置背景图片颜色，Background image 用来设置背景图片所占的比重，Animation speed 用来调整文字的显示速度，Rollover text color 用来调整光标放到字体扩大后的文字颜色和文字背景颜色，如图 5.60 所示。

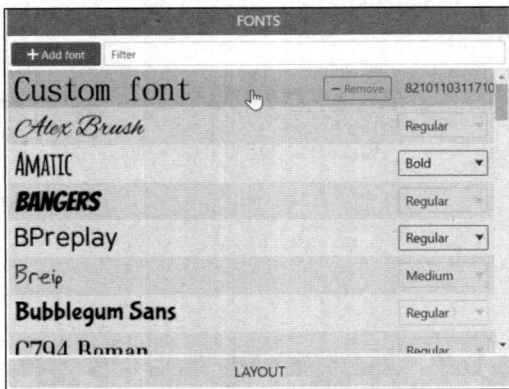

图 5.58　添加字体库

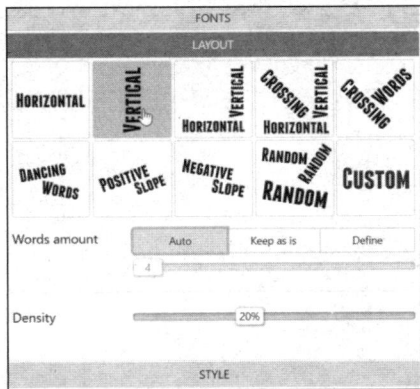

图 5.59　设置标签云的布局

Step 8　单击 Visualize 按钮生成标签云，如图 5.61 所示。单击 DOWNLOAD 按钮，可选择格式并下载到本地，如图 5.62 所示。

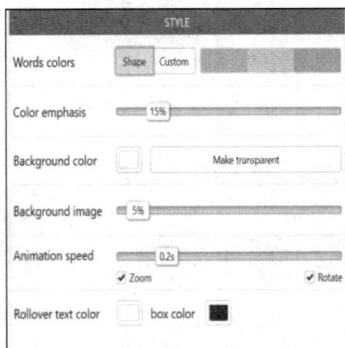

图 5.60　设置标签云的样式

图 5.61　生成标签云

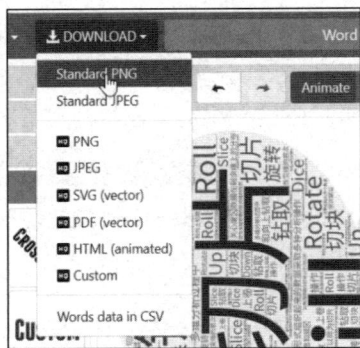

图 5.62　下载标签云

本章知识小结

　　本章主要学习与商务数据分析相关的数据可视化方法，详细介绍了利用 Excel 制作饼图、柱形图、直方图、雷达图、折线图、散点图等图表的方法。此外还介绍了数据透视表、数据透视图和标签云的相关知识，数据透视表是 Excel 提供的一种重要的数据分析与可视化功能，应掌握创建数据透视表和数据透视图，以及对数据透视表进行多维操作的方法；而生成和展现标签云可为文本可视化提供技术支持。

本章考核检测评价

1. 判断题

（1）数据可视化是将数据内在的规律间接地进行展现的一种方式。（　　）

（2）切片和切块是在一部分维上选定值后，关心度量数据在所有维上的分布。（　　）

（3）层次实际上反映了数据的综合程度。层次越高，代表数据综合度越高，细节越少。（　　）

（4）有效、形象、快速地传达信息需要复杂的图表。（　　）

（5）工作簿是 Excel 环境中用来储存并处理工作数据的文件。（　　）

2. 单选题

（1）以下不属于可视化作用的是（　　）。

A. 传播交流　　　　　B. 信息记录　　　　　C. 数据采集　　　　　D. 数据分析

（2）Excel 工作表的行号显示在工作簿窗口的（　　）。

A. 左边　　　　　　　B. 右边　　　　　　　C. 上边　　　　　　　D. 下边

（3）Excel 工作表的列号显示在工作簿窗口的（　　）。

A. 左边　　　　　　　B. 右边　　　　　　　C. 上边　　　　　　　D. 下边

（4）反映不同时期或不同类别数据之间的比较或差异，可使用（　　）。

A. 饼图　　　　　　　B. 柱形图　　　　　　C. 直方图　　　　　　D. 折线图

（5）可用于多项指标的全面分析，明晰各项指标变动情况和好坏趋向的是（　　）。

A. 饼图　　　　　　　B. 柱形图　　　　　　C. 直方图　　　　　　D. 雷达图

3. 多选题

（1）Excel 中具有的图表功能包括（　　）。

A. 饼图　　　　　　　B. 柱形图　　　　　　C. 直方图　　　　　　D. 雷达图

（2）利用数据透视表可以完成的功能包括（　　）。

A. 计数项值汇总　　　B. 钻取　　　　　　　C. 旋转　　　　　　　D. 切片

（3）以下关于饼图的说法，正确的是（　　）。

A. 用于多个数据系列　　　　　　　　　　　B. 各部分百分比之和为 100%

C. 有二维饼图　　　　　　　　　　　　　　D. 有三维饼图

（4）从宏观角度看，数据可视化的功能包括（　　）。

A. 信息传达　　　　　B. 信息展现　　　　　C. 信息清洗　　　　　D. 信息沟通

（5）以下关于数据透视表，说法正确的是（　　）。

A. 维层次不能反映数据的综合程度

B. 数据透视表会随原始数据发生更改

C. 改变版面的布局不会影响数据透视表

D. 钻取的深度与维所划分的层次相对应

4. 简答题

（1）什么是数据可视化？

（2）简述制作统计表格的基本规则。

（3）标签云的作用是什么？

（4）Excel 中有哪些常用的可视化图形？简述其主要操作步骤。

（5）常用的数据透视表有哪些主要操作步骤？

5. 案例题

请利用 Excel 制作饼图、柱形图、直方图、雷达图、折线图和散点图及数据透视表等可视化图表，展现某个店铺的流量、转化率、访问量、销售量等方面的数据规律与趋势。

第6章
行业数据分析

【学习目标】

1. 了解行业分析的相关概念；
2. 掌握行业分析的数据指标及采集方法；
3. 掌握市场行情调研的基本概念；
4. 对行业中的竞争者、卖家、商品、销售等方面进行数据分析。

【本章重点】

1. 重点掌握百度指数的使用方法，并能够撰写市场行情分析报告；
2. 掌握行业状况分析的基本方法。

【本章难点】

1. 分析市场行情的百度指数；
2. 分析行业状况的基本方法。

【思维导图】

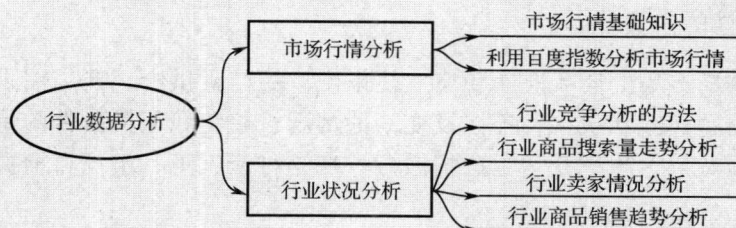

【知识导入】

大数据时代房地产估价的变革

当前各个行业都非常重视数据分析的应用，希望通过大数据技术变革行业发展模式、创新工作思路与方法并不断开拓新的业务。为促进房地产市场平稳健康发展，坚持"房子是用来住的、不是用来炒的"，需要对房地产进行精准估价。对房地产估价离不开产权和产籍方面的信息，同时还要多方位地了解当前市场的发展方向和市场的综合性信息，面对的数据具有多样性、复杂性和时效性等特征。在大数据背景下，相关企业开始运用大数据技术对繁杂的数据进行科学处理，并逐渐认识到数据挖掘技术的优势。例如，国信达房地产数据覆盖全国 337 个地级（或以上）城市，致力于房地产数据的采集、研发与应用，为银行、公积金提供房地产估价管理及地址数据治理服务；例如，云房数据公司自主研发房产在线估值系统"房估估"产品覆盖房产抵押业务全生命周期。可见，为了促进各行业的稳定发展，需要加强对行业数据的有效运用，提取有价值的信息，这在一定程度上和大数据技术的工作优势是相互吻合的。

6.1 市场行情分析

市场行情实质上是社会再生产内在发展过程在市场上的外部表现。市场行情数据分析是指将大量个别的、片面的市场行情信息进行综合分析，形成对某类商品供求状况或某个市场供求形势的全面判断和行情报告。形成市场行情的信息来源是广泛的、多方面的，不仅涉及整个流通领域，而且涉及社会经济的各个方面。

6.1.1 市场行情基础知识

1. 市场行情的内涵

市场行情是指市场上商品流通和商业往来中有关商品供给、商品需求、流通渠道、商品购销和价格的实际状况、特征以及变动的情况、趋势和相关条件的信息。随着商业运营机制的逐渐成熟，市场竞争也愈加激烈。在这种情况下，市场行情数据分析显得至关重要。

有市场和商业就有市场行情。无论是生产者还是商家，为了组织好生产和经营，必须自觉地依据和运用价值规律，掌握市场行情，密切注视市场供求的变化。商品生产者和经营者的经济活动成效要通过商品在市场中的表现来检验。为了在竞争中占据有利地位，必须对市场行情进行认真的调查研究，对供求和价格的变化及其原因进行认真分析，并对变化的趋势做出预测，从而为企业经营积累经验。

2. 市场行情调查的内容

市场行情调查的内容主要包括市场需求量、需求结构和需求时间。

1）市场需求量。市场需求量是指某一时期内，在一定的营销环境和营销方案的作用下，某地区愿意购买某一产品的顾客群体的总数。

2）需求结构。需求结构是指消费者有效购买力在各类型消费资料中的分配比例。通俗地说，就是消费者对吃、穿、住、用、行各类商品的需求比例。需求结构具有实物和价值两种表现形式。实物形式指人们消费了什么消费资料，以及它们各自的数量。价值形式指以货币表示的人们在消费过程中消费的各种不同类型的消费资料之间的比例关系，在现实生活中具体表现为各项生活支出。

3）需求时间。需求时间是指消费者在不同季节、月份消费的消费品种（类）和数量结构。例如，在旅游旺季时旅馆紧张和短缺，在旅游淡季时旅馆空闲，利用这一时间特性，许多旅馆通过灵活的定价、促销及其他激励机制来改变需求的时间模式。

📖【知识拓展】

影响市场需求量的主要因素

影响市场需求量的主要因素包括：①产品。由于产品范围是非常广泛的，即使同一类产品在实际需求中也存在多种差异，因此企业在进行需求测量时，要明确规定产品的范围。②总量。通常表示需求的规模，可用实物数量、金额数量或相对数量来衡量。例如，全国手机的市场需求可被描述为 7000 万台或 1500 亿元，广州地区的手机市场需求占全国总需求的 10%。③消费者群体。在对市场需求进行测量时，不仅要着眼于总市场的需求，还要分别对各细分市场的需求加以确定。④地理区域。在一个地域较广的国家，不同地域间存在需求差异。⑤时间周期。由于企业的营销计划一般有长期、中期和短期之分，应针对不同周期进行需求测量。⑥营销环境。在进行市场需求测量时，应注意对各类影响因素进行相关分析。⑦购买需求。只有购买需求才能转变成真正的市场需求。⑧营销组合策略。卖家要注意采取的市场营销组合策略是否适应扩大产品市场销售的要求。此外，市场需求量还受到商品自身价格、相关商品价格（替代品与互补品）、消费者的收入水平、消费者的偏好（个性、爱好、社会风俗、传统习惯、流行趋势等）、消费者对商品未来价格的预期、人口规模等因素的影响。

3. 市场行情调查的方法

1）观察法。观察法指调研人员利用眼睛、耳朵等感官以直接观察的方式对调查研究的对象进行考察并收集资料的方法。例如，市场调研人员到被访问者的销售场所去观察商品的品牌及包装情况。

2）实验法。实验法指调研人员根据调研的要求，用实验的方式将调研对象控制在特定的环境条件下，对其进行观察以获得相应的信息。控制对象可以是产品的价格、品质、包装等，目的是在可控制的条件下观察市场现象，揭示在自然条件下不易发生的市场规律。这种方法主要用于市场销售实验和消费者使用实验。

3）访问法。访问法可以分为结构式访问、无结构式访问和集体访问。①结构式访问。调研人员按照事先设计好的调查表进行访问。②无结构式访问。由调研人员与被访问者自由交谈进行访问，调研人员可以根据调研的内容与之展开广泛的交流。例如，对商品的价格进行交谈，了解被访问者对价格的看法。③集体访问。通过集体座谈的方式听取被访问者的想法，收集信息资料。集体访问可以分为专家集体访问和消费者集体访问。

4）问卷法。问卷法指调研者根据调研的要求将调研的资料设计成调查问卷，让调研对象将自己的意见或答案填入问卷中，以收集信息的方法。一般在实地调研中采用问卷法。

6.1.2 利用百度指数分析市场行情

1. 百度指数相关知识

百度指数是以百度海量网民行为数据为基础的数据分享平台，它不仅可以研究关键词搜索趋势，洞察网民需求变化，监测媒体舆情趋势，定位数字消费者特征，还可以从行业的角度分析市场特点。百度指数主要模块包括指数探索、品牌表现、数说专题、我的指数等，并可对多个关键词的数据进行对比分析，如图 6.1 所示。

图 6.1　百度指数的主要功能

1）指数探索

（1）趋势研究。趋势研究的搜索指数反映关键词在最近一周或一个月内的总体搜索指数状况，指标有整体搜索指数、移动搜索指数、同比增长率和环比增长率。通过对指数趋势的研究了解互联网用户对关键词搜索的关注程度及关键词的持续变化情况，以网民在百度的搜索量为数据基础，以关键词为统计对象，科学分析并计算出各个关键词在百度网页搜索中搜索频次的加权。

（2）需求图谱。需求图谱是依据用户在搜索关键词前后的搜索行为变化中表现出来的相关检索词需求，通过综合计算关键词与相关词的相关程度，以及相关词自身的搜索需求大小得出的。在需求图谱中，相关词距圆心的距离表示相关词与中心检索词的相关程度；相关词自身大小表示相关词自身搜索指数的大小，红色代表搜索指数上升，绿色代表搜索指数下降。相关词分类是通过用户搜索行为来细分搜索中心检索词的相关需求，并区分来源词、去向词、最热门词及上升最快词，其算法是将所有与中心检索词相关的需求按不同的衡量标准排序。

（3）人群画像。"地域分布"旨在关注该关键词的用户来自哪些地域，根据百度用户搜索数据，采用数据挖掘的方法对关键词的人群属性进行聚类分析，给出用户所属的省份、城市及城市级别的分布和排名，以便根据特定地域用户偏好进行针对性的运营和推广。"人群属性"旨在关注该关键词的用户性别、年龄分布，并根据百度用户搜索数据，采用数据挖掘的方法对关键词的人群属性进行聚类分析，给出用户所属的年龄及性别的分布和排名。

2）品牌表现

品牌表现的数据来源于百度指数专业版，可总体盘点指定行业中所有品牌的搜索热度的变化。旨在将指定行业内各个品牌相关检索词汇总并综合计算各品牌汇总词的总体搜索指数及其变化率，并以此排名（注：所有品牌的搜索指数均为基于品牌检索词汇总后的综合搜索指数，不可与单一检索词搜索指数进行比较）。

3）数说专题

数说专题是基于搜索指数相关数据，按照专题筛选出与某个行业或者话题相关的关键词进行聚类分析，给出详细的行业或者话题数据，如行业搜索趋势、行业细分市场、行业人群属性、该类话题搜索热点等。

4）我的指数

我的指数主要包括三个方面。①我收藏的指数。将经常查看的关键词加入"我收藏的指数"，方便商家随时查看。最多可以收藏 50 个关键词。②我创建的新词。可以将百度指数未收录的关键词加入百度指数，加词后第二天系统将更新数据。关键词一经添加，即被视为消费完毕，无法删除或更改。关键词服务到期后，需再次添加。③我的购买记录。在我的购买记录中可以查看创建新词的服务购买情况。商家可以在创建新词权限有效期内新增关键词，服务到期后无法添加。

2. 利用百度指数分析商品类目市场行情的实例

1）实例的背景和具体要求

选择家电类目下的电风扇子类目作为分析对象，利用百度指数分析该商品类目的市场行情，所需数据取自百度指数的趋势研究模块，涉及趋势研究、需求图谱、人群画像三个方面的数据分析，并撰写《基于百度指数的电风扇市场行情分析报告》。①趋势研究。指数概况：提供"电风扇"关键词搜索指数近期的平均值及同比、环比变化趋势；按搜索来源分别查看整体及移动趋势。指数趋势：查询"电风扇"关键词搜索指数和媒体指数。②需求图谱。提供"电风扇"中心词搜索需求分布信息，查询相关词分类热点和变动率排名最高的内容，帮助商家了解网民对信息的聚焦点和产品服务的痛点、相关关注点等。③人群画像。地域分布：查询"电风扇"的访问人群在各省市的分布情况，帮助商家了解关键词的地域分布情况。人群属性：查询"电风扇"的人群性别、年龄分布情况。

2）实施步骤
步骤 1：登录百度指数；

步骤 2：获取趋势研究的相关数据，分析电风扇搜索指数概况和指数趋势；

步骤 3：获取需求图谱的相关数据，分析电风扇搜索的需求图谱和相关词分类；

步骤 4：获取人群画像的相关数据，分析电风扇搜索的地域分布和人群属性；

步骤 5：通过关键词对比，分析电风扇与竞争性商品（例如空调）的市场行情，分析若干电风扇品牌的市场行情；

步骤 6：撰写《基于百度指数的电风扇市场行情分析报告》。

3）成果报告的主要内容

针对国内电风扇市场分析电风扇行业的发展阶段和发展趋势，了解消费者需求，社会上对电风扇行业的评议和看法，搜索关注电风扇的人群特征等。

（1）电风扇百度指数概况。2020.06.01～2020.12.31，电风扇百度指数概况如图 6.2 所示。关键词"电风扇"搜索指数，整体日均值为 841，整体同比下降 13%，整体环比增长 39%。移动端日搜索均值为 648，移动同比下降 16%，移动环比增长 41%。环比数值上升意味着电风扇需求在不断上升。

关键词	整体日均值	移动日均值	整体同比	整体环比	移动同比	移动环比
■ 电风扇	841	648	-13% ↓	39% ↑	-16% ↓	41% ↑

图 6.2　电风扇百度指数概况

（2）电风扇百度指数趋势。2020.06.01～2020.12.31，电风扇百度指数趋势如图 6.3 所示。电风扇搜索指数的高峰出现在 6 月份，12 月份电风扇搜索指数最低。考虑到夏季对于电风扇的需求会大幅度提升，可以看出该指数与季节变化密切相关。

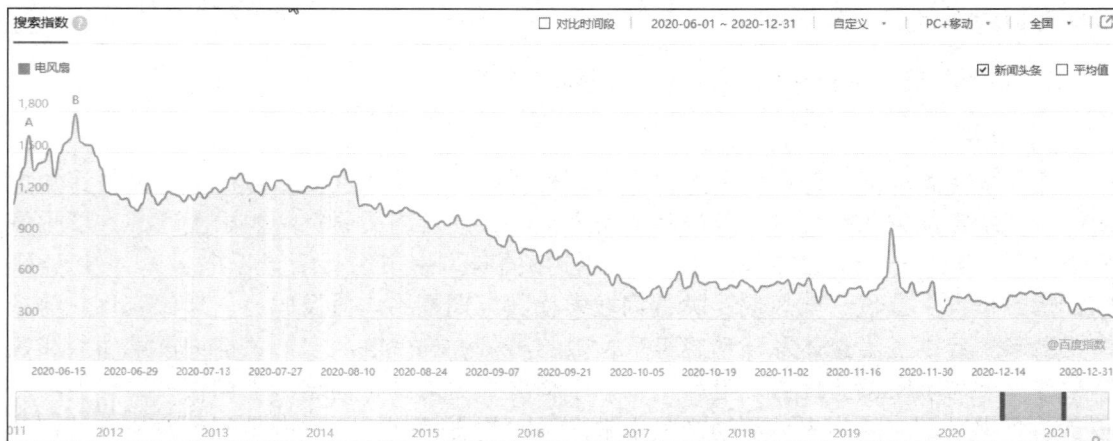

图 6.3　电风扇百度指数趋势

（3）电风扇百度需求图谱和相关词分类。2021.05.24～2021.05.30，电风扇百度需求图谱如图 6.4 所示。消费者关注的电风扇类型有吊扇、工业风扇、换气扇、落地扇等；消费者关注的电风扇相关的内容有价格、图片、故障等。电风扇百度相关词分类如图 6.5

所示，搜索热度排名前五位的是风扇、吊扇、工业风扇、换气扇、落地扇。相关词搜索变化率排名前五位（前两个词不相关）的是夏季服装、电风扇价格、电风扇电路图、风扇、制冷电风扇，可见消费者比较关注电风扇的种类。

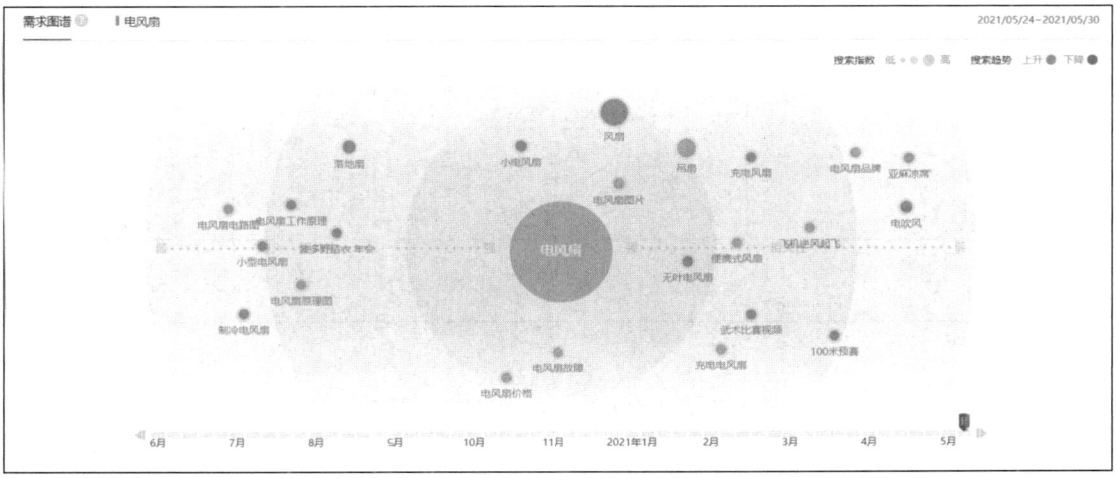

图 6.4　电风扇百度需求图谱

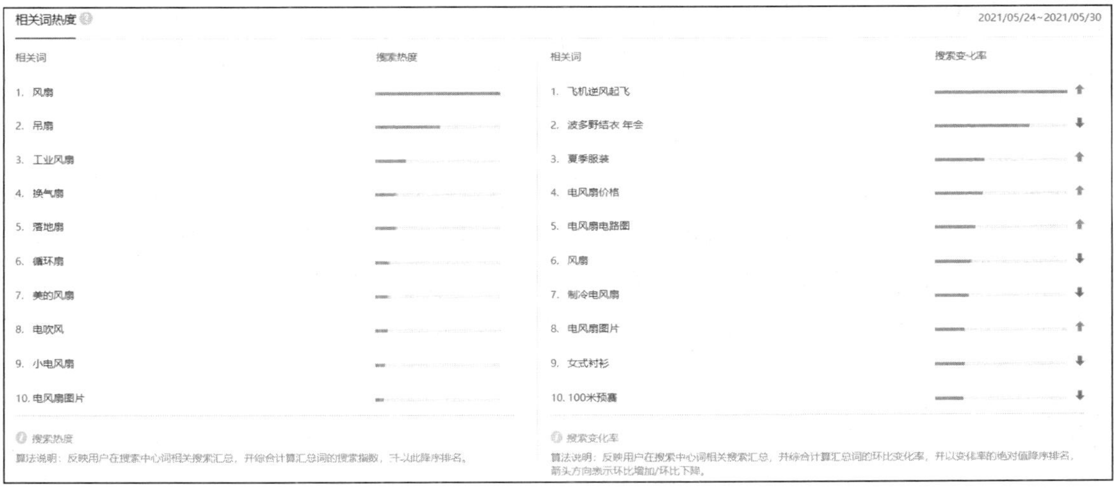

图 6.5　电风扇百度相关词分类

（4）电风扇百度地域分布和人群属性。2020.06.01～2020.12.31，电风扇百度地域（按省份、区域、城市）分布如图 6.6 所示。从该结果可知，浙江省排名第一、江苏省排名第二、广东省排名第三；区域排名前三位的是华东、华中、华北；城市排名前三位的是上海、北京、杭州。2021.05.01～2021.05.31，电风扇百度人群属性如图 6.7 所示。年龄集中在 20～39 岁，性别分布男性占比高于女性，因此商家应重点关注 20～39 岁男性消费者的需求。

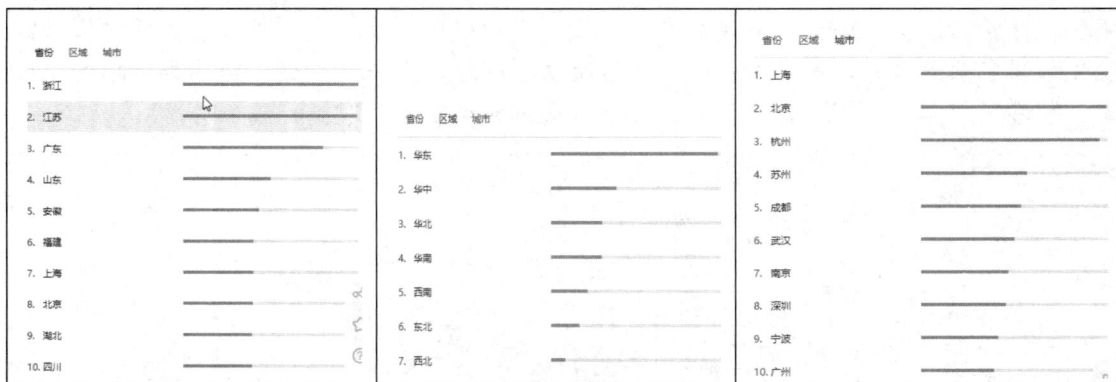

图 6.6 电风扇百度地域分布

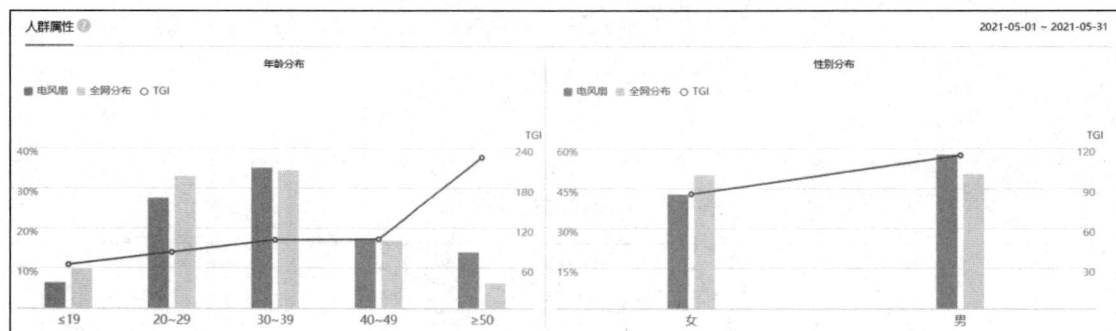

图 6.7 电风扇百度人群属性

（5）竞争性商品的市场行情对比。2020.06.01～2020.12.31，电风扇与空调的百度指数对比如图 6.8 所示。这两类商品形成了互补的市场局面，但消费者对空调的购买需求更加旺盛，相关生产企业和电器卖家要密切关注两类商品的市场动态。电风扇品牌百度指数对比如图 6.9 所示，通过比较不同品牌电风扇百度指数及变化趋势，可知消费者的购买偏好。

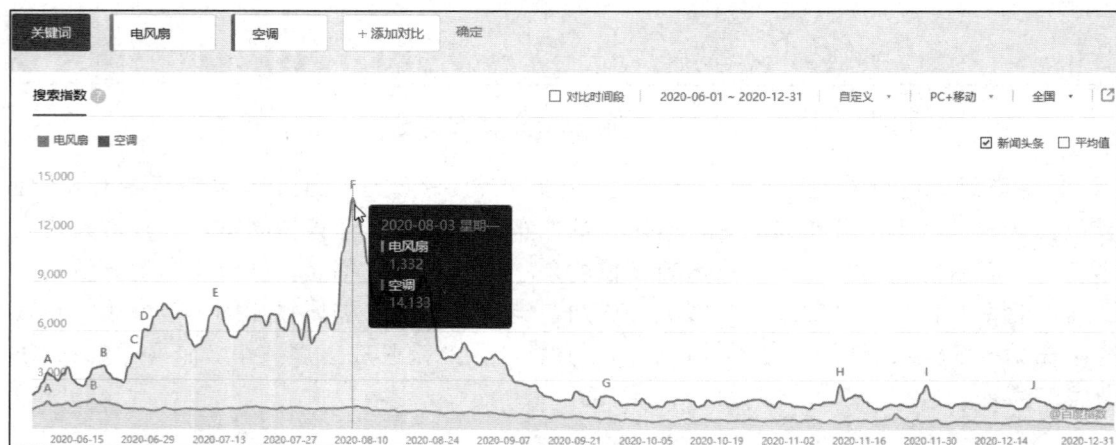

图 6.8 电风扇与空调的百度指数对比

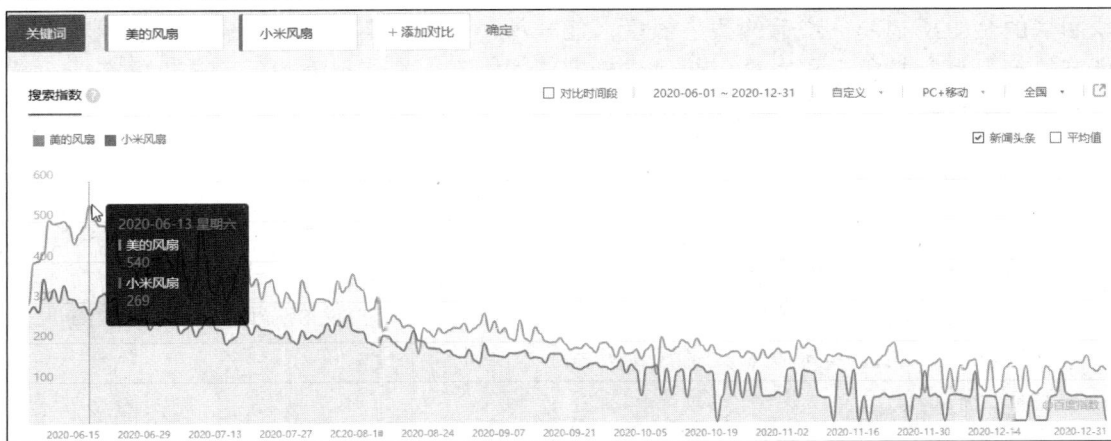

图 6.9　电风扇品牌百度指数对比

6.2　行业状况分析

在企业经营过程中，管理者要关注整个行业的发展趋势，了解同行的整体状况，从而掌握本企业在整个行业中所处的位置，采取合适的经营方式。可以说，行业分析是企业创投项目、制定战略、开展咨询调研等活动的基石。一次完整的行业分析通常包括行业数据采集、市场需求调研、产业链分析、细分市场分析、市场生命周期分析、行业竞争分析等内容。根据不同的需求，在实际进行行业分析时会有所侧重，但是无论目的如何，分析的核心诉求都是准确的数据呈现和得到具有指导意义的结论。

6.2.1　行业竞争分析的方法

迈克尔·波特（Michael Porter）在行业竞争五力分析的基础上设计了行业竞争结构分析模型，从而使企业管理者可以从定性和定量两个方面分析行业竞争结构和竞争状况。五种力量分别为同行业竞争者的竞争能力、新进者的威胁力、替代品的威胁力、供方的议价能力及买方的议价能力，如图 6.10 所示。

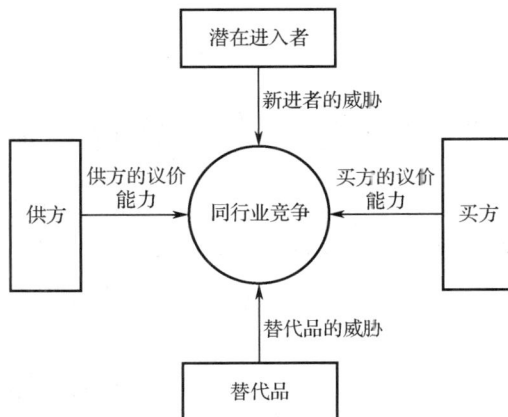

图 6.10　行业竞争结构分析模型

1. 供方的议价能力

供方主要通过提高投入要素的价格，影响企业的盈利能力与产品竞争力。一般来说，满足如下条件的供方会具有比较强的议价能力。供方有比较稳固的市场地位，不受市场激烈竞争困扰的企业所控制；产品的买主很多，任一单个买主都不可能成为供方的重要客户；供方的产品具有特色，买主难以转换或转换成本太高，或者很难找到可与供方企业产品相竞争的替代品。

2. 买方的议价能力

买方主要通过压价与要求提供较高质量的产品或服务的方式，影响企业的盈利能力。一般来说，满足如下条件的买方具有比较强的议价能力。买方的总数较少，而每个购买者的购买量较大，占了卖方销售量的很大比例；卖方规模较小，购买者所购买的基本上是一种标准化产品，可向多个卖主购买产品。

3. 新进者的威胁

新进入者在给行业带来新生产能力、新资源的同时，还希望在已被现有企业瓜分完毕的市场中赢得一席之地，这就有可能与现有企业发生原材料与市场份额的竞争，最终导致行业中现有企业盈利水平降低，严重的话还有可能危及这些企业的生存。

4. 替代品的威胁

处于同行业或不同行业中的企业，可能会生产新一代的产品（替代品），从而出现相互竞争的现象。替代品的竞争会以多种形式影响行业中现有企业的竞争，现有企业产品售价及获利能力的提高，将由于存在着能被用户方便接受的替代品而受到限制；由于替代品生产者的进入，使得现有企业必须提高产品质量，或者通过降低成本来降低售价，或者使产品具有特色。源自替代品生产者的竞争强度，受产品买主转换成本高低的影响。

5. 同行业竞争者的竞争能力

多数行业中的企业相互之间的利益都是紧密联系在一起的，所以在企业发展过程中就必然会产生冲突与对抗的现象，这些冲突与对抗就构成了现有企业之间的竞争。竞争通常表现在价格、广告、产品宣传、售后服务等方面。竞争战略是企业整体战略的一部分，其目标在于使自己的企业获得相对于竞争对手的领先优势。

▶ 6.2.2 行业商品搜索量走势分析

商品搜索量可以直观地反映出商品的热度和生命力。下面将详细介绍行业商品搜索量走势分析，具体操作步骤如下。

案例分析——行业商品搜索量走势分析	
数据文件	第 6 章\数据\行业商品搜索量走势分析.xlsx
效果文件	第 6 章\效果\行业商品搜索量走势分析.xlsx
操作视频	第 6 章\视频\行业商品搜索量走势分析.mp4

Step 1 打开"行业商品搜索量走势分析.xlsx"工作簿，选中 B1:C1 单元格区域，

按下 Ctrl+C 组合键进行复制，选中 E1 单元格，按下 Ctrl+V 组合键进行粘贴，如图 6.11 所示。

Step 2 选中 E2:F8 单元格区域，在"公式"选项卡的"函数库"选项组中单击"查找与引用"按钮，在弹出的下拉菜单中选择 OFFSET 函数，如图 6.12 所示。OFFSET 函数是以指定的应用为参考系，通过上下左右偏移得到新的区域的引用。返回的引用可以是一个单元格也可以是一个区域，并且可以引用指定行列数的区域。

图 6.11 粘贴标题

图 6.12 选择 OFFSET 函数

Step 3 在弹出的"函数参数"对话框中，设置各项参数，设置 Reference=$B$2，Rows=$D$1，Cols=0，Height=7，Width=2，单击"确定"按钮，如图 6.13 所示。将光标定位到编辑栏中，按下 Ctrl+ Shift + Enter 组合键生成数组公式。OFFSET 函数各参数含义：Reference 偏移量参照系的引用区域；Rows 相对于偏移量参照系的左上角单元格上（下）偏移的行数；Cols 相对于偏移量参照系的左上角单元格左（右）偏移的列数；Height 高度，要返回的引用区域的行数；Width 宽度，要返回的引用区域的列数。

Step 4 选中 E2:E8 单元格区域，在"开始"选项卡的"数字"选项组中单击"数字格式"下拉按钮，在弹出的下拉菜单中选择"短日期"选项，如图 6.14 所示。

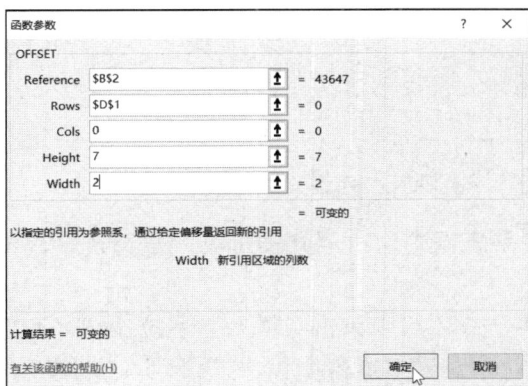

图 6.13 设置函数参数

图 6.14 设置短日期格式

Step 5 选中 E1:F8 单元格区域，在"插入"选项卡的"图表"选项组中单击"折线图"下拉按钮，在弹出的下拉菜单中选择"带数据标记的折线图"选项，如图 6.15 所示。

Step 6 在图表中选中纵坐标轴并右击，在弹出的菜单中单击"设置坐标轴格式"命令，如图 6.16 所示。

Step 7 在"设置坐标轴格式"面板中的"最小值"文本框中输入 2000，单击"关闭"按钮，如图 6.17 所示。

Step 8 添加图表标题，删除图例并设置网格线颜色。在 Excel 窗口上方的功能区中右击，在弹出的菜单中单击"自定义功能区"命令，如图 6.18 所示。

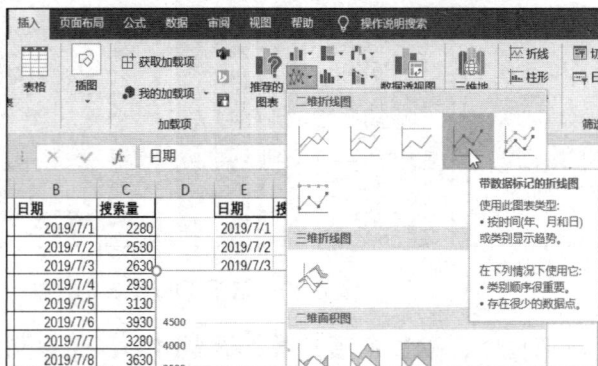

图 6.15　插入折线图

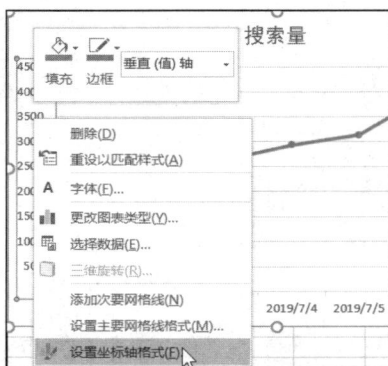

图 6.16　设置坐标轴格式

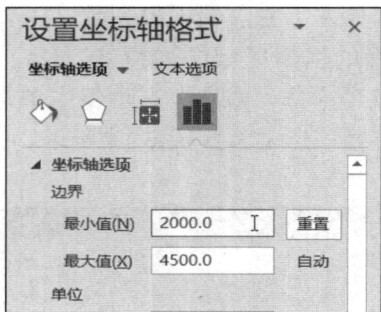

图 6.17　设置最小值

图 6.18　自定义功能区

Step 9 弹出"Excel 选项"对话框，在列表框中勾选"开发工具"复选框，单击"确定"按钮，如图 6.19 所示。

Step 10 在"开发工具"选项卡的"控件"选项组中单击"插入"下拉按钮，在弹出的下拉菜单中的"表单控件"选项区域中选择"滚动条（窗体控件）"选项，如图 6.20 所示。

图 6.19　添加"开发工具"选项卡

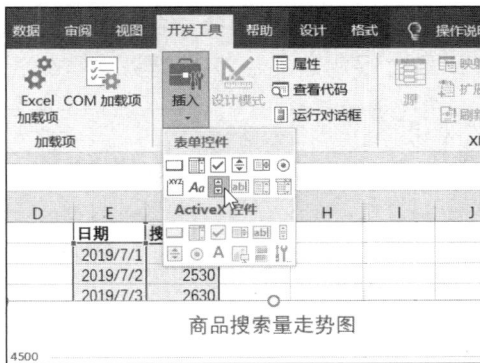

图 6.20　插入"滚动条"控件

Step 11 拖动鼠标绘制滚动条，调整控件的位置和大小。右击控件，在弹出的菜单中单击"设置控件格式"命令，如图 6.21 所示。

Step 12 弹出"设置控件格式"对话框，在"控制"选项卡中设置各项参数，单击"确定"按钮，如图 6.22 所示。

图 6.21　绘制滚动条

图 6.22　设置控件格式

Step 13 在图表中选中数据系列（图中的折线）并右击，在弹出的菜单中单击"设置数据系列格式"命令，如图 6.23 所示。

Step 14 在"设置数据系列格式"面板中单击"填充与线条"按钮，勾选"平滑线"复选框，单击"关闭"按钮，如图 6.24 所示。

Step 15 在"设计"选项卡的"图表布局"选项组中单击"添加图表元素"下拉按钮，在弹出的菜单中选择"数据标签"→"上方"选项，如图 6.25 所示。

Step 16 选中图表，在"开始"选项卡的"字体"选项组中设置图表字体格式。在"编辑"选项组中单击"查找和选择"下拉按钮，在弹出的菜单中选择"选择窗格"选项，如图 6.26 所示。

Step 17 打开"选择和可见性"窗格，按住 Ctrl 键选择 Scroll Bar 1 和"图表 1"选项。在"格式"选项卡中的"排列"选项组中单击"组合"下拉按钮，在弹出的菜单中选择"组合"选项，将图表和滚动条组合成一个整体，如图 6.27 所示。

Step 18 拖动滚动条中的滑块，就会动态显示图表数据，如图 6.28 所示。此时，卖家即可对行业商品搜索量走势进行分析。

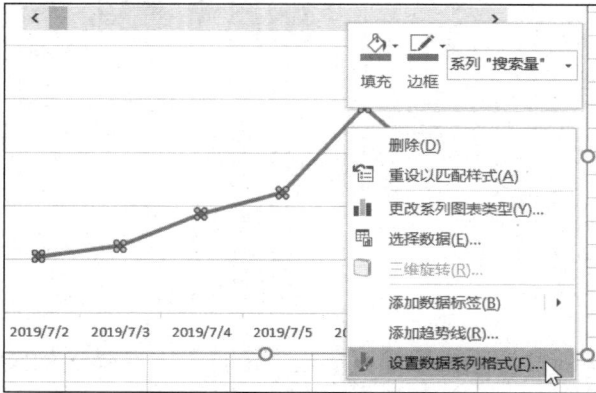

图 6.23　设置数据系列格式

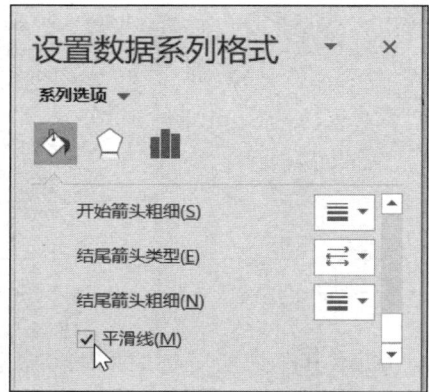

图 6.24　设置平滑线

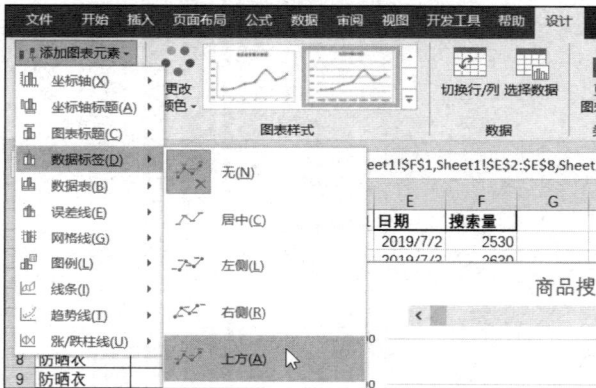

图 6.25　添加数据标签

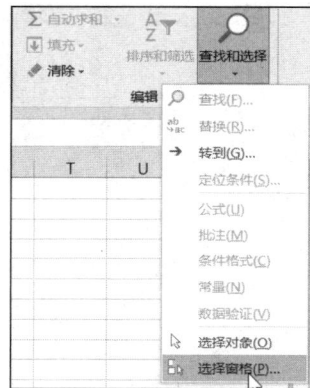

图 6.26　选择"选择窗格"选项

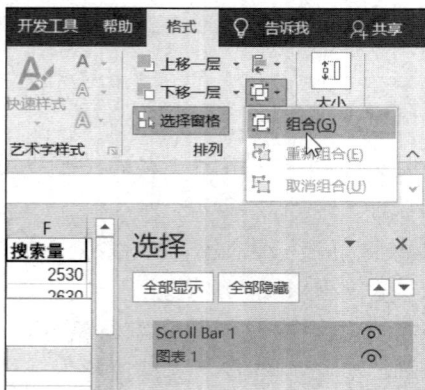

图 6.27　组合图表和滚动条

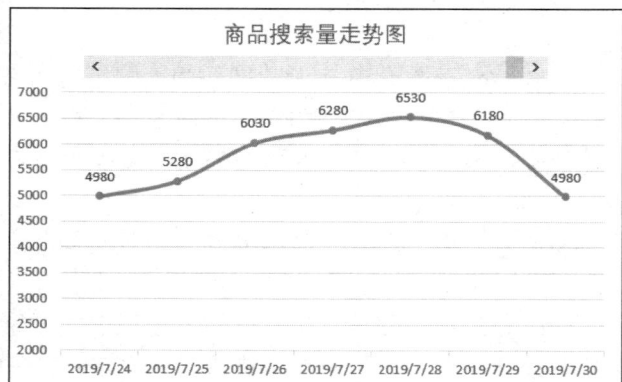

图 6.28　图表制作完成

6.2.3　行业卖家情况分析

卖家通过了解行业中其他卖家所处的不同经营阶段，可找准自己的定位，并采取相应的经营策略。下面将详细介绍如何分析某个行业中，处于各个发展阶段的卖家分布情况，具体操作步骤如下。

案例分析——行业卖家情况分析	
数据文件	第 6 章\数据\行业卖家情况分析.xlsx
效果文件	第 6 章\效果\行业卖家情况分析.xlsx
操作视频	第 6 章\视频\行业卖家情况分析.mp4

Step 1　打开"行业卖家情况分析.xlsx"工作簿，选中 A3:B7 单元格区域，在"插入"选项卡的"图表"选项组中单击"插入饼图或圆环图"下拉按钮，如图 6.29 所示。

图 6.29　单击"插入饼图或圆环图"下拉按钮

Step 2　在弹出的下拉菜单中单击"圆环图"，即可插入圆环图，如图 6.30 所示。

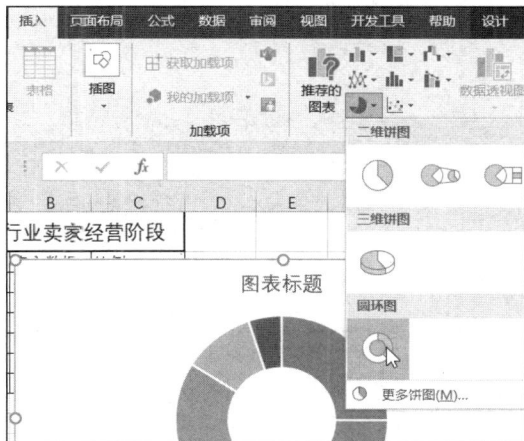

图 6.30　插入圆环图

Step 3 单击"图表标题",再次双击切换至输入状态,即可输入新的图表标题。单击图表区,右侧将出现三个按钮,依次是"图表元素"、"图表样式"和"图表筛选器",单击相应按钮,弹出相应的菜单,即可设置圆环图的样式,如图 6.31 所示。通过观察圆环图各阶段所占比重,卖家即可对行业卖家情况进行分析,如图 6.32 所示。

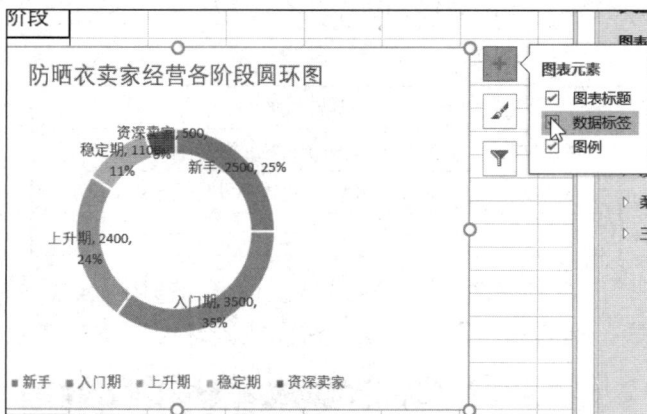

图 6.31　设置圆环图的样式

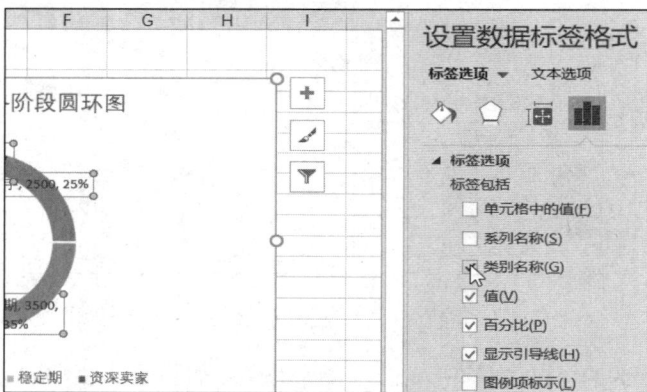

图 6.32　行业卖家分布情况

6.2.4　行业商品销售趋势分析

对行业中各类商品的销售情况进行趋势分析,可帮助企业对商品未来的销售情况进行科学预测,达到以销定产,提高经济效益的目的。下面将详细介绍如何对行业中多种类商品同时进行销售趋势分析,具体操作步骤如下。

案例分析——行业商品销售分析	
数据文件	第 6 章\数据\行业商品销售分析.xlsx
效果文件	第 6 章\效果\行业商品销售分析.xlsx
操作视频	第 6 章\视频\行业商品销售分析.mp4

Step 1 打开"行业商品销售分析.xlsx"工作簿，选中 A1:G1 单元格区域，按下 Ctrl+C 组合键复制数据。选中 A9:G9 单元格区域，在"开始"选项卡的"剪贴板"选项组中单击"粘贴"下拉按钮，在弹出的下拉菜单中选择"保留源列宽"选项，如图 6.33 所示。

Step 2 选中 A10 单元格，在"数据"选项卡的"数据工具"选项组中单击"数据验证"按钮，如图 6.34 所示。

图 6.33 复制标题文本

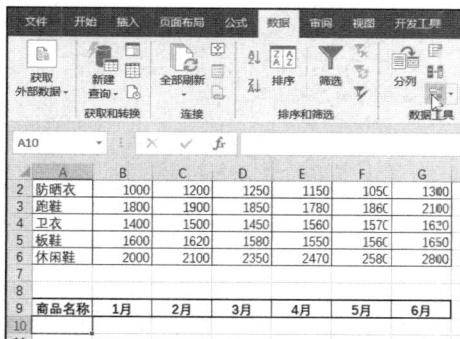

图 6.34 设置数据有效性

Step 3 弹出"数据验证"对话框，在"允许"下拉列表框中选择"序列"选项，将光标定位到"来源"文本框中，在工作表中选择 A2:A6 单元格区域，单击"确定"按钮，如图 6.35 所示。

Step 4 选中 B10 单元格，单击编辑栏中的"插入函数"按钮，如图 6.36 所示。

图 6.35 设置数据验证来源

图 6.36 单击"插入函数"按钮

Step 5 弹出"插入函数"对话框，在"搜索函数"文本框中输入 VLOOKUP，单击"转到"按钮，在"选择函数"列表框中选择 VLOOKUP 选项（VLOOKUP 函数是 Excel 中的一个纵向查找函数），单击"确定"按钮，如图 6.37 所示。

Step 6 弹出"函数参数"对话框，设置各项参数，设置 Lookup_value 为$A$10，Table_array 为$A$2:$G$6，Col_index_num 为 2，Range_lookup 为 0，单击"确定"按钮，如图 6.38 所示。VLOOKUP 函数各参数的含义如下，Lookup_value 为要查找的值；Table_array 为要查找的区域；Col_index_num 为返回数据在查找区域的列数；

Range_lookup 为精确匹配/近似匹配。

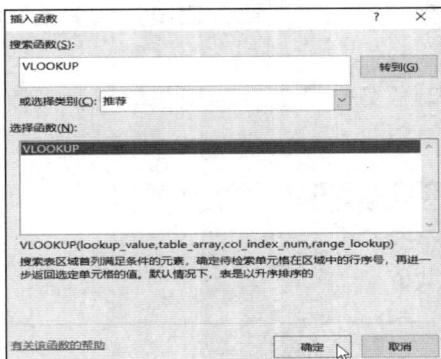

图 6.37 选择 VLOOKUP 函数

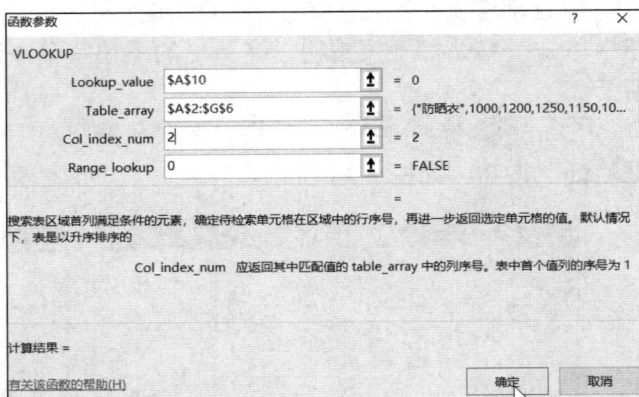

图 6.38 设置 VLOOKUP 函数参数

Step 7 利用填充柄将 B10 单元格中的公式填充到右侧的单元格中。选中 C10 单元格，在编辑栏中将函数的 Col_index_num 参数更改为 3。采用同样的方法，依次将单元格 D10、E10、F10、G10 中的 Col_index_num 参数更改为 4、5、6、7，如图 6.39 所示。

Step 8 选中 A10 单元格，单击右侧的下拉按钮，选择商品名称，在此选择"卫衣"选项，此时，即可查看该商品各月份的销量，如图 6.40 所示。

图 6.39 修改函数参数

图 6.40 选择商品名称

Step 9 选中 A9:G10 单元格区域，在"插入"选项卡的"图表"选项组中单击"柱形图"下拉按钮，在弹出的下拉菜单中选择簇状柱形图，如图 6.41 所示。

Step 10 调整图表的大小和位置，删除网格线，如图 6.42 所示。

Step 11 单击图表区右侧的"图表元素"按钮，在弹出的菜单中勾选"趋势线"复选框，如图 6.43 所示。

Step 12 单击"趋势线"右侧的扩展按钮，在弹出的菜单中单击"更多选项"，如图 6.44 所示。

Step 13 在"设置趋势线格式"面板中的"趋势线选项"下拉列表框中选中"多项式"单选按钮，并设置"阶数"为"4"，如图 6.45 所示。单击"关闭"按钮，在图表中查看趋势线效果。

Step 14 在 A10 单元格中选择其他商品名称，如"防晒衣"，在图表中能直观地显示其相应的销量情况和走势，如图 6.46 所示。

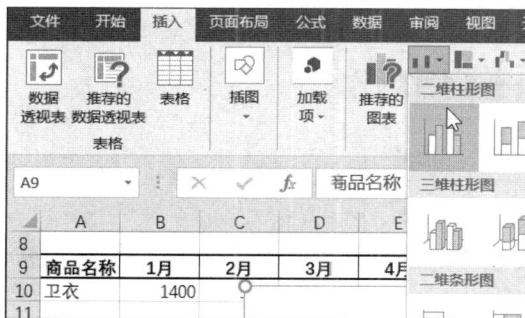

图 6.41　插入柱形图

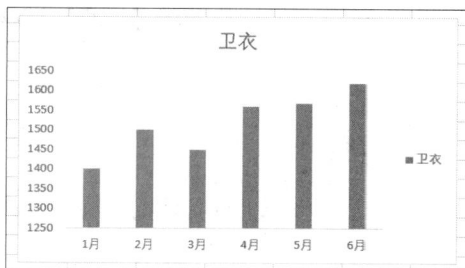

图 6.42　设置图表格式

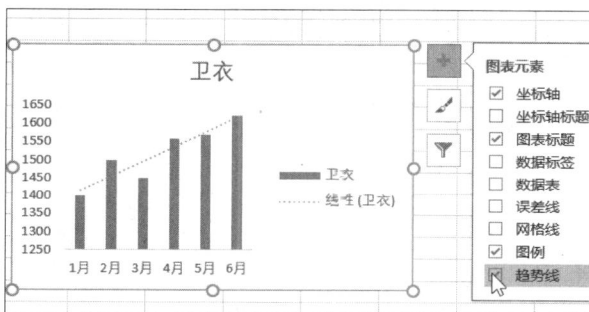

图 6.43　添加趋势线

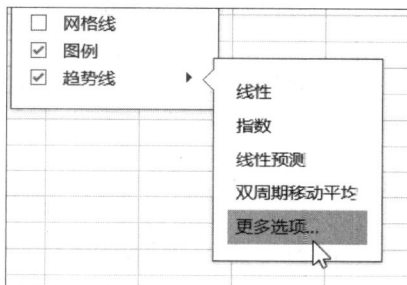

图 6.44　设置趋势线

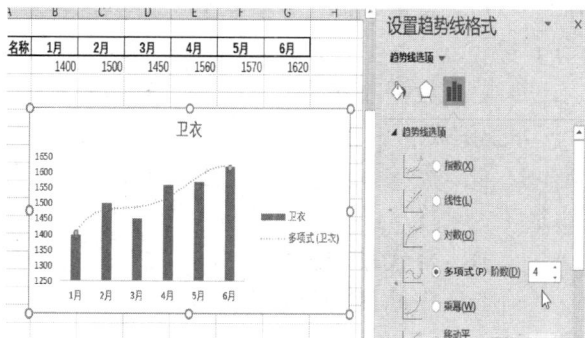

图 6.45　设置趋势线类型

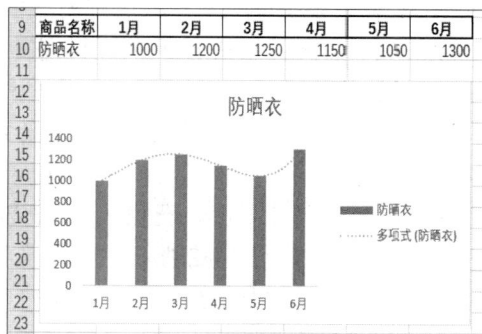

图 6.46　查看其他商品的销量情况和走势

本章知识小结

　　本章主要介绍了行业数据分析的主要内容和方法，包括市场行情数据分析和行业状况数据分析。重点阐述了在市场行情调研中基于百度指数的行业分析方法，以及基于"五力竞争分析"模型的行业竞争分析方法。还介绍了应如何分析行业商品搜索量走势，某个行业处于各个发展阶段的卖家分布情况，对行业中多种类商品同时进行销售趋势分析等。

本章考核检测评价

1. 判断题

（1）形成市场行情的信息来源不仅涉及整个流通领域，而且涉及社会经济的各个方面。（　　）

（2）市场行情实质上是社会再生产内在发展过程在市场上的外部表现。（　　）

（3）行业竞争结构分析模型可使企业管理者从定量方面分析行业竞争。（　　）

（4）"卖方规模较小，购买者所购买的基本上是一种标准化产品。"的买方不具有讨价还价能力。（　　）

（5）迈克尔·波特在行业竞争五力分析的基础上设计了行业竞争结构分析模型。（　　）

2. 单选题

（1）市场行情信息来源的特点包括（　　）。

A. 范围广　　　　　　B. 多方面　　　　　　C. 涉及社会经济　　D. 以上都是

（2）访问法的形式是（　　）。

A. 结构式访问　　　　B. 无结构式访问　　　C. 集体访问　　　　D. 以上都是

（3）行业分析的核心诉求之一是（　　）。

A. 数据呈现　　　　　B. 数据检索　　　　　C. 数据收集　　　　D. 数据分析

（4）（　　）是指消费者有效购买力在各类型消费资料中的分配比例。

A. 消费结构　　　　　B. 消费比例　　　　　C. 需求比例　　　　D. 需求结构

（5）下列不属于波特五力分析法内容的是（　　）。

A. 潜在进入者的威胁　　　　　　　　　B. 替代品的威胁

C. 购买者的讨价还价能力　　　　　　　D. 中间商的讨价还价能力

3. 多选题

（1）行业分析是企业（　　）等活动的基石。

A. 创投项目　　　　　B. 咨询调研　　　　　C. 制定战略　　　　D. 实施战略

（2）市场行情调研的方法包括（　　）。

A. 观察法　　　　　　B. 实验法　　　　　　C. 问卷法　　　　　D. 访问法

（3）百度指数的主要模块包括（　　）。

A. 指数探索　　　　　B. 品牌表现　　　　　C. 数说专题　　　　D. 我的指数

（4）影响买方议价能力的因素包括（　　）。

A. 买方的总数较少   B. 卖方规模较小

C. 买方的总数较多   D. 卖方规模较大

（5）影响供方议价能力的因素包括（   ）。

A. 供方有比较稳固的市场地位   B. 产品的买主很多

C. 供方的产品具有特色   D. 买主难以转换或转换成本太高

4. 简答题

（1）简述百度指数主要模块的内容。

（2）简述市场行情调研的主要内容。

（3）描述何种买方和卖方具有比较强的议价能力。

（4）一次完整的行业分析通常包括哪些内容？

（5）简述行业竞争五力分析结构模型的组成。

5. 案例题

选择感兴趣的商品种类，利用百度指数分析市场行情，进行全面的行业数据分析，并撰写该品类的市场行情分析报告。

第7章
竞争数据分析

【学习目标】

1. 了解竞争对手的相关概念；
2. 掌握分析竞争对手店铺销售情况、客户拥有量和下单转化率的方法；
3. 了解竞争产品数据的来源；
4. 熟悉竞争产品市场份额和价格差异的分析过程。

【本章重点】

1. 分析竞争对手店铺的销售情况、客户拥有量和下单转化率；
2. 分析竞争产品的市场份额和价格差异。

【本章难点】

1. 对竞争对手的数据进行全面分析和图形化展现；
2. 全面分析竞争产品并进行图形化展现。

【思维导图】

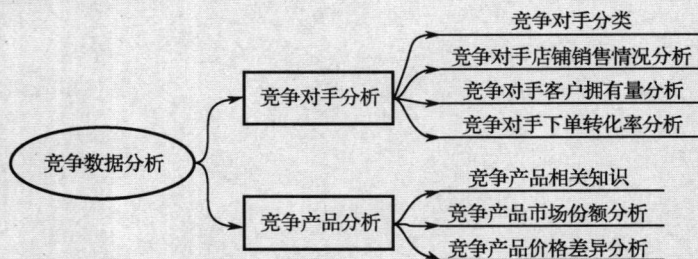

【知识导入】

大数据环境下小微企业如何识别竞争对手

在我国小微企业数量庞大，已成为国民经济中不可忽视的力量。但随着市场经济的不断冲击，由于操作方式落后、管理成本和工作效率不对称、信息无法共享，小微企业"土法炼钢"式的管理方法已明显跟不上时代。人力、财力资源匮乏的小微企业通常不具备利用传统方法进行竞争对手识别的能力。大数据环境和技术的冲击促使小微企业改变了识别竞争对手的方法。鉴于高速发展的互联网蕴含大量的企业情报，小微企业可充分利用大数据，通过多元化的线上平台及软件，动态化采集其可获取的一切细微信息，进一步筛选出可利用的有效信息。结合定性与定量的方法，针对竞争对手和竞争产品的数据分析，将为小微企业识别竞争对手提供新渠道、新思路。

7.1 竞争对手分析

古人云："知己知彼，百战不殆。"要想打败竞争对手，首先要了解对手。在商务数据分析中，卖家了解对手最直接的方式就是分析竞争对手的销售情况、客户拥有量和下单转化率等重要指标。通过对竞争对手的分析，制定出相应的竞争策略，同时为公司发展战略的选择和制定提供必要的信息支持。

7.1.1 竞争对手分类

从行业角度看，企业的竞争对手包括现有厂商、潜在加入者及替代品厂商。①现有厂商指行业内现有的与本企业生产同类产品的其他厂商，这些厂商是本企业的直接竞争者。②潜在加入者指当某一行业前景乐观、有利可图时，会引来新的竞争企业，这些企业会为该行业增加新的生产能力，并要求重新瓜分市场份额和主要资源。③替代品厂商指生产与某一产品具有相同功能，能满足同一需求的不同性质的其他产品的厂商。随着科学技术的发展，替代品将越来越多，某一行业的所有企业都将面临来自其他行业的企业的竞争。

从市场角度看，企业的竞争对手有品牌竞争者、行业竞争者、需要竞争者及消费竞争者。①企业把同一行业中以相似的价格向相同的顾客提供类似产品或服务的其他企业称为品牌竞争者，如家用冰箱市场中，格力冰箱、海尔冰箱、美的冰箱等厂商之间的关系。品牌竞争者之间的产品相互替代性较高，因而竞争非常激烈，各企业均以培养顾客品牌忠诚度作为争夺顾客的重要手段。②企业把提供同种或同类产品，但规格、型号、款式不同的其他企业称为行业竞争者。所有同行业的企业之间存在彼此争夺市场的竞争关系，如生产高档汽车与生产中档汽车的厂商之间的关系。③提供不同种类的产品，但满足和实现消费者同种需要的企业称为需要竞争者，如航空公司、铁路客运、长途客运汽车公司都可以满足消费者外出旅行的需要，当飞机票价上涨时，乘坐火车、汽车的旅客就可能增加，企业之间相互争夺满足消费者的同一需要。④提供不同产品，满足消费者的不同愿望，但目标消费者相同的企业称为消费竞争者，如很多消费者收入水平提高后，可以把钱用于旅游，也可用于购买汽车或购置房产，因而这些企业之间存在相互争夺消费者购买力的竞争关系，消费支出结构的变化，对企业的竞争有很大影响。

📺 7.1.2　竞争对手店铺销售情况分析

要想了解竞争对手，卖家就要清楚竞争对手销售的商品类型，了解其经营规模和销售情况等数据。下面将详细介绍竞争对手店铺销售情况分析过程，具体操作步骤如下。

案例分析——竞争对手店铺销售情况分析	
数据文件	第 7 章\数据\竞争对手店铺销售情况分析.xlsx
效果文件	第 7 章\效果 \竞争对手店铺销售情况分析.xlsx
操作视频	第 7 章\视频\竞争对手店铺销售情况分析.mp4

Step 1　打开"竞争对手店铺销售情况分析.xlsx"工作簿，选中 A2:A19 单元格区域，在"数据"选项卡的"数据工具"选项组中单击"删除重复项"按钮，如图 7.1 所示。

Step 2　弹出"删除重复项警告"对话框，选中"以当前选定区域排序"单选按钮，然后单击"删除重复项"按钮，如图 7.2 所示。

图 7.1　删除重复项

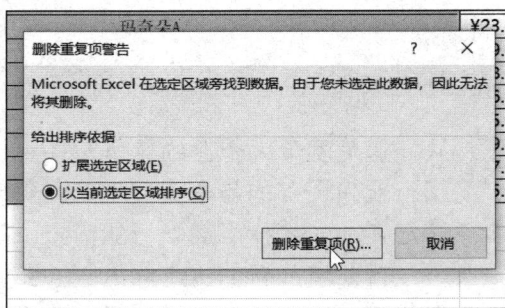

图 7.2　删除重复项警告

Step 3　弹出"删除重复值"对话框，保持默认设置，单击"确定"按钮，如图 7.3 所示。

Step 4　弹出提示对话框，此时将保留 16 个唯一值，单击"确定"按钮，如图 7.4 所示。

Step 5　单击工作表窗口左上方的"撤销"按钮，恢复删除重复项前的数据。选中 F2 单元格，输入 16（即 16 个唯一值），如图 7.5 所示。

Step 6　选中 D2 单元格，输入公式"=B2*C2"，按下 Enter 键确认，计算销售额，如图 7.6 所示。

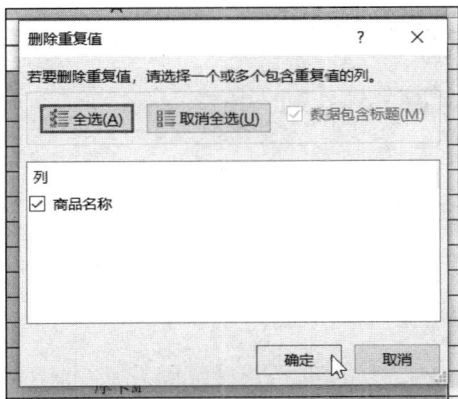

图 7.3　设置"删除重复值"参数

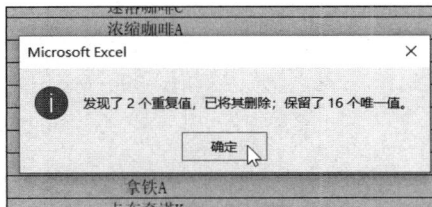

图 7.4　删除重复项完成

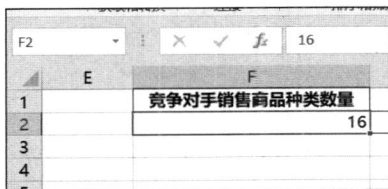

图 7.5　输入商品种类数量

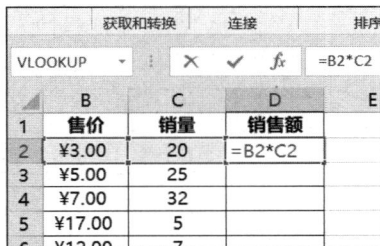

图 7.6　计算销售额

Step 7 利用填充柄将 D2 单元格中的公式填充到本列其他单元格中。选中 H2 单元格，在"公式"选项卡的"函数库"选项组中单击"数学和三角函数"下拉按钮，在弹出的菜单中选择 SUM 函数，如图 7.7 所示。

Step 8 弹出"函数参数"对话框，设置各项参数，单击"确定"按钮，如图 7.8 所示。

图 7.7　选择 SUM 函数

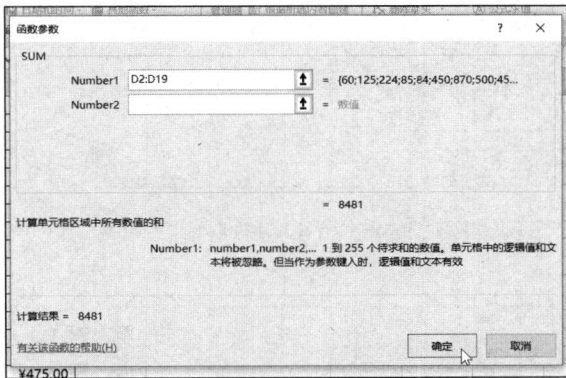

图 7.8　设置 SUM 函数参数

Step 9 选中 G2 单元格，使用计算"总金额"的方法计算出"总销量"，如图 7.9 所示。

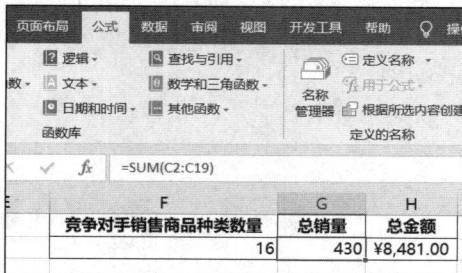

图 7.9　计算总销量

7.1.3　竞争对手客户拥有量分析

下面详细介绍竞争对手客户拥有量分析过程，具体操作步骤如下。

案例分析——竞争对手客户拥有量分析	
数据文件	第 7 章\数据\竞争对手客户拥有量分析.xlsx
效果文件	第 7 章\效果\竞争对手客户拥有量分析.xlsx
操作视频	第 7 章\视频\竞争对手客户拥有量分析.mp4

Step 1　打开"竞争对手客户拥有量分析.xlsx"工作簿，选中 D2 单元格，在"公式"选项卡的"函数库"选项组中单击"其他函数"下拉按钮，在弹出的下拉菜单中选择"统计"→"COUNTA"函数（计算区域中非空单元格的个数），如图 7.10 所示。

Step 2　弹出"函数参数"对话框，设置 Value1 为 B2:B21，单击"确定"按钮，计算"下单人数"数量，如图 7.11 所示。

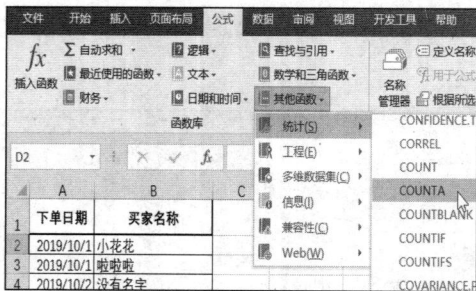

图 7.10　选择 COUNTA 函数

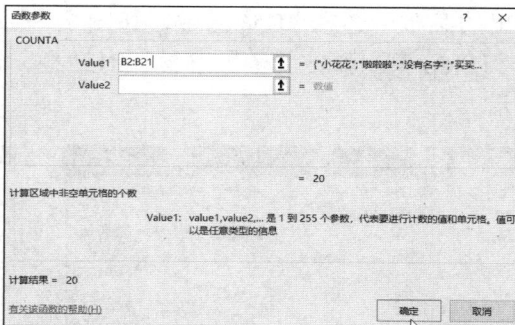

图 7.11　设置 COUNTA 函数参数

图 7.12　计算下单人数和回头客人数

Step 3　选中 E2 单元格，在编辑栏中输入公式"=D2-SUM(1/COUNTIF(B2:B21, B2:B21))"，按下 Ctrl+ Shift+ Enter 组合键确认，计算"下单人数和回头客人数"，如图 7.12 所示。

Step 4　选中 D1:E2 单元格区域，在"插入"选项卡的"图表"选项组中单击"插入饼图或圆环图"下拉按钮，在弹出的下拉菜单中选择"饼图"选项，如图 7.13 所示。

Step 5 调整图表的大小和位置，添加图表标题，设置图表样式和布局，如图 7.14 所示，卖家即可对竞争对手的客户拥有量进行分析。

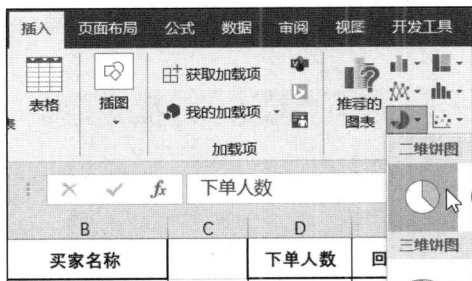

图 7.13　插入饼图

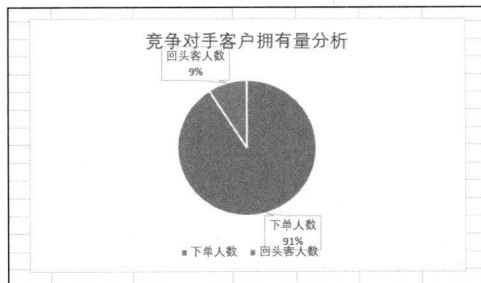

图 7.14　完成图表制作

7.1.4　竞争对手下单转化率分析

下单转化率是分析竞争对手销售情况的重要指标，也是每个卖家必须重视的重要指标，卖家可以结合自身和竞争对手的情况进行分析和研究。下单转化率的计算公式为：下单转化率＝（产生购买行为的客户人数/所有到达店铺的访客人数）×100%。下面详细介绍竞争对手下单转化率分析过程，具体操作步骤如下。

案例分析——竞争对手下单转化率分析	
数据文件	第 7 章\数据\竞争对手下单转化率分析.xlsx
效果文件	第 7 章\效果\竞争对手下单转化率分析.xlsx
操作视频	第 7 章\视频\竞争对手下单转化率分析.mp4

Step 1 打开"竞争对手下单转化率分析.xlsx"工作簿，选中 B7:C7 单元格区域，在"开始"选项卡的"编辑"选项组中单击"求和"按钮，如图 7.15 所示。

图 7.15　计算下单总计数量

Step 2 选中 D2 单元格并输入公式"=C2/B2"，按下 Enter 键确认，计算各流量种类对应的下单转化率，如图 7.16 所示。

Step 3 在 D2 单元格右下角拖动填充柄将公式填充到本列其他单元格中。选中 D2:D7 单元格区域，在"开始"选项卡的"数字"选项组中单击"百分比样式"按钮，如图 7.17 所示。

图 7.16　计算下单转化率 图 7.17　设置百分比数字格式

Step 4 选中 A1:C6 单元格区域，在"插入"选项卡的"图表"选项组中单击"插入柱形图或条形图"下拉按钮，在弹出的下拉菜单中选择"柱形图"选项，如图 7.18 所示。

Step 5 在图表中选中"下单数"数据系列并右击，在弹出的菜单中单击"添加数据标签"命令，如图 7.19 所示。

图 7.18　插入柱形图 图 7.19　添加数据标签

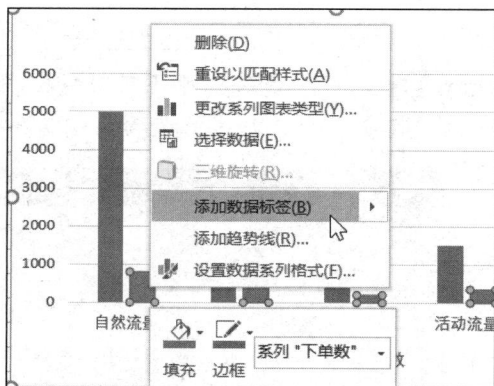

Step 6 在图表中选中"自然流量"类别中的数据标签，在编辑栏中输入"="，然后在工作表中选择对应的"下单转化率"数据，按下 Enter 键确认，如图 7.20 所示。

Step 7 采用同样的方法，设置其他类别的数据标签。此时，卖家即可对竞争对手的下单转化率进行分析。为了进行区别，可再设计不同的填充方式，如图 7.21 所示。

图 7.20 设置数据标签

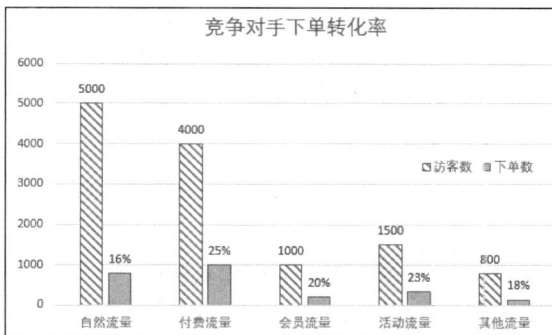

图 7.21 图表制作完成

【知识拓展】

如何提高店铺的下单转化率

对于在线商家，可以通过以下措施提高下单转化率。①相关研究表明，消费者停留在导航栏的时间越长，则在该店铺的下单转化率越低。因此，要合理规划店铺首页的导航栏菜单，做到简明突出。②抓住所售商品的核心属性，采取最具代表性的店铺关键词，进行精准推广，实现流量到转化率的过渡。③消费者都非常注重买家秀的内容。商家要做好买家秀这个环节，鼓励消费者作出五星好评和晒图，并对评论比较好的买家秀进行置顶，同时还可以将评论分享到微淘当中来得到更多关注。④价格是影响买家下单最直接的因素，开展促销活动，给消费者实惠的价格，店铺的下单转化率会迅速提高。⑤鼓励老顾客复购，回购是提高下单转化率的有效方法。

7.2 竞争产品分析

一般情况下，在市场上会有多个卖家经营同一产品，可从两个方面对同一竞争性产品进行分析，一方面是分析不同商家的市场份额，另一方面是分析不同商家的价格差异，以便对市场情况做出更加全面的比较和判断。

7.2.1 竞争产品相关知识

1. 产品竞争力

产品竞争力是指产品符合市场要求的程度，这种要求具体体现在消费者对产品各种竞争力要素的考虑和要求上。产品是否具有竞争力主要体现在两个方面，一是市场地位，二是销售情况。相同的产品在同样的市场上，谁的市场占有率高，谁的竞争力就强。销量大、带来利润多的产品对企业来说才有竞争力。这两个指标有时并不统一，最理想的状态就是市场占有率高、销量好。影响产品销售的因素包括产品的生命周期、技术因素、价格和质量等。

2. 产品组合策略

产品竞争策略是指企业通过提供与众不同的产品，进而赢得顾客，获取竞争优势的一种手段。产品竞争策略是产品竞争战略的重要组成部分，是产品竞争战略目标实施的手段。

产品组合策略是指根据目标市场的实际需要，对产品组合的深度、广度进行决策，以充分利用企业资源，达到产品组合最优化。所谓产品组合深度是指企业每一条产品线中产品项目的数量，产品组合广度是指企业的产品组合中所包含的产品线的数量。

在产品竞争中，企业对产品深浅宽窄组合的选择要考虑竞争对手及自身的情况，同时还应考虑自身的战略目标及战略类型。①深的产品组合策略能够扩大目标市场，满足同类产品的不同层次的消费需求，提高市场占有率。②浅的产品组合策略实际上是单一生产，能集中力量发展企业专长，有条件创造名牌产品，稳定市场占有率，便于批量生产，降低成本。③宽的产品组合策略可以从多方面满足消费者的需要，加强产品竞争的应变能力，降低经营风险。④窄的产品组合策略可以集中各种资源，提高专业化水平，降低成本，加速资金周转。产品组合策略在实践中是相互交叉的，可以彼此组合采用，形成复合的产品组合策略。

7.2.2 竞争产品市场份额分析

下面将详细介绍如何对同行业中多种商品同时进行销售占有率的计算，以识别不同商家的产品竞争力。以电器类商品为例，同时分析冰箱、空调等多种商品，具体操作步骤如下。

案例分析——竞争产品市场份额分析	
数据文件	第 7 章\数据\竞争产品市场份额分析.xlsx
效果文件	第 7 章\效果\竞争产品市场份额分析.xlsx
操作视频	第 7 章\视频\竞争产品市场份额分析.mp4

Step 1 打开“竞争产品市场份额分析.xlsx”工作簿，选中 F3 单元格，输入公式“=D3/C3”，按下 Enter 键，如图 7.22 所示。

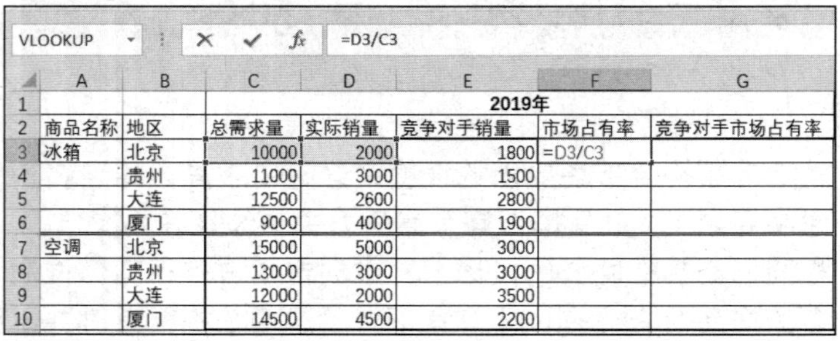
VLOOKUP =D3/C3

	A	B	C	D	E	F	G
1			2019年				
2	商品名称	地区	总需求量	实际销量	竞争对手销量	市场占有率	竞争对手市场占有率
3	冰箱	北京	10000	2000	1800	=D3/C3	
4		贵州	11000	3000	1500		
5		大连	12500	2600	2800		
6		厦门	9000	4000	1900		
7	空调	北京	15000	5000	3000		
8		贵州	13000	3000	3000		
9		大连	12000	2000	3500		
10		厦门	14500	4500	2200		

图 7.22 计算市场占有率

Step 2 选中 F3 单元格拖动填充柄至 F10 单元格，计算某家电品牌的冰箱、空调等商品在各地区的市场占有率，如图 7.23 所示。

图 7.23 拖动填充柄

Step 3 选中 G3 单元格，输入公式"=E3/C3"，按下 Enter 键，如图 7.24 所示。

图 7.24 计算竞争对手市场占有率

Step 4 选中 G3 单元格拖动填充柄至 G10 单元格，计算竞争品牌的冰箱、空调等商品在各地区的市场占有率，如图 7.25 所示。

图 7.25 拖动填充柄

Step 5 选中 F3:G10 单元格区域，右击，在弹出的菜单中单击"设置单元格格式"命令，如图 7.26 所示。

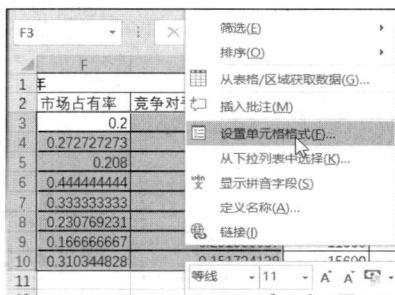

图 7.26 单击"设置单元格格式"命令

Step 6 弹出"设置单元格格式"对话框,设置"分类"为"百分比","小数位数"为 2,单击"确定"按钮,如图 7.27 所示。

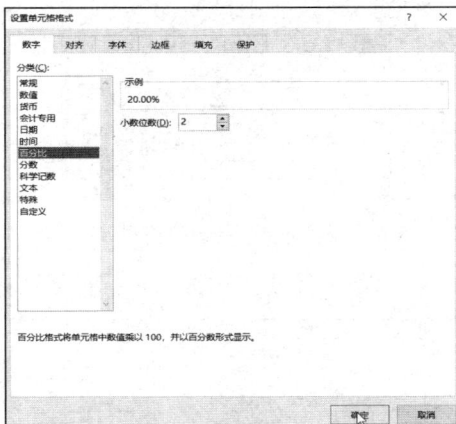

图 7.27 设置单元格格式

Step 7 采用相同的方法,计算 2020 年的"市场占有率"和"竞争对手市场占有率",最终的效果如图 7.28 所示。

	F	G	H	I	J	K	L
1 年					2020年		
2	市场占有率	竞争对手市场占有率	总需求量	实际销量	竞争对手销量	市场占有率	竞争对手市场占有率
3	20.00%	18.00%	8000	2000	2100	25.00%	26.25%
4	27.27%	13.64%	7500	2500	1200	33.33%	16.00%
5	20.80%	22.40%	11000	3500	2300	31.82%	20.91%
6	44.44%	21.11%	10000	2000	2700	20.00%	27.00%
7	33.33%	20.00%	13000	3500	1200	26.92%	9.23%
8	23.08%	23.08%	14000	2500	3000	17.86%	21.43%
9	16.67%	29.17%	11500	3600	3650	31.30%	31.74%
10	31.03%	15.17%	15600	2000	5000	12.82%	32.05%

图 7.28 计算 2020 年市场占有率

Step 8 选中 B3:B6 单元格区域,按住 Ctrl 键的同时选中 F3:G6 单元格区域,单击"插入"选项卡的"图表"选项组中的"插入柱形图或条形图"按钮,如图 7.29 所示。在弹出的下拉菜单中选择"二维柱形图"中的"簇状柱形图"选项,如图 7.30 所示。

	A	B	C	D	E	F	G
1					2019年		
2	商品名称	地区	总需求量	实际销量	竞争对手销量	市场占有率	竞争对手市场占有率
3	冰箱	北京	10000	2000	1800	20.00%	18.00%
4		贵州	11000	3000	1500	27.27%	13.64%
5		大连	12500	2600	2800	20.80%	22.40%
6		厦门	9000	4000	1900	44.44%	21.11%

图 7.29 插入柱形图操作界面

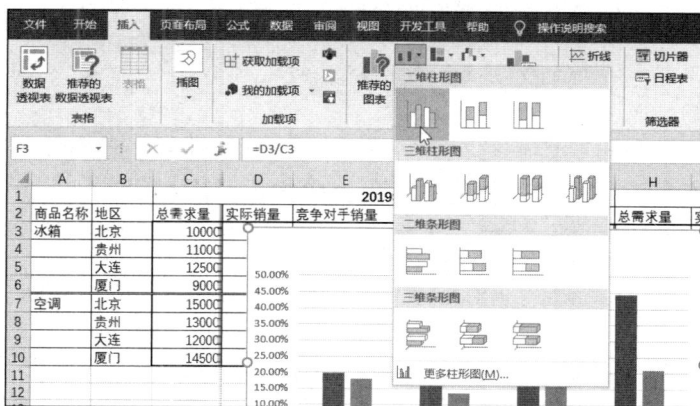

图 7.30　选择柱形图样式

Step 9 单击"图表标题"，再次双击切换至输入状态，即可输入新的图表标题。单击图表区，右侧将出现三个按钮，依次是"图表元素"、"图表样式"和"图表筛选器"。单击相应按钮，打开相应的菜单，即可设置柱形图的样式，如图 7.31 所示。

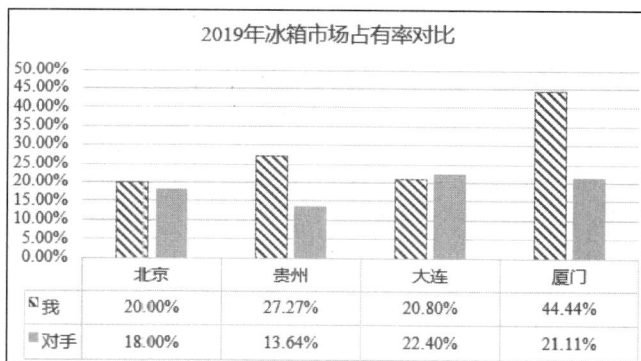

图 7.31　修改柱形图标题和样式

Step 10 采用相同的方法，引用 B7:B10、F7:F10、G7:G10、K7: K10 和 L7:L10 等单元格区域的数据，创建"2020 年空调市场占有率对比"，对两个品牌的市场地位进行对比分析，如图 7.32 所示。

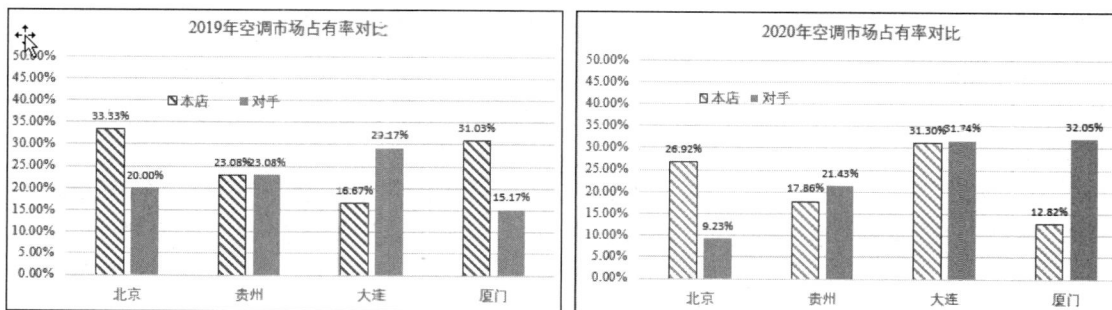

图 7.32　2019 年和 2020 年空调市场占有率对比图

📺 7.2.3　竞争产品价格差异分析

只有全面掌握竞争产品的价格，企业才有可能预测今后的价格水平和对手的行动。下面将详细介绍竞争产品价格差异的分析，具体操作步骤如下。

案例分析——竞争产品价格差异分析	
数据文件	第 7 章\数据\竞争产品价格差异分析.xlsx
效果文件	第 7 章\效果\竞争产品价格差异分析.xlsx
操作视频	第 7 章\视频\竞争产品价格差异分析.mp4

Step 1 打开"竞争产品价格差异分析.xlsx"工作簿，选中 H2 单元格，输入 1（H2 中输入的数字应≤4，因本案例共有 4 条记录），单击"公式"选项卡"定义的名称"选项组中的"定义名称"按钮，如图 7.33 所示。

Step 2 打开"新建名称"对话框，在"名称"文本框中输入"冰箱"，在"引用位置"文本框中输入"=OFFSET(Sheet1!$B$3,0,0,Sheet1!$H$2,1)"，然后单击"确定"按钮，如图 7.34 所示。

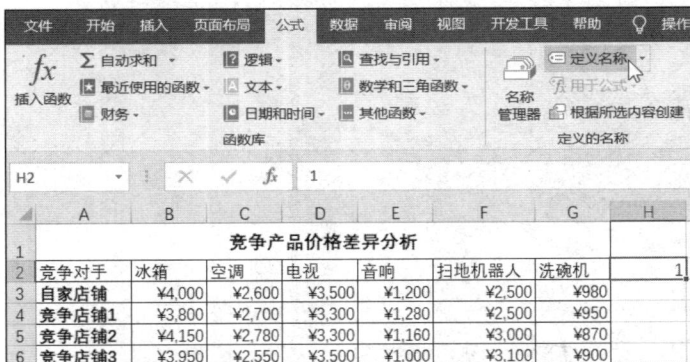

图 7.33　单击"定义名称"按钮　　　　图 7.34　新建名称

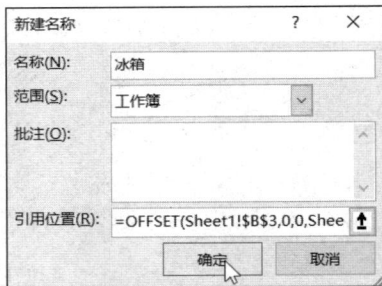

Step 3 单击"公式"选项卡"定义的名称"选项组中的"名称管理器"按钮，在打开的"名称管理器"对话框中可查看新定义的名称，如图 7.35 所示。若需要修改定义名称的引用位置、范围和名称等参数，单击"编辑"按钮进行修改。

Step 4 采用相同的方法，继续添加电视、竞争店铺、空调、扫地机器人、洗碗机和音响 6 个名称，如图 7.36 所示。新添项目的引用位置只需更改为对应的单元格区域即可。

Step 5 单击"插入"选项卡"图表"选项组中的"柱形图"按钮，在打开的下拉菜单中选择"二维柱形图"中的"堆积柱形图"选项，如图 7.37 所示。

Step 6 此时，工作表中将自动插入一张空白的图表，单击"设计"选项卡"数据"选项组中的"选择数据"按钮，如图 7.38 所示。

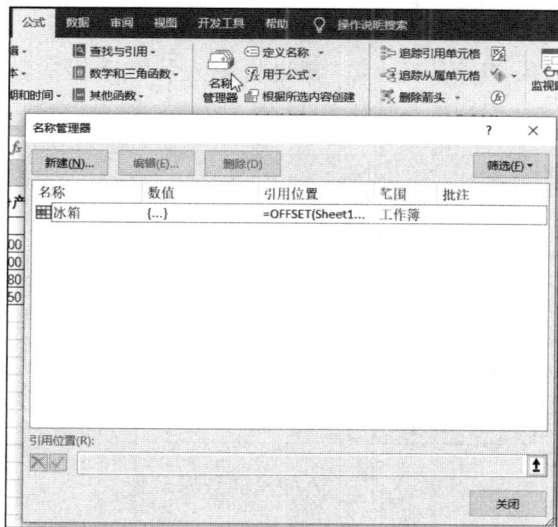

图 7.35　查看新定义的名称

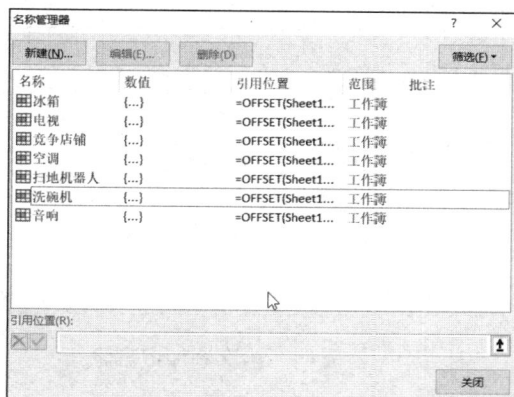

图 7.36　创建的 7 个名称

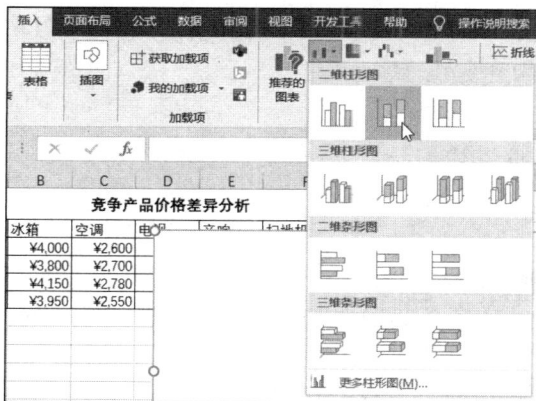

图 7.37　插入空白图表

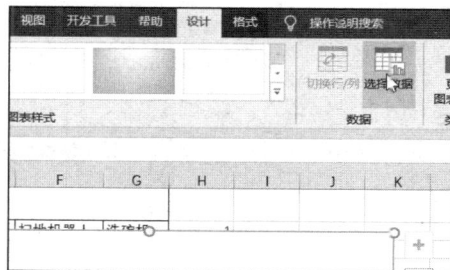

图 7.38　单击"选择数据"按钮

Step 7　打开"选择数据源"对话框，单击"添加"按钮，如图 7.39 所示。

Step 8　打开"编辑数据系列"对话框，在"系列名称"文本框中输入"冰箱"，在"系列值"文本框中输入"=Sheet1!冰箱"，单击"确定"按钮，如图 7.40 所示。

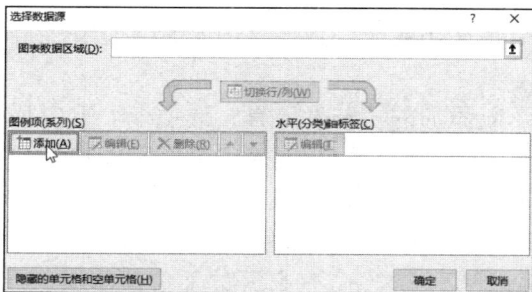

图 7.39　单击"添加"按钮

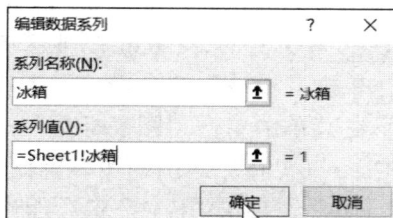

图 7.40　添加"冰箱"数据系列

Step 9 返回"选择数据源"对话框，再次单击"添加"按钮，如图 7.41 所示。

Step 10 采用相同的方法，继续添加空调、电视、音响、扫地机器人和洗碗机的数据系列，如图 7.42 所示。

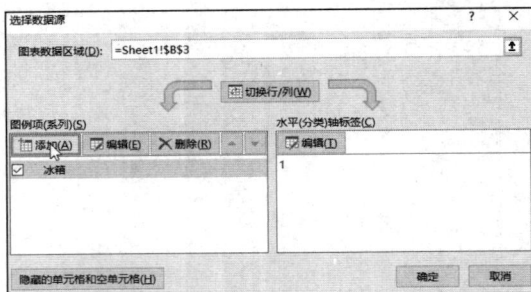

图 7.41 再次添加数据源 图 7.42 添加其他数据系列

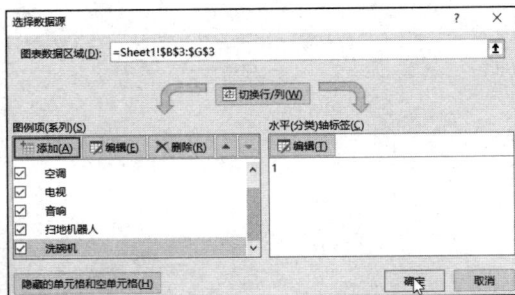

Step 11 在"水平（分类）轴标签"列表框中选中"1"，单击"编辑"按钮，如图 7.43 所示。

Step 12 打开"轴标签"对话框，在"轴标签区域"文本框中输入"= Sheet1!竞争店铺"，然后单击"确定"按钮，如图 7.44 所示。

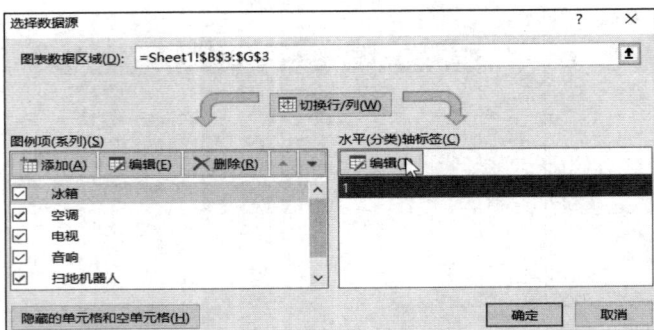

图 7.43 设置水平（分类）轴标签 图 7.44 输入轴标签区域

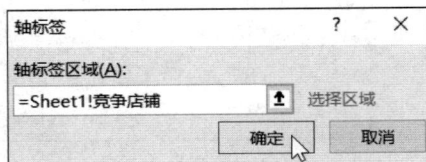

Step 13 返回 Excel 工作表，此时图表中显示了添加数据系列和修改水平轴标签的最终效果，如图 7.45 所示。

Step 14 单击"文件"→"更多"→"选项"命令，打开"Excel 选项"对话框，单击"自定义功能区"选项卡标签，在"自定义功能区"列表框中勾选"开发工具"复选框，单击"确定"按钮，如图 7.46 所示。

Step 15 此时，Excel 功能区中将显示新添加的"开发工具"选项卡。选中插入的图表，单击"设计"选项卡"图表布局"选项组中的"添加图表元素"下拉按钮，在打开的下拉菜单中单击"图表标题"→"图表上方"命令，如图 7.47 所示。

Step 16 将新添加的图表标题名称修改为"竞争产品价格差异对比图"，然后单击"开发工具"选项卡"控件"选项组中的"插入"下拉按钮，在打开的下拉菜单中选择"表单控件"选项区域中的"滚动条（窗体控件）"选项，如图 7.48 所示。

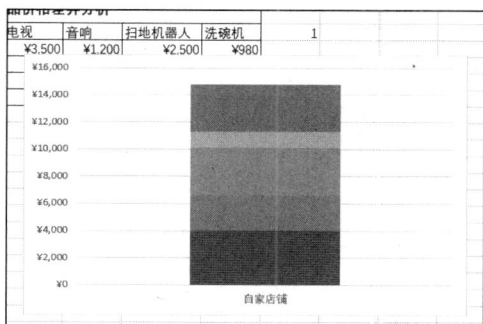

图 7.45　编辑图表后的效果

图 7.46　添加"开发工具"选项卡

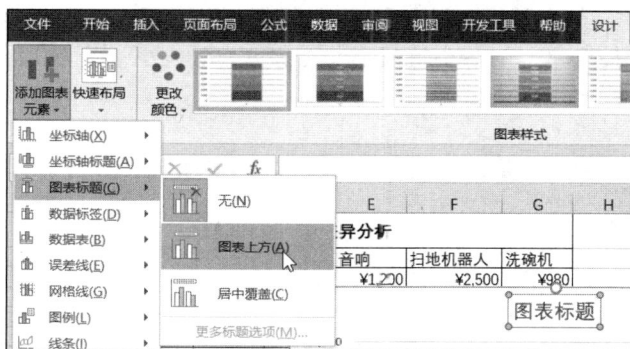

图 7.47　添加图表标题

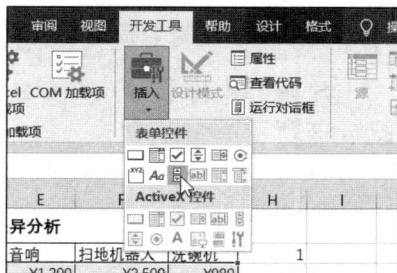

图 7.48　插入表单控件

Step 17 在图表区的右上角拖动鼠标绘制滚动条，然后在绘制好的滚动条上右击，在弹出的菜单中单击"设置控件格式"命令，如图 7.49 所示。

Step 18 打开"设置控件格式"对话框，设置"当前值"为 1，"最小值"为 1，"最大值"为 4，"步长"为 1，"页步长"为 2，在"单元格链接"文本框中输入$H$2，单击"确定"按钮，如图 7.50 所示。

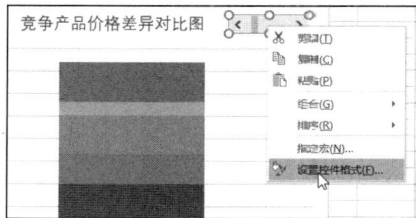

图 7.49　设置控件格式

图 7.50　设置控件的控制参数

Step 19 将光标定位在滚动条上，当其变成手形时，拖动滚动条，即可查看不同竞争对手的价格差异，如图 7.51 所示。

Step 20 右击选中滚动条，按住 Ctrl 键，单击图表，再右击，在弹出的菜单中单击"组合"→"组合"命令，将图表和滚动条组合，如图 7.52 所示。

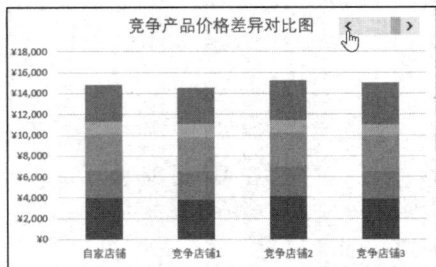

图 7.51　拖动滚动条查看数据系列

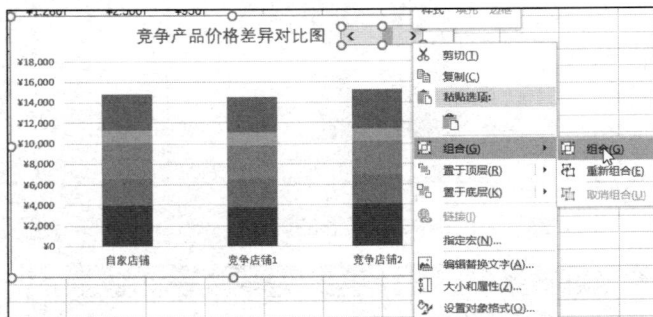

图 7.52　组合图表和滚动条

Step 21 为了对 6 种商品进行区分，对图形的格式逐一进行"图案填充"设置，如图 7.53 所示。

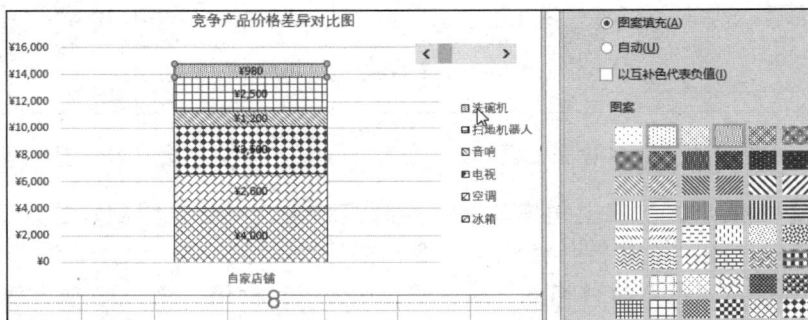

图 7.53　设置填充样式

Step 22 选中图表，单击右侧的"图表元素"按钮，在打开的菜单中为图表添加"图例"和"数据标签"，如图 7.54 所示。

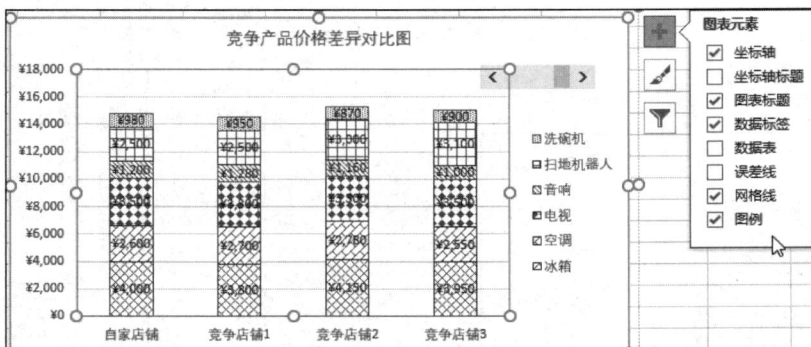

图 7.54　添加图例和数据标签

本章知识小结

本章介绍了竞争数据分析的主要内容和方法，包括竞争对手数据分析和竞争商品数据分析，重点阐述了对竞争对手店铺的销售情况、客户拥有量、下单转化率进行分析的操作步骤，并从市场份额和价格差异对比两个方面，进行竞争商品数据的分析。

本章考核检测评价

1. 判断题

（1）在商务数据分析中，卖家了解对手最直接的方式就是分析竞争对手的销售情况、客户拥有量和下单转化率等。（　　　）

（2）从行业的角度来看，企业的竞争对手只有现有厂商和替代品厂商。（　　　）

（3）企业把同一行业中以相似价格向相同的顾客提供类似产品或服务的其他企业称为品牌竞争者。（　　　）

（4）提供不同种类的产品，但满足和实现消费者同种需要的企业称为需要竞争者。（　　　）

（5）下单转化率的计算公式是：下单转化率=（产生购买行为的客户人数/所有到达店铺的访客人数）×100%。（　　　）

2. 单选题

（1）现有厂商，是企业的（　　　）竞争者。

A. 直接　　　　　　　B. 间接　　　　　　　C. 长期　　　　D. 短期

（2）替代品指与某一产品具有相同功能、能满足＿＿＿＿＿需求的＿＿＿＿＿性质的其他产品（　　　）。

A. 同一　同一　　　　　　　　　　B. 同一　不同

C. 不同　同一　　　　　　　　　　D. 不同　不同

（3）企业把同一行业中以相似的价格向相同的顾客提供类似产品或服务的其他企业称为（　　　）竞争者。

A. 行业　　　　　B. 需要　　　　　C. 品牌　　　　D. 消费

（4）企业把提供同种或同类产品，但规格、型号、款式不同的企业称为（　　　）竞争者。

A. 行业　　　　　B. 需要　　　　　C. 品牌　　　　D. 消费

（5）提供不同产品，满足消费者的不同愿望，但目标消费者相同的企业称为（　　　）竞争者。

A．行业　　　　　B．需要　　　　　C．品牌　　　　　D．消费

3. 多选题

（1）卖家了解对手最直接的方式就是分析竞争对手的销售情况和（　　　）。

A．客户拥有量　　　B．潜在客户量　　　C．下单转化率　　D．下单数

（2）从行业的角度看，企业的竞争对手有（　　　）。

A．现有厂商　　　　B．潜在加入者　　　C．替代品厂商　　D．仿制品厂商

（3）从市场的角度看，企业的竞争对手有（　　　）。

A．品牌竞争者　　　B．行业竞争者　　　C．需要竞争者　　D．消费竞争者

（4）产品是否具有竞争力主要体现在（　　　）。

A．市场地位　　　　B．市场行情　　　　C．消费情况　　　D．销售情况

（5）影响产品销售的因素有（　　　）。

A．产品的生命周期　B．技术因素　　　　C．价格　　　　　D．质量

4. 简答题

（1）企业的潜在加入者指什么？

（2）简述品牌竞争者之间的关系。

（3）简述企业的所有竞争对手类型。

（4）简述下单转化率的计算方法并进行正确计算。

（5）阐述产品组合策略。

5. 案例题

请编写一组订单数据，并收集其他同学的数据，进行竞争对手下单转化率的对比分析。

第8章
商品数据分析

【学习目标】

1. 掌握商品数据分析的主要内容；
2. 熟悉商品搜索关键词统计的主要方法；
3. 熟悉商品成本价格预测方法；
4. 了解商品采购金额统计分析的过程。

【本章重点】

1. 对商品搜索的关键词和热度数据进行统计；
2. 掌握商品定价与成交量、销售总额的分析方法。

【本章难点】

1. 应用数据透视表分析商品搜索热度；
2. 面积图、组合图、分组汇总在商品定价分析中的应用；
3. 商品成本价格的时间序列预测。

【思维导图】

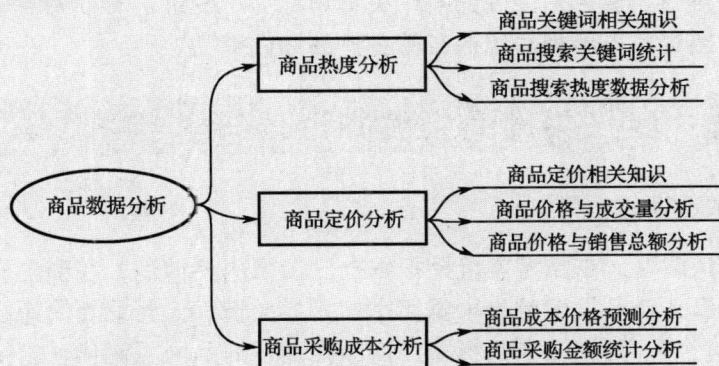

【知识导入】

沃尔玛的数据基因

沃尔玛一直致力于改善数据分析技术，整个公司都充满了数据基因。沃尔玛有庞大的数据生态系统，每天处理数 TB 级的新数据和 PB 级的历史数据，其分析涵盖了数以百万计的产品数据和不同来源的数亿客户。沃尔玛的分析系统每天分析接近 1 亿条关键词从而优化每个关键词对应的搜索结果。作为一家数据资源丰富的大型企业，沃尔玛公司对商品数据进行了广泛而深入的分析。经分析发现：飓风来临之前，不仅手电筒的销售量会增加，蛋挞的销量也会增加；中年男子会同时购买啤酒和尿布两种风马牛不相及的商品。基于这些数据分析的结果，公司将蛋挞放在靠近飓风用品的位置，将尿布与啤酒靠近摆放，商品销量得以大幅增加。如今，沃尔玛拥有全世界最大的数据仓库，在数据仓库中存储着沃尔玛数千家连锁店在 65 周内每一笔销售的详细记录，这使得业务人员可以通过分析消费者的购买行为更加了解客户，从而提供最佳的销售服务。2012 年 4 月，沃尔玛收购了一家研究网络社交的公司 Kosmix，在数据分析的基础上又增加了对社交网络的研究。

从上述案例描述中可知，基于庞大的数据生态系统，沃尔玛利用数据分析算法捕获和分析商品价值与客户特征，识别有意义的商业知识与运营规律，在帮助数百万客户享受个性化购物体验的同时，也使企业销售额不断增长。沃尔玛的案例具有什么启示呢？零售业巨头沃尔玛为何会如此重视商品数据的分析？商品分析应包含哪些内容和主要方法？本章就来探究商品数据分析的功能与意义。

8.1　商品热度分析

谷歌、百度、必应等知名搜索引擎工具是根据用户输入的关键词显示搜索结果。在商业应用中，通过用户输入的关键词来快速地找到商品，就是搜索引擎要完成的工作。在一段时间内得到大量用户关注的某个关键词称为"热词"。热词具有很强的时效性，商家应密切关注热词，推出相对应的当季主打品和促销品。

8.1.1　商品关键词相关知识

1. 商品关键词的作用

从买家的角度看，商品搜索就是根据自己设想的关键词，找到自己想要的商品；而从卖家的角度看，商品搜索就是根据买家输入的关键词，帮助其快速找到想要的商品，从而完成购买行为。卖家在商品标题、商品描述、商品网页制作、店铺网站设计中使用适当的关键词，可以在买家搜索商品时得到更多的入选机会。

搜索引擎推荐有许多方式，最常用的就是给商品打标签，让用户输入的词和标签进

行匹配，然后根据某种规则进行结果的顺序展现。标签可以是品类人员自己输入的，也可以是通过技术手段把商品名称拆解成的多个关键词，还可以同时使用多种方法，这种将几种方法结合使用的做法更常见，所以很多卖家经常要修改商品标题，因为商品标题是最常见的商品标签拆分来源。

2. 商品关键词的主要来源

以独立 B2C 网站为例，商品关键词的来源有四种，站外投放、站内搜索、商品属性、行业数据。

1）站外投放 —— 投放热词及相关词
站外投放搜索广告，是开展电商业务常用的手段，主要用于导入流量、招募新用户。搜索引擎对某个网站友好的核心特点是，在关于某个关键词显示的结果列表中，该网站排名比较靠前。通过记录和统计热点关键词，在独立的 B2C 电商网站内部优化商品标题。如果自己可以用标签控制排序，那就对想推荐的商品打标签，也可以在搜索引擎付费使用一些相近的关键词。如果是入驻的电商平台，则可以加入相近的词进行优化。

2）站内搜索 —— 用户搜索热词
站内搜索是用户在网站内部通过搜索关键词，寻找想要的商品。站内搜索和站外搜索引擎的工作方式类似，区别是可以获得更多的数据信息。比如用户上次搜索的词是什么、购买过什么，卖家可以根据这两个点进行相关的精准推荐，有针对性地对商品进行布局，还可以根据地域、用户群甚至用户进行分析，得到相关的偏好，对商品标题进行优化。

3）商品属性 —— 商品本身标签
商品属性是针对搜索词进行关键布局，商品属性分为自然属性和社会属性。自然属性是商品的基础属性，基本决定了商品的生产成本，间接决定了商品的价格段、目标人群、运输成本等。社会属性主要用来促使交易达成，例如，包邮、清仓、独家等服务性或折扣性标签。在选择商品关键词时可以从这两个角度考虑，根据站内站外的搜索热词对商品属性进行优化。

4）行业数据 —— 专业推荐
专业的电商平台对注册卖家提供专业的用户搜索关键词，卖家可以根据这些热词来洞悉市场热点，更好地把握市场需求。在选择商品关键词时，卖家一定要突出特点，不要面面俱到，应通过重视所售商品的特点来萃取和提炼商品关键词。

▶ 8.1.2 商品搜索关键词统计

商品热度搜索数据和指数能很好地反映消费者对所需求商品进行网络搜索的方式。商家可以总结出相应的命名规律，然后通过优化关键词来命名自己的商品，让更多的客户容易搜索到自己店铺的商品，从而促进客户下单，最终达成交易。下面将详细介绍如何统计商品搜索关键词，具体操作步骤如下。

案例分析——商品搜索关键词统计	
数据文件	第 8 章\数据\商品搜索关键词统计.xlsx
效果文件	第 8 章\效果\商品搜索关键词统计.xlsx
操作视频	第 8 章\视频\商品搜索关键词统计.mp4

Step 1 打开"商品搜索关键词统计.xlsx"工作簿，选中任意非空单元格，在"插入"选项卡"表格"选项组中单击"数据透视表"按钮，如图 8.1 所示。

Step 2 在弹出的"数据透视表"对话框中，选中"现有工作表"单选按钮，然后单击"位置"文本框右侧的"折叠"按钮，在工作表中选中 E1 单元格，单击"展开"按钮，返回"创建数据透视表"对话框，单击"确定"按钮，如图 8.2 所示。

图 8.1 单击"数据透视表"按钮

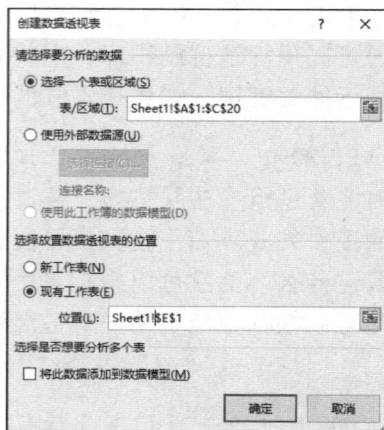

图 8.2 选择放置数据透视表的位置

Step 3 在打开的"数据透视表字段"面板中，勾选"关键词"和"搜索指数"复选框，如图 8.3 所示。

图 8.3 添加数据透视表字段

Step 4 选中 E2:F5 单元格区域，在"数据透视表工具"→"分析"选项卡"分组"选项组中单击"组选择"按钮，如图 8.4 所示。

图 8.4　将所选内容分组

Step 5 采用同样的方法，将其他相同或者相近的关键词进行分组，分为"T恤女"、"大码"、"连衣裙"和"夏季"4 组，分组效果如图 8.5 所示。

Step 6 选中数据透视表中的任意单元格，在"数据透视表工具"→"设计"选项卡"数据透视表样式"选项区域中选择需要的透视表样式，如图 8.6 所示。

图 8.5　分组效果

图 8.6　选择数据透视表样式

Step 7 在"布局"选项组中单击"报表布局"下拉按钮，在打开的下拉菜单中选择"以大纲形式显示"选项，如图 8.7 所示。

Step 8 在"布局"选项组中单击"分类汇总"下拉按钮，在打开的下拉菜单中选择"在组的顶部显示所有分类汇总"选项，如图 8.8 所示。

Step 9 选中 E1 单元格，在编辑栏中更改行标签名称为"关键词汇总"，如图 8.9 所示。

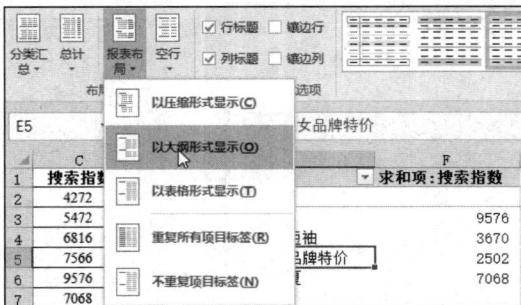

图 8.7 设置报表布局形式

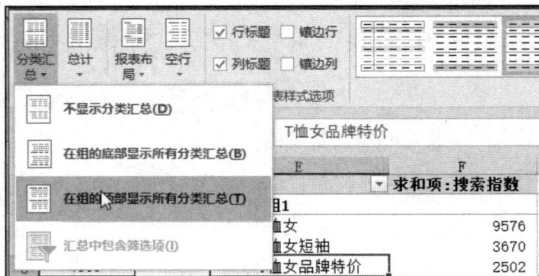

图 8.8 选择分类汇总选项

Step 10 在"数据透视表工具"→"分析"选项卡"计算"选项组中单击"字段、项目和集"下拉按钮，在打开的下拉菜单中选择"计算字段"选项，如图 8.10 所示。

图 8.9 更改行标签名称

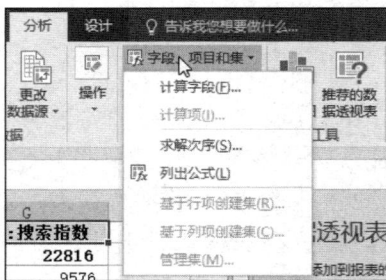

图 8.10 选择"计算字段"选项

Step 11 弹出"插入计算字段"对话框，在"名称"文本框中输入"同类名称比重"，在"字段"列表框中选择"搜索指数"选项，单击"插入字段"按钮，单击"确定"按钮，如图 8.11 所示。

Step 12 在数据透视表中插入"同类名称比重"字段，右击该字段，在弹出的菜单中单击"值显示方式"→"父级汇总的百分比"命令，如图 8.12 所示。

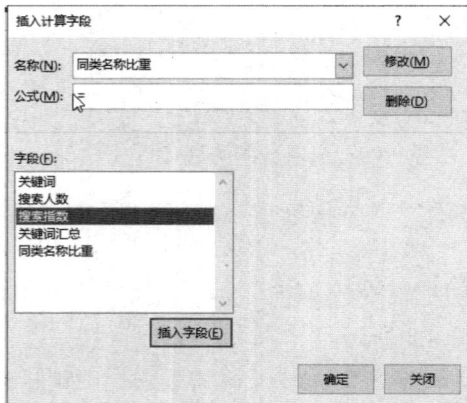

图 8.11 "插入计算字段"对话框

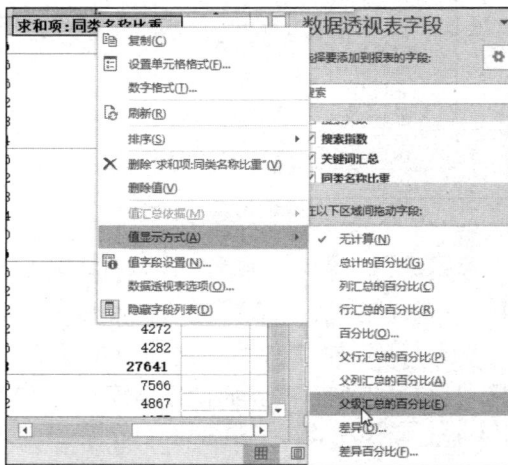

图 8.12 选择"父级汇总的百分比"选项

Step 13 弹出"值显示方式（求和项：同类名称比重）"对话框，在"基本字段"下拉列表中选择"关键词汇总"选项，然后单击"确定"按钮，如图 8.13 所示。

Step 14 右击"求和项：搜索指数"字段，在弹出的菜单中单击"值显示方式"→"总计的百分比"命令，此对"求和项：搜索指数"字段数据以百分比方式显示，效果如图 8.14 所示。

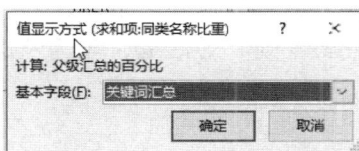

关键词汇总	关键词	求和项:搜索指数	求和项:同类名称比重
数据组1		22.82%	100.00%
	T恤女	9.58%	41.97%
	T恤女短袖	3.67%	16.08%
	T恤女品牌特价	2.50%	10.97%
	T恤女夏	7.07%	30.98%
数据组2		23.22%	100.00%
	大码短袖女	6.08%	26.20%
	大码女上衣胖mm	3.67%	15.80%
	大码胖mm宽松	3.96%	17.05%
	大码衣服	2.46%	10.58%
	大码长款	7.05%	30.37%
数据组3		26.32%	100.00%
	连衣裙2020女夏	6.82%	25.90%
	连衣裙女	5.47%	20.80%
	连衣裙女夏新款	5.47%	20.80%
	连衣裙女夏修身	4.27%	16.23%
	连衣裙女夏长款	4.28%	16.27%
数据组4		27.65%	100.00%
	夏季2020新款	7.57%	27.37%
	夏季韩版	4.87%	17.61%
	夏季裙装	6.06%	21.91%
	夏季休闲装套装	4.88%	17.66%
	夏天女装2020	4.27%	15.46%
总计		100.00%	

图 8.13 设置基本字段　　　　　图 8.14 查看设置效果

8.1.3 商品搜索热度数据分析

为了更好地展示和统计出商品的搜索热度，可以用直观数据条和图标集来展示对应的数据。下面通过对"衬衫"相关关键词的搜索指数和热度变化幅度两个维度进行统计和分析，了解衬衫类商品的热搜关键词，具体操作步骤如下。

案例分析——商品搜索热度	
数据文件	第 8 章\数据\商品搜索热度.xlsx
效果文件	第 8 章\效果\商品搜索热度.xlsx
操作视频	第 8 章\视频\商品搜索热度.mp4

Step 1 打开"商品搜索热度.xlsx"工作簿。选中 A2 单元格，在编辑栏中输入公式"=RANK.EQ（C2,$C$2:$C$18）"，保持 A2 单元格选中状态，将光标移动到右下角，待光标变成"+"形状时双击，结果如图 8.15 所示。

Step 2 选中 D 列并右击，在弹出的菜单中单击"插入"命令插入空白列。选中 C2:C18 单元格区域，按下 Ctrl+C 组合键进行复制。选中 D2:D18 单元格区域，单击"开始"选项卡"剪贴板"选项组中的"粘贴"按钮粘贴数据，结果如图 8.16 所示。

Step 3 选中 D2:D18 单元格区域，单击"开始"选项卡"样式"选项组中的"条件格式"下拉按钮，在弹出的下拉菜单中单击"数据条"选项，在扩展菜单"实心填充"选项区域选择"绿色数据条"选项，如图 8.17 所示。

排名	热搜词	搜索指数	升降幅度
1	衬衫男	3112	0.00%
2	衬衫	2485	0.00%
3	男装	2365	0.00%
4	短袖衬衫男	2167	0.00%
5	t恤男	2126	0.00%
6	男士衬衫	1634	0.00%
7	衣服	1615	10.50%
8	衬衫男长袖	1593	23.31%
9	衬衣	1557	0.00%
10	雅戈尔	1479	-7.46%
11	衬衫男短袖	1464	-8.09%
12	男士t恤 短袖	1431	17.54%
12	男士t恤 大码	1431	17.54%
14	短袖	1388	7.04%
15	衬衣男	1318	6.62%
16	短袖男	1300	-10.50%
17	衣服男	1218	9.56%

图 8.15 对搜索指数的 RANK.EQ 函数应用结果

排名	热搜词	搜索指数	搜索指数	升降幅度
1	衬衫男	3112	3112	0.00%
2	衬衫	2485	2485	0.00%
3	男装	2365	2365	0.00%
4	短袖衬衫男	2167	2167	0.00%
5	t恤男	2126	2126	0.00%
6	男士衬衫	1634	1634	0.00%
7	衣服	1615	1615	10.50%
8	衬衫男长袖	1593	1593	23.31%
9	衬衣	1557	1557	0.00%
10	雅戈尔	1479	1479	-7.46%
11	衬衫男短袖	1464	1464	-8.09%
12	男士t恤 短袖	1431	1431	17.54%
12	男士t恤 大码	1431	1431	17.54%
14	短袖	1388	1388	7.04%
15	衬衣男	1318	1318	6.62%
16	短袖男	1300	1300	-10.50%
17	衣服男	1218	1218	9.56%

图 8.16 复制并粘贴搜索指数到 D 列

Step 4 选中 D2:D18 单元格区域，单击"开始"选项卡"样式"选项组中的"条件格式"下拉按钮，在弹出的下拉菜单中选择"管理规则"选项，打开"条件格式规则管理器"对话框。单击"编辑规则"按钮，打开"编辑格式规则"对话框，勾选"仅显示数据条"复选框，单击"确定"按钮，如图 8.18 所示。

图 8.17 插入数据条

图 8.18 打开"编辑格式规则"对话框

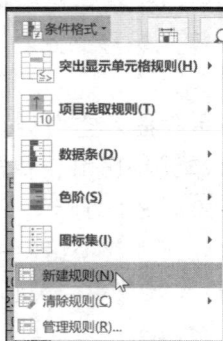

图 8.19 选择"新建规则"选项

Step 5 选中 E2:E18 单元格区域，单击"开始"选项卡"样式"选项组中的"条件格式"下拉按钮，在弹出的下拉菜单中选择"新建规则"选项，如图 8.19 所示。

Step 6 打开"编辑格式规则"对话框，单击"格式样式"下拉按钮，在下拉列表中选择"图标集"选项。单击"图标样式"下拉按钮，在下拉列表中选择 3 个图标样式。分别在第一个图标和第二个图标对应的"值"文本框中输入">0"和">=0"，单击"确定"按钮，如

图 8.20 所示。

Step 7 在工作表中可以看到关键词搜索热度排名的最终效果图，如图 8.21 所示。

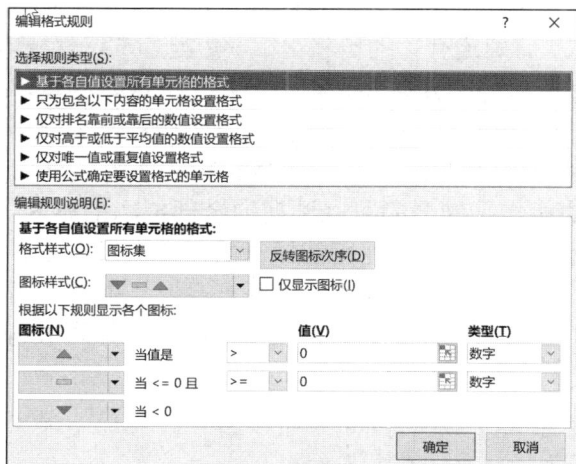

排名	热搜词	搜索指数	搜索指数	升降幅度
1	衬衫男	3112		0.00%
2	衬衫	2485		0.00%
3	男装	2365		0.00%
4	短袖衬衫男	2167		0.00%
5	t恤男	2126		0.00%
6	男士衬衫	1634		0.00%
7	衣服	1615	▲	10.50%
8	衬衫男长袖	1593	▲	23.31%
9	衬衣	1557		0.00%
10	雅戈尔	1479	▼	-7.46%
11	衬衫男短袖	1464	▼	-8.09%
12	男士t恤短袖	1431	▲	17.54%
12	男士t恤 大码	1431	▲	17.54%
14	短袖	1388	▲	7.04%
15	衬衣男	1318	▲	6.62%
16	短袖男	1300	▼	-10.50%
17	衣服男	1218	▲	9.56%

图 8.20 新建格式规则　　　　　图 8.21 关键词搜索热度排名的最终效果图

可见，"衬衫男"、"衬衫"和"男装"是衬衫热搜榜的前三位，而"衬衫男+长袖"热搜上升幅度最大，理应作为商品关键词。关键词是搜索量最多的搜索词，可以将搜索指数和上升幅度最大的商品热词或者组合用于店铺的商品命名。

8.2 商品定价分析

价格通常是影响交易成败的重要因素，同时又是市场营销组合中最难以确定的因素。企业定价的目标是促进销售，获取利润，这就要求企业既要考虑成本的补偿，又要考虑消费者对价格的接受能力，从而使定价策略具有买卖双方双向决策的特征。此外，价格还是市场营销组合中最灵活的因素，它可以对市场作出灵敏的反映。

8.2.1 商品定价相关知识

1. 商品价格的定义

商品价格是商品价值的货币表现形态。在商品经济条件下，商品的价值是由生产这种商品所耗费的社会必要劳动时间决定的，但社会必要劳动时间又无法直接表示商品价值，而只能间接地和相对地表现在某种商品同另一种商品交换的比例上。价格分为出厂价、经销价、市场价和需求价等。无论是线上还是线下商家，商品的定价都会影响销量。所以在商品上架前，一定要综合分析多种因素为其量身定制一个合理的价格。

2. 影响商品定价的主要因素

影响新产品定价的六种因素包括：①评估和量化利益。在推广新产品时，企业应该准确地评估和量化产品带给消费者的利益，从而确定有效的价格上限。②衡量市场规模。对潜在市场的准确衡量不仅是估计产品生存能力的必要条件，也是分析产品成本的基本要素。③确定最低限价。以成本分析为基础建立正确的最低限价，这个价格应是由市场决定的价格底线。④确定投放价格。新产品的投放价格（也称为目标价格）是企业希望市场能够接受的价格，是对于某种特定功能水平的产品可以预期的全部成本的感知。⑤预测竞争企业的反应。企业必须清楚地评估其他竞争企业可能做出的反应，以避免新产品的价格损害企业和整个行业的价值。⑥进入市场。企业在推出新产品时，需要利用巧妙的沟通方式向市场介绍价格，应注意不要因为错误地执行定价政策而破坏其向市场发出的价值信号。

【知识拓展】

价格歧视及在电子商务中的体现

价格歧视（price discrimination）实质上是一种价格差异，通常指商品或服务的提供者在向不同的消费者提供相同等级、相同质量的商品或服务时，在消费者之间实行不同的销售价格或收费标准。价格歧视理论广泛应用于商业实践中，既作为一种定价策略，也成了一种经济现象。与实物市场相比较，电子商务市场的价格歧视无论是表现形式还是适用程度都呈现出不同的特点。其具体表现为：一是个人化定价，对应于实物市场的一级价格歧视，即以不同的价格向每位用户出售，而销售商可以获得用户的全部详细资料；二是版本划分，对应于实物市场的二级价格歧视，即提供一个产品系列，让用户选择适合自己的版本；三是群体定价，对应于实物市场的三级价格歧视，即对不同群体的消费者设置不同的价格。同时，网络外部效应、数字产品的锁定效应和共享效应使得在电子商务市场上实行三级价格歧视更加具有优势。

8.2.2 商品价格与成交量分析

店铺售卖商品，面对的不仅是客户，还要考虑到行业和市场竞争。所以，在为商品定价之前，可以先对行业或竞争对手的商品价格及对应成交量进行分析，然后确定商品的定价范围，从而赢得客户，促进交易的达成。下面详细介绍商品价格与成交量分析的操作过程，具体操作步骤如下。

案例分析——商品价格与成交量分析	
数据文件	第 8 章\数据\商品价格与成交量分析.xlsx
效果文件	第 8 章\效果\商品价格与成交量分析.xlsx
视频文件	第 8 章\视频\商品价格与成交量分析.mp4

Step 1 打开"商品价格与成交量分析.xlsx"工作簿，显示商品报价与成交量数据，如图 8.22 所示。

	A	B	C
1	宝贝名称	报价	成交量
2	女装 百搭条纹翻领衬衫女 2020夏装新款	132	108
3	2020夏季短袖女休闲两件套潮夏装	114	120
4	2020春款新款时尚休闲运动服套装	29	180
5	2020夏季新款时尚夏天衣服韩版潮女装	164	72
6	新款2020韩版短袖七分裤休闲两件套夏天时尚夏装潮	134	95
7	运动套装女2020夏季新款休闲装两件套时尚	81	114
8	2020夏季新款韩版夏天短袖时尚休闲两件套夏装七分裤	74	192
9	2020夏季新款版时尚运动服套装女	45	156
10	运动两件套装2020女潮夏天短袖宽松迷彩服二件套	104	203
11	夏季短款休闲两件套时尚短袖夏装七分裤2020新款	149	144
12	夏季新款针织开衫衣外搭冰丝防晒衣外套空调衫	80	294
13	春夏新款针织衫圆领镂空纯色上衣宽松冰丝中袖 好恤女	102	258
14	春秋韩版新品中长款羊毛衫外搭针织好开衫宽松长袖毛衣	105	216
15	雪纺裙2020夏季新款韩版潮流精品纯色女装	129	208
16	2020夏装新款遮肚子藏肉大码女装微胖姊姊显瘦减龄连衣裙	119	130
17	奢步士女装 百搭黑白条纹翻领衬衫女 2020夏季新款	162	158
18	连衣裙女夏2020新款裙子气质修身印花中长款雪纺裙	204	107
19	2020夏季新款时尚休闲运动大码收腰女装连衣裙中长款	225	119
20	夏装女装雪纺连衣裙子夏季2020新款欧货潮时尚韩版	222	80
21	裙子夏女2020新款女装韩版休闲收腰长裙中长款黄色港味	299	54
22	欧美大牌V领A字裙2020夏季新款气质女装	180	96
23	特卖夏装真丝雪纺连衣裙女2020新款印花桑蚕丝气质宽松裙子	207	126
24	大码女装短袖T恤女微胖mm宽松显瘦百搭	162	82
25	夏季大码雪纺连衣裙女装一字肩连衣裙	135	198
26	民族风女装长袖绣花欧根夏季常规宽松立领长裙连衣裙	218	120

图 8.22　商品报价与成交量数据

Step 2　在 F1:L1 单元格区域中输入相应的价格范围，这里以 30 为单位（根据表格中已有的报价数据确定），设置"字体"为 Times New Roman，"字号"为"11"，单击"加粗"按钮。保持 F1:L1 单元格区域选中状态，单击"开始"选项卡"字体"选项组中的"填充颜色"下拉按钮，在弹出的下拉菜单中选择"主题颜色"选项区域中的"橙色，个性色 2，深色 25%"选项，如图 8.23 所示。单击"字体颜色"下拉按钮，在弹出的下拉菜单中选择"主题颜色"选项区域中的"白色，背景 1"选项，如图 8.24 所示。在工作表中可以看到设置完成后的效果，如图 8.25 所示。

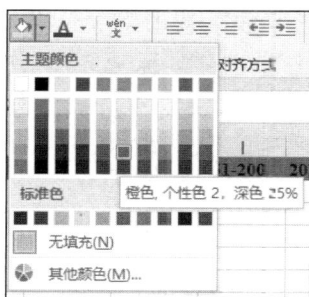

图 8.23　设置填充颜色

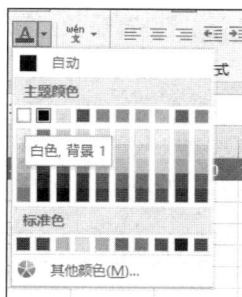

图 8.24　设置字体颜色

F	G	H	I	J	K	L
1-30	31-60	61-90	91-120	121-150	151-180	181以上

图 8.25　设置数据区间格式

Step 3　打开"插入函数"对话框，选择"数学与三角函数"的 SUMIFS()函数，单击"确定"按钮，如图 8.26 所示。

Step 4 对 F2:L2 单元格区域的数据，分别使用 SUMIFS()函数。选中 F2 单元格，在编辑栏中输入 "=SUMIFS(C2:C26,B2:B26,">=1",B2:B26,"<=30")"；选中 G2 单元格，在编辑栏中输入 "=SUMIFS(C2:C26,B2:B26,">=31",B2:B26,"<=60")"；选中 H2 单元格，在编辑栏中输入 "=SUMIFS(C2:C26,B2:B26,">=61",B2:B26,"<=90")"；选中 I2 单元格，在编辑栏中输入 "=SUMIFS(C2:C26,B2:B26,">=91",B2:B26,"<=120")"；选中 J2 单元格，在编辑栏中输入 "=SUMIFS(C2:C26,B2:B26,">=121",B2:B26,"<=150")"；选中 K2 单元格，在编辑栏中输入 "=SUMIFS(C2:C26,B2:B26,">=151",B2:B26,"<=180")"；选中 L2 单元格，在编辑栏中输入 "SUMIFS(C2:C26,B2:B26,">=181")"。数值计算结果如图 8.27 所示。

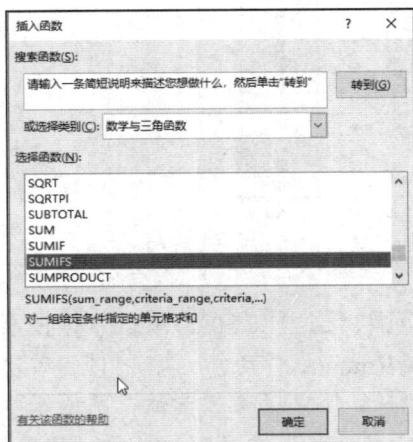

图 8.26 选择 SUMIFS()函数

图 8.27 SUMIFS()函数应用结果

Step 5 选中 F1:L1 单元格区域，打开"插入图表"对话框，选择"面积图"选项，如图 8.28 所示。

Step 6 选中图表，在"图表设计"选项卡"图表样式"选项组中选择"样式 11"选项。双击水平坐标轴，打开"设置坐标轴格式"面板，单击"坐标轴选项"扩展按钮，选中"刻度线之间"单选按钮，单击"关闭"按钮。右击数据列，在弹出的菜单中单击"添加数据标签"命令。将图表移动到合适位置，调整图表宽度，输入图表标题"价格和成交量分析"，如图 8.29 所示。

图 8.28 插入面积图

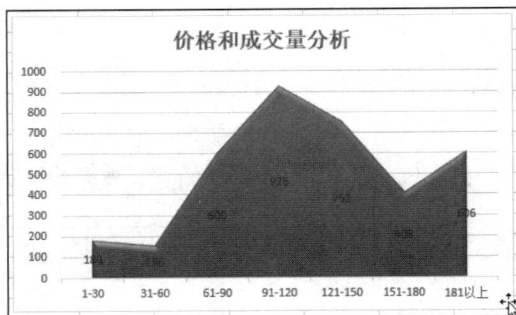

图 8.29 图表初始效果图

Step 7 选中图表，打开"设置图表区格式"面板，单击"三维格式"扩展按钮，对图形进行美化。选中图表中的网格线，在"设置主要网格线格式"面板中选中"无线条"单选按钮，图形的最终效果，如图 8.30 所示。

Step 8 选中 B2 单元格，在"数据"选项卡"排序和筛选"选项组中单击"升序"按钮，如图 8.31 所示。

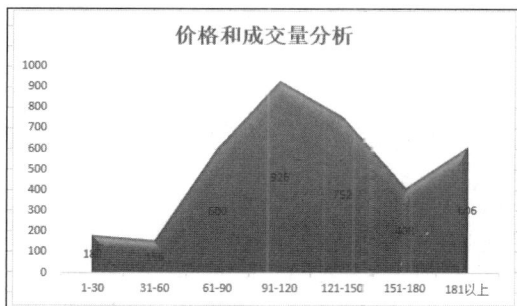

图 8.30　面积图的最终效果

图 8.31　对商品报价按升序排列

Step 9 选中 B1:C6 单元格区域，在"插入"选项卡"图表"选项组中单击"插入面积图"按钮，调整图形位置和大小，删除网格线，添加图表标题。选中横坐标轴，右击，在弹出的菜单中单击"选择数据"命令，打开"选择数据源"对话框，选择"图表数据区域"为 B1:B6 单元格区域，在"图例项（系列）"列表框中删除"报价"选项，则可以得到商品报价小于 100 元的各种商品成交量分布情况，如图 8.32 所示。

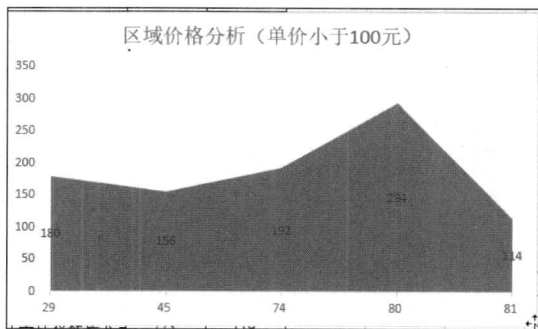

图 8.32　某区域价格的商品成交量分析

8.2.3　商品价格与销售总额分析

下面详细介绍如何分析商品价格与销售总额之间的关系，具体操作步骤如下。

案例分析——商品价格与销售总额分析	
数据文件	第 8 章\数据\商品价格与销售总额分析.xlsx
效果文件	第 8 章\效果\商品价格与销售总额分析.xlsx
视频文件	第 8 章\视频\商品价格与销售总额分析.mp4

Step **1** 打开"商品价格与销售总额分析.xlsx"工作簿，将数据按照"报价"升序排列，选中 D2 单元格，在编辑栏中输入公式"=B2*C2"，计算销售总额，向下拖动填充柄到 D26 单元格，计算所有商品的销售额。选中"报价"和"销售总额"两列数据，如图 8.33 所示。

Step **2** 打开"插入图表"对话框，在"组合"选项面板中设置"报价"和"销售总额"的"图表类型"为"折线图"，并将"销售总额"设置为"次坐标轴"，如图 8.34 所示。

图 8.33　计算商品销售总额

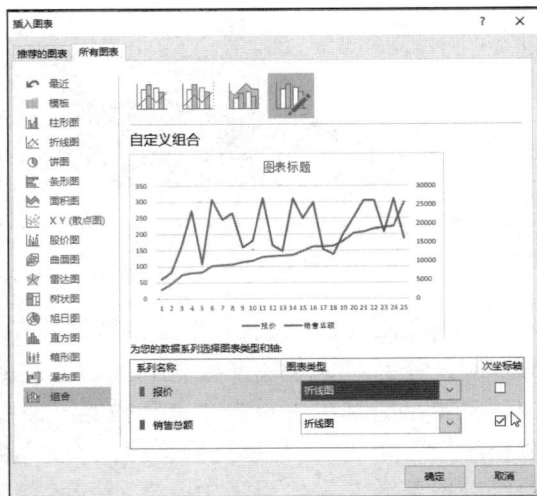

图 8.34　插入组合图

Step **3** 为了明显区别商品报价与销售总额的两条折线图，在"设置数据系列格式"面板中修改销售总额折线图的线条样式，如图 8.35 所示。

Step **4** 商品价格与销售总额分析效果图，如图 8.36 所示。

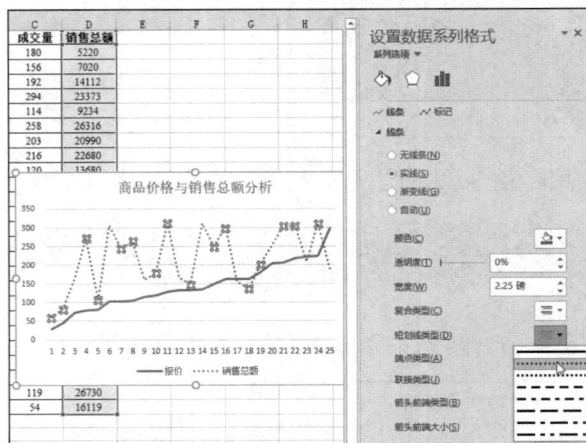

图 8.35　修改折线图样式

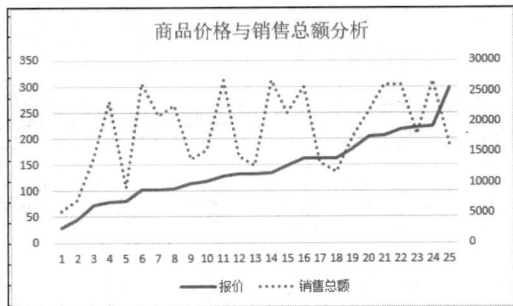

图 8.36　商品价格与销售总额分析效果图

8.3　商品采购成本分析

商品采购作为店铺销售的生命源泉，对店铺利润有至关重要的影响。合理的采购计划可以使店铺资金得到有效利用，减少资金的流出。

8.3.1　商品成本价格预测分析

商品的采购价格会受到很多因素的影响，因此在商品采购过程中要注意采购的时机，通过对商品成本价格的准确预测，可以节省一定的采购成本。下面介绍商品成本价格走势操作过程，具体操作步骤如下。

案例分析——商品成本价格走势分析	
数据文件	第 8 章\数据\商品成本价格走势.xlsx
效果文件	第 8 章\效果\商品成本价格走势.xlsx
视频文件	第 8 章\视频\商品成本价格走势.mp4

Step 1　打开"商品成本价格走势.xlsx"工作簿，打开"插入图表"对话框插入"折线图"，如图 8.37 所示。

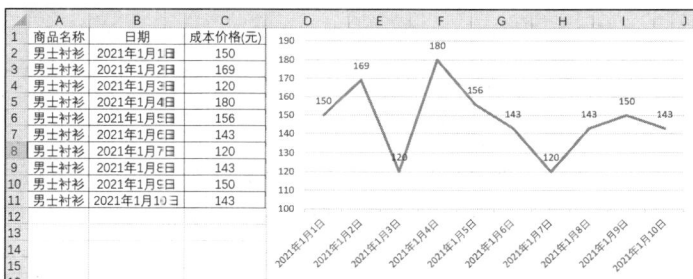

图 8.37　商品成本价格的趋势图

Step 2　单击"数据"选项卡"分析"选项组中的"数据分析"按钮，在弹出的"数据分析"对话框中选择"移动平均"选项，单击"确定"按钮，在弹出的"移动平均"对话框中，设置男士衬衫成本价格的一次移动平均参数，如图 8.38 所示。

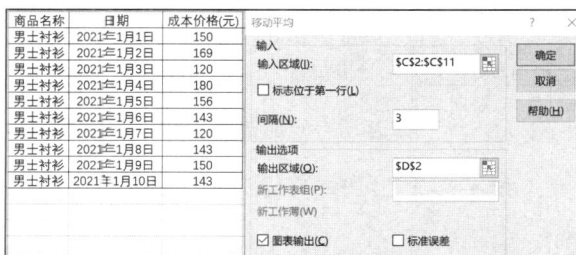

图 8.38　设置一次移动平均参数

Step 3 通过计算一次移动平均值，可以实现外推一期的预测，即对 2021 年 1 月 11 日的男士衬衫成本价格进行预测，应为 145.33 元，如图 8.39 所示。

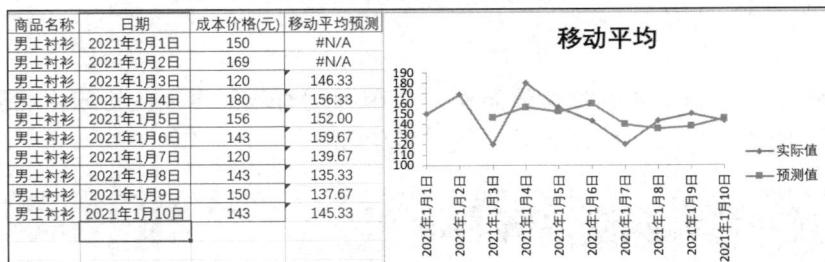

商品名称	日期	成本价格(元)	移动平均预测
男士衬衫	2021年1月1日	150	#N/A
男士衬衫	2021年1月2日	169	#N/A
男士衬衫	2021年1月3日	120	146.33
男士衬衫	2021年1月4日	180	156.33
男士衬衫	2021年1月5日	156	152.00
男士衬衫	2021年1月6日	143	159.67
男士衬衫	2021年1月7日	120	139.67
男士衬衫	2021年1月8日	143	135.33
男士衬衫	2021年1月9日	150	137.67
男士衬衫	2021年1月10日	143	145.33

图 8.39　成本价格的一次移动平均预测值

8.3.2　商品采购金额统计分析

在采购商品时，卖家通常会将商品分为几个大类，而每类商品可能包含不同的类型，用分类汇总的方式可以对同类商品的采购金额进行统计，然后分析不同商品采购金额占比。下面介绍如何统计同类商品采购金额，具体操作步骤如下。

1. 同类商品采购金额统计

案例分析——同类商品采购金额统计	
数据文件	第 8 章\数据\货物采购明细.xlsx
效果文件	第 8 章\效果\同类商品采购金额统计.xlsx
视频文件	第 8 章\视频\同类商品采购金额统计.mp4

Step 1 打开"货物采购明细.xlsx"工作簿，单击"数据"选项卡"排序和筛选"选项组中的"排序"按钮，弹出"排序"对话框，在"主要关键字"下拉列表中选择"货物名称"选项，然后单击"添加条件"按钮，如图 8.40 所示。

图 8.40　添加排序条件

Step 2 在"次要关键字"下拉列表中选择"进货成本"选项，然后单击"确定"按钮，如图 8.41 所示。

Step 3 在工作表中查看排序结果，如图 8.42 所示。

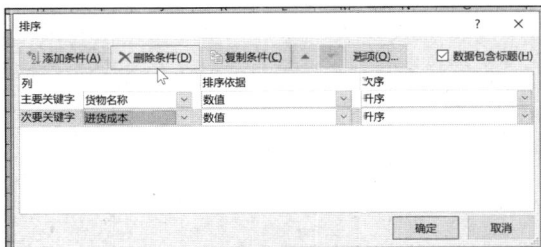

图 8.41　设置次要关键字

图 8.42　各类商品进货成本排序

Step 4　单击"数据"选项卡"分级显示"选项组中的"分类汇总"按钮，弹出"分类汇总"对话框，在"分类字段"下拉列表中选择"货物名称"选项，在"选定汇总项"列表框中勾选"进货成本"复选框，然后单击"确定"按钮，如图 8.43 所示。

Step 5　创建分类汇总后，按"货物名称"对"进货成本"进行求和汇总，结果如图 8.44 所示。

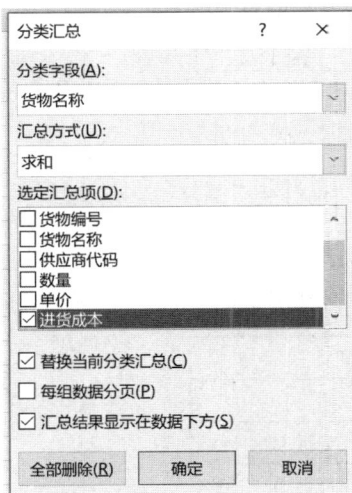

图 8.43　设置求和汇总参数

图 8.44　求和汇总结果

Step 6　打开"分类汇总"对话框，在"汇总方式"下拉列表中选择"平均值"选项，在"选定汇总项"列表框中勾选"单价"复选框，取消"进货成本"复选框的勾选，取消"替换当前分类汇总"复选框的勾选，然后单击"确定"按钮，如图 8.45 所示。

Step 7　创建嵌套分类汇总，在之前分类汇总的基础上按"货物名称"对"单价"进行平均值汇总，结果如图 8.46 所示。

Step 8　单击左侧的嵌套分类汇总展开按钮，可以得到不同层级的汇总结果，如图 8.47 所示。

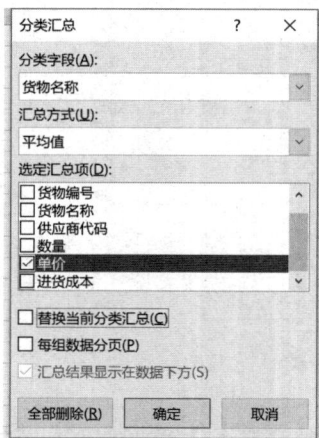

图 8.45　设置平均值汇总参数

	A	B	C	D	E	F	G
1	日期	货物编号	货物名称	供应商代码	数量	单价	进货成本
2	2021/1/1	NI23-56	板鞋	EN003	10	89	890
3	2021/1/2	JE10-01	板鞋	KK001	18	78	1404
4	2021/1/3	FR58-01	板鞋	JI003	16	109	1744
5	2021/1/4	DK19-52	板鞋	SU098	15	139	2085
6	2021/1/5	SI31-02	板鞋	JI003	16	149	2384
7	2021/1/6	XW99-02	板鞋	LE930	12	199	2388
8	2021/1/7	EJ93-02	板鞋	JI003	15	180	2700
9	2021/1/8	DF33-09	板鞋	JI003	22	129	2838
10	2021/1/9	JS89-02	板鞋	KK001	16	189	3024
11	2021/1/10	IO09-04	板鞋	LE930	22	169	3718
12			板鞋 平均值			143	
13			板鞋 汇总				23175
14	2021/1/11	HE33-09	休闲鞋	SU098	15	139	2085
15	2021/1/12	FJ20-45	休闲鞋	EN003	22	99	2178
16	2021/1/13	AD88-03	休闲鞋	KK001	18	239	4302
17			休闲鞋 平均值			159	
18			休闲鞋 汇总				8565
19	2021/1/14	HR45-05	运动鞋	EN003	12	129	1548
20	2021/1/15	RA33-04	运动鞋	SU098	12	130	1560
21	2021/1/16	MD96-45	运动鞋	EN003	20	89	1780
22			运动鞋 平均值			116	
23			运动鞋 汇总				4888
24			总计平均值			140.9	
25			总计				36628

图 8.46　嵌套分类汇总结果

	A	B	C	D	E	F	G
1	日期	货物编号	货物名称	供应商代码	数量	单价	进货成本
12			板鞋 平均值			143	
13			板鞋 汇总				23175
17			休闲鞋 平均值			159	
18			休闲鞋 汇总				8565
22			运动鞋 平均值			116	
23			运动鞋 汇总				4888
24			总计平均值			140.9	
25			总计				36628

图 8.47　嵌套分类的层级汇总结果

2. 不同商品采购金额占比分析

卖家应根据不同商品的采购金额占比，优化店铺商品结构，以获得更多的利润。下面将详细介绍如何分析不同商品的采购金额占比，具体操作步骤如下。

案例分析——不同商品采购金额占比分析	
数据文件	第 8 章\数据\货物采购明细.xlsx
效果文件	第 8 章\效果\不同商品采购金额占比分析.xlsx
视频文件	第 8 章\效果\不同商品采购金额占比分析.mp4

Step 1 打开"货物采购明细.xlsx"工作簿，选中 B21 单元格，单击"公式"选项卡"函数库"选项组中的"数学和三角函数"下拉按钮，在展开的下拉菜单中选择 SUMIF 选项。在打开的"函数参数"对话框中，设置各项参数，然后单击"确定"按钮，如图 8.48 所示。对"板鞋"成本进行求和，结果如图 8.49 所示。

Step 2 选中 B21 单元格，在编辑栏中复制公式"=SUMIF(C2:C17, C2, G2:G17)"，然后选中 B22 单元格，在编辑栏中粘贴公式，并将公式更改为"=SUMIF(C2:C17,"休闲鞋","G2:G17")"，采用同样的方法，对"运动鞋"成本进行求和，结果如图 8.50 所示。

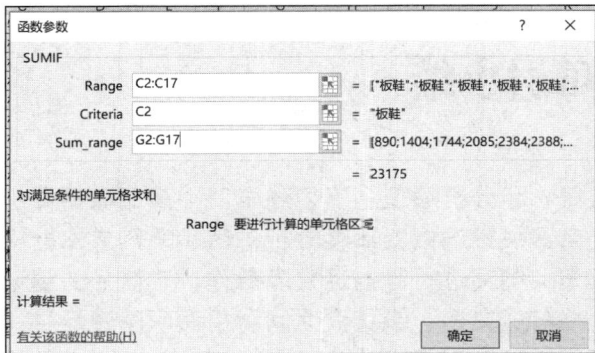

图 8.48　设置 SUM F 函数参数

图 8.49　板鞋的成本汇总

Step 3 选中 A21:B23 单元格区域，单击"插入"选项卡"图表"选项组中的"插入饼图或圆环图"下拉按钮，在展开的下拉菜单中选择"三维饼图"选项，如图 8.51 所示。

图 8.50　各类商品成本求和

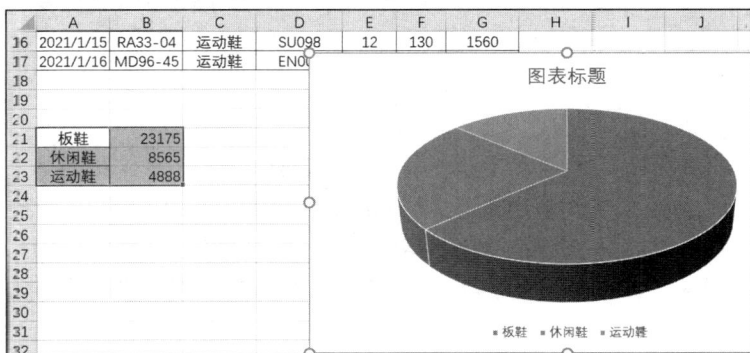

图 8.51　插入三维饼图

Step 4 移动图表到合适的位置，修改图表标题为"各类商品采购金额占比"，右击饼图，在弹出的菜单中单击"添加数据标签"命令，右击饼图，在弹出的菜单中单击"设置数据标签格式"命令，在打开的"设置数据标签格式"面板中勾选"百分比"复选框，在"分隔符"下拉列表中选择"新文本行"选项，如图 8.52 所示，完成对不同商品的采购金额占比分析。

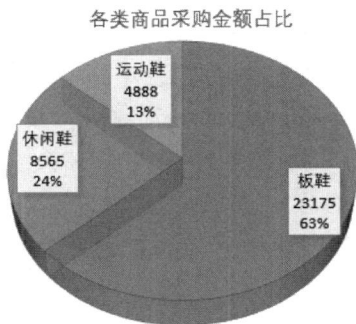

图 8.52　不同商品的采购金额占比结果

本章知识小结

    本章主要介绍了商品数据分析的基本概念和分析模型。我们还学习了商品数据分析的主要方法，包括商品搜索关键词统计，商品关键词搜索热度分析，商品采购成本分析与定价分析。并基于 Excel 图表对商品搜索关键词进行数据透视表操作，对商品关键词搜索热度进行条件格式可视化，对商品价格与成交量、销售额之间利用面积图进行统计分析，对商品成本价格的时间序列数据通过折线图进行趋势分析与预测，对商品的单价与进货成本进行了分类汇总统计。

本章考核检测评价

1. 判断题

（1）商品搜索就是卖家输入的关键词。（　　　）

（2）生成数据透视表后，原始数据改变，则透视表会随之变化。（　　　）

（3）数据透视表中的关键词是可以被修改的。（　　　）

（4）编辑格式规则的图表条件，"类型"选项为"百分比"和"数字"，结果不同。（　　　）

（5）商品的成本价格与商品单价表达相同的含义。（　　　）

2. 单选题

（1）对同类名称的商品计算比重，使用的值显示方式为（　　　）。

A. 总计的百分比   B. 列汇总的百分比

C. 父行汇总的百分比   D. 父级汇总的百分比

（2）在（　　　）投放搜索广告，主要用来导入流量、招募新用户。

A. 站外   B. 站内   C. 用户反馈   D. 行业宣传

（3）数据处理中遇到两列数据，数据维度差距较大，这个时候就需要用到 Excel 中的（　　　）。

A. 折线图   B. 组合图   C. 饼图   D. 条形图

（4）Excel 排序中可以添加的次序为（　　　）。

A. 升序   B. 降序   C. 自定义   D. 以上均可

（5）对商品成本价格趋势的预测可采用的方法为（　　　）。

A. 移动平均法   B. 聚类分析   C. 分类分析   D. 关联规则

3. 多选题

（1）搜索引擎推荐的方式主要包括（　　　）。

A. 给商品打标签　　　　　　　　B. 与用户输入匹配

C. 搜索结果展现　　　　　　　　D. 商品布局

（2）影响新产品定价的主要元素包括（　　　）。

A. 量化利益　　　　B. 市场规模　　　C. 最低限价　　　D. 投放价格

（3）Excel 分类汇总的功能，主要包括（　　　）。

A. 求和　　　　　　B. 求平均数　　　C. 求最大值　　　D. 求最小值

（4）在数据透视表中的"布局"组中单击"分类汇总"按钮，可以在（　　　）显示所有分类汇总。

A. 组的底部　　　　B. 组的顶部　　　C. 组的左侧　　　D. 组的右侧

（5）商品定价分析中，需要用到的数据项包括（　　　）。

A. 商品价格　　　　B. 客户数量　　　C. 成交量　　　　D. 销售额

4. 简答题

（1）商品关键词的主要来源有哪些？

（2）什么是商品属性？

（3）描述商品搜索关键词统计分析的主要步骤。

（4）描述商品价格与成交量分析的主要操作步骤。

（5）简述对商品采购金额进行分类汇总的主要过程。

5. 案例题

（1）基于某平台同类和相似商品的搜索数据，对该类商品的搜索关键词进行统计，同时分析该类商品的搜索热度变化情况。

（2）获取某卖家同类和相似商品的采购金额、进货成本、进货量、商品单价等数据，对该卖家的采购成本进行综合分析。

第 9 章
商品销售数据分析

【学习目标】

1. 熟悉商品销售的相关概念；
2. 掌握销售数据的统计与分析方法；
3. 掌握同类和不同商品销售的统计分析；
4. 掌握商品退货退款情况的统计方法。

【本章重点】

1. 对商品的销量进行排名与统计；
2. 分析商品退货退款的主要原因；
3. 资源约束情况下，不同商品的最优数量分配。

【本章难点】

1. 掌握畅销与滞销商品分析的方法；
2. 掌握同类商品和不同商品销售分析的方法。

【思维导图】

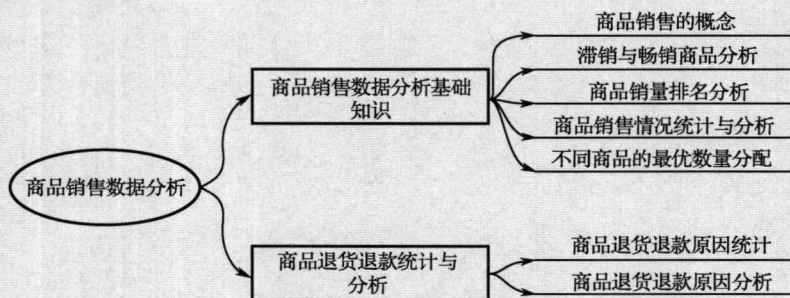

【知识导入】

一次改变日本国民饮品习惯的数据调查

20 世纪 70 年代，雀巢咖啡想打开日本市场。但是当时日本消费者更喜欢喝茶，没有喝咖啡的习惯。于是，雀巢对日本各个年龄段的消费者进行了测试，询问他们对雀巢咖啡的看法。经过反复调研，营销专家克洛泰尔发现，需要建立日本人与咖啡之间的连接。他排除众议在日本推出了几十种不同口味的咖啡糖，受到了广泛的欢迎，雀巢咖啡的销售额也随之逐年上涨。

从上述案例中可知，数据对于销售而言是非常重要的。通过定期对商品的销售数据进行统计与分析，商家可以了解各类商品的销售情况，进而采取相应对策，来提高店铺的经营水平和店铺口碑。那么如何对得到的商品数据进行统计分析呢？本章就来探究商品销售数据的分析方法。

9.1 商品销售数据分析基础知识

对商品销售数据的分析主要包括滞销与畅销商品分析、商品销量排名分析、商品销售情况统计与分析、不同商品的最优数量分配等。

9.1.1 商品销售的概念

销售是指企业通过人员或非人员方式，运用各种销售技术和手段，帮助和说服客户接受特定的产品、劳务及销售观点的整体活动过程。销售的中心问题是说服客户，实现商品买卖过程、信息沟通过程和人们心理活动过程的统一。销售的三个基本要素是推销的商品、推销对象及推销人员。

无论互联网催生出多少工具，销售的关键还是人，只有做到三个认知，才能做好营销。①理解消费者。消费者的需求是什么，怎样满足这种需求，营销人员要正确地分析、判断、解决需求，真正理解并满足消费者的需求，否则销售的目标就很难达成。②认识自己。商家要知道自己的长处在哪里，工作中要扬长避短，因为消费者的决策既有理性也有感性。③理解产品。知道产品的长处在哪里，能满足消费者的什么需求，要避免盲目自信，认为自己的产品能解决客户的所有问题。

9.1.2 滞销与畅销商品分析

卖家通过对商品销售情况进行分析，可以直观地判定哪些商品畅销，哪些商品滞销，然后针对不同销售状态的商品，选择不同的采购计划和销售策略。可结合"销售总数"与"总销售额"两个指标，分别赋予 0.8 和 0.2 的权重，综合计算商品的畅销和滞销情况。下面将介绍如何分析店铺中的畅销与滞销商品，具体操作步骤如下。

案例分析——滞销与畅销商品分析	
数据文件	第 9 章\数据\滞销与畅销商品分析.xlsx
效果文件	第 9 章\效果\滞销与畅销商品分析.xlsx
操作视频	第 9 章\视频\滞销与畅销商品分析.mp4

Step 1 打开"滞销与畅销商品分析.xlsx"工作簿，Sheet1 为"店铺月销售数据"，如图 9.1 所示。将 Sheet2 工作表重命名为"滞销与畅销商品分析"，在 A1:E1 和 G1:I1 单元格区域分别输入标题"商品编码"、"销售总数"、"总销售额"、"畅滞销比率"和"销售状态"。

Step 2 切换到"店铺月销售数据"工作表，选中 B2:B66 单元格区域，然后按下 Ctrl+C 组合键进行复制。再切换到"滞销与畅销商品分析"工作表，选中 A2 单元格，单击"粘贴"下拉按钮，在弹出的下拉菜单中选择"值"选项，如图 9.2 所示。

图 9.1 店铺月销售数据工作表

图 9.2 粘贴为"值"选项

Step 3 选中 A2:A66 单元格区域，单击"数据"选项卡"数据工具"选项组中的"删除重复值"按钮，选中 A 列，弹出"删除重复项警告"对话框，选中"以当前选定区域排序"单选按钮，单击"删除重复项"按钮，如图 9.3 所示。

Step 4 弹出提示对话框，单击"确定"按钮，如图 9.4 所示。

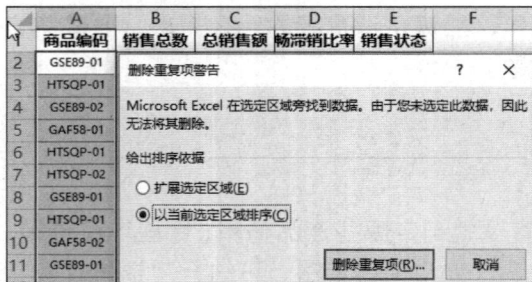

图 9.3 删除重复项警告

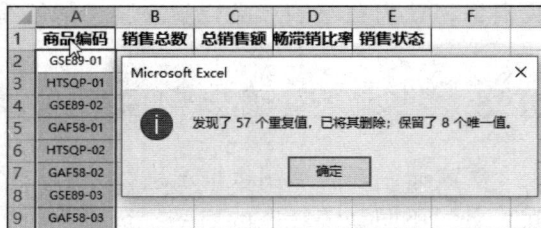

图 9.4 删除重复项操作成功的提示

Step 5 选中 A2:A9 单元格区域，单击"数据"选项卡"排序和筛选"选项组中的"排序"按钮，弹出"排序提醒"对话框，选中"以当前选定区域排序"单选按钮，然后单击"排序"按钮，如图 9.5 所示。

Step 6 弹出"排序"对话框，保持默认设置，单击"确定"按钮，如图 9.6 所示。

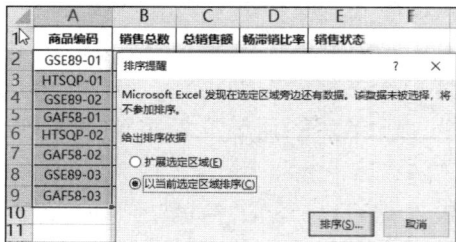

图 9.5　打开"排序提醒"对话框

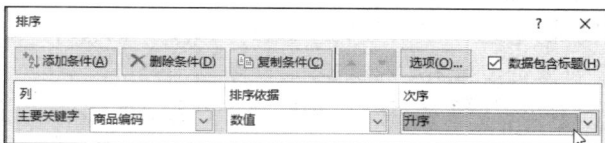

图 9.6　设置排序参数

Step 7 选中 B2 单元格，在编辑栏中输入公式"=SUMIF(店铺月销售数据!$B$2:$B$66,$A2,店铺月销售数据!$G$2:$G$66)"，并按下 Enter 键确认，计算相应商品的销售总数，如图 9.7 所示。

图 9.7　计算销售总数

Step 8 选中 C2 单元格，在编辑栏中输入公式"=SUMIF(店铺月销售数据!$B$2:$B$66,$A2,店铺月销售数据!SH$2:$H$66)"，并按下 Enter 键确认，计算相应商品的总销售额，如图 9.8 所示。

图 9.8　计算总销售额

Step 9 选中 B2:C2 单元格区域，向下拖动单元格区域右下角的填充柄至 C9 单元格，以填充公式。

Step 10 在 A10 单元格中输入文本"总计"，选中 B10:C10 单元格区域，在"开始"

选项卡"编辑"选项组中单击"求和"按钮。

Step 11 选中 C2:C10 单元格区域,右击,在弹出的菜单中单击"设置单元格格式"命令。

Step 12 弹出"设置单元格格式"对话框,在"分类"列表框中选择"数值"选项,设置"小数位数"为 2,勾选"使用千位分隔符"复选框,然后单击"确定"按钮。

Step 13 选中 D2 单元格,在编辑栏中输入公式"=B2/$B$10*0.8+C2/$C$10*0.2",并按下 Enter 键确认,计算畅滞销比率。打开"设置单元格格式"对话框,在"分类"列表框中选择"百分比"选项,设置"小数位数"为 2,然后利用填充柄将公式填充到该列其他单元格中,如图 9.9 所示。

Step 14 选中 E2 单元格,在编辑栏中输入公式"=IF(D2>18%,"畅销",IF(D2>10%,"一般","滞销"))",按下 Enter 键确认,计算销售状态,并利用填充柄将公式填充到该列其他单元格中,如图 9.10 所示。

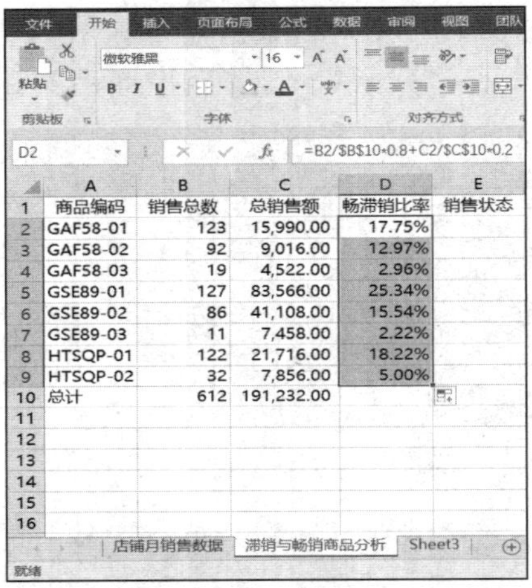

图 9.9 计算并填充畅滞销比率数据

图 9.10 计算并填充销售状态数据

【知识拓展】

运用长尾理论推销滞销商品

在亚马逊平台上销售的成千上万种图书中,一小部分畅销书占据总销量的一半,而另外绝大多数的图书虽然销量小,但凭借种类繁多,占据了总销量的另一半,这是长尾理论最经典的案例。长尾理论指只要产品的存储和流通的渠道足够大,需求不旺或销量不佳的滞销商品所共同占据的市场份额就可以和那些少数畅销产品所占据的市场份额相匹敌甚至更大。也就是说,企业的销售量不仅在于传统需求曲线上那个代表"畅销商品"的头部,还在于那条代表滞销商品而经常被人遗忘的长尾。

9.1.3 商品销量排名分析

卖家通过对商品销量进行排名,可以更直观地展现商品的销售情况,具体操作步骤如下。

案例分析——商品销量排名	
数据文件	第 9 章\数据\商品销量排名.xlsx
效果文件	第 9 章\效果\商品销量排名.xlsx
操作视频	第 9 章\视频\商品销量排名.mp4

Step 1 打开"商品销量排名.xlsx"工作簿，选择"滞销与畅销商品分析"工作表，在第一行输入"排名"、"商品编码"和"销售额"。选中 G2 单元格，在编辑栏中输入公式"=SMALL(RANK($C$2:$C$9,$C$2:$C$9),ROW()-1)"，并按下 Ctrl+Shift+Enter 组合键确认，生成数组公式，得出排名序号 1，如图 9.11 所示。

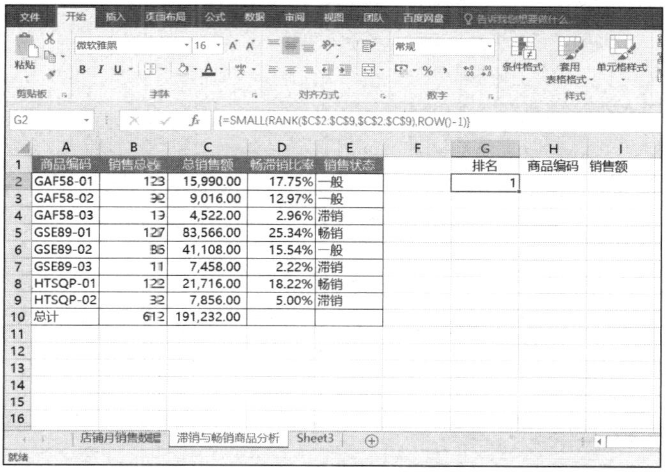

图 9.11　得出排名序号

Step 2 选中 I2 单元格，在编辑栏中输入公式"=LARGE($C$2:$C$9,ROW()-1)"，并按下 Enter 键确认，得出排名第一的销售额，如图 9.12 所示。

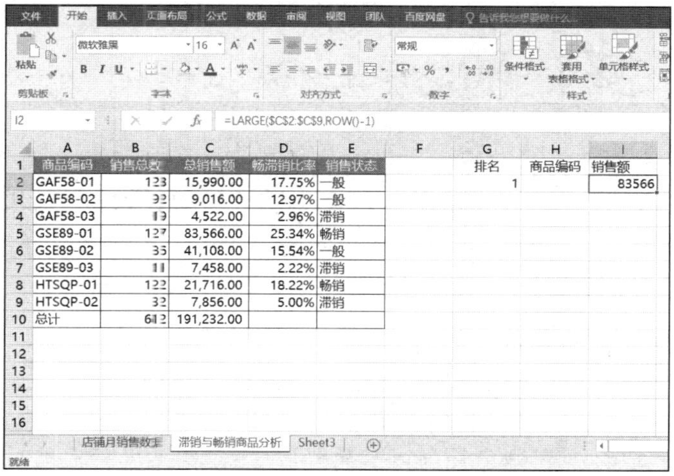

图 9.12　计算排名销售额

Step 3 选中 H2 单元格，在编辑栏中输入公式“=INDEX($A:$A,SMALL(IF($C$2:$C$9=I2,ROW($C$2:$C$9)),COUNTIF($G$2:$G2,G2)))”，并按下 Ctrl+Shift+Enter 组合键确认，得出相应的商品编码，如图 9.13 所示。

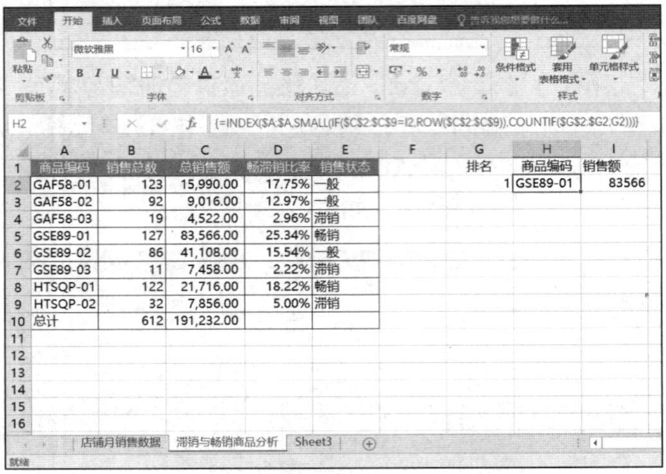

	A	B	C	D	E	F	G	H	I
1	商品编码	销售总数	总销售额	畅滞销比率	销售状态		排名	商品编码	销售额
2	GAF58-01	123	15,990.00	17.75%	一般		1	GSE89-01	83566
3	GAF58-02	92	9,016.00	12.97%	一般				
4	GAF58-03	19	4,522.00	2.96%	滞销				
5	GSE89-01	127	83,566.00	25.34%	畅销				
6	GSE89-02	86	41,108.00	15.54%	一般				
7	GSE89-03	11	7,458.00	2.22%	滞销				
8	HTSQP-01	122	21,716.00	18.22%	畅销				
9	HTSQP-02	32	7,856.00	5.00%	滞销				
10	总计	612	191,232.00						

图 9.13　得出商品编码

Step 4 选中 G2:I2 单元格区域，利用填充柄将公式填充到下方的单元格中。为 G1:I9 单元格区域设置字体格式、填充颜色、对齐方式和边框等格式，如图 9.14 所示。

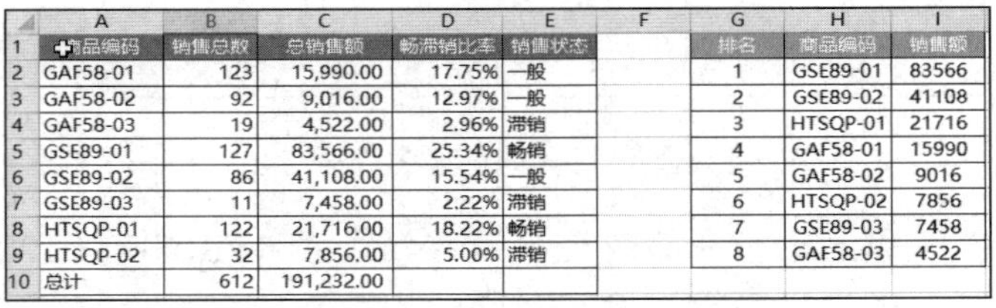

	A	B	C	D	E	F	G	H	I
1	商品编码	销售总数	总销售额	畅滞销比率	销售状态		排名	商品编码	销售额
2	GAF58-01	123	15,990.00	17.75%	一般		1	GSE89-01	83566
3	GAF58-02	92	9,016.00	12.97%	一般		2	GSE89-02	41108
4	GAF58-03	19	4,522.00	2.96%	滞销		3	HTSQP-01	21716
5	GSE89-01	127	83,566.00	25.34%	畅销		4	GAF58-01	15990
6	GSE89-02	86	41,108.00	15.54%	一般		5	GAF58-02	9016
7	GSE89-03	11	7,458.00	2.22%	滞销		6	HTSQP-02	7856
8	HTSQP-01	122	21,716.00	18.22%	畅销		7	GSE89-03	7458
9	HTSQP-02	32	7,856.00	5.00%	滞销		8	GAF58-03	4522
10	总计	612	191,232.00						

图 9.14　商品销量排名结果

9.1.4　商品销售情况统计与分析

卖家通过对不同商品销售情况的统计与分析，可以根据数据来直观地判定哪些商品卖得好，哪些商品的销量不容乐观，从而相应地调整采购计划、经营策略和促销方式等，以提高店铺的下单量和成交量。下面介绍如何通过 Excel 的分类汇总功能对不同商品的销售情况进行统计与分析。

1. 不同商品销售情况统计与分析

案例分析——不同商品销量和销售额分类统计	
数据文件	第 9 章\数据\商品销量数据.xlsx
效果文件	第 9 章\效果\不同商品销量和销售额分类统计.xlsx
操作视频	第 9 章\视频\不同商品销量和销售额分类统计.mp4

Step 1 打开"商品销量数据.xlsx"工作簿，如图 9.15 所示。

	A	B	C	D	E
1	订单编号	买家会员名	买家账号	宝贝标题名称	销售总金额
2	4857523245466	MCD	134****7268	Note10	2990
3	1558745413545	CNY	168****4542	Note10	2990
4	1542224595557	NDD	171****3525	Note10	2990
5	1236584557865	BND	186****2485	Note10	2990
6	1225453542254	OKK	187****5275	Note10	2990
7	1154336558754	IIK	151****9853	Note10	2990
8	8890566554588	MUD	189****4552	OPPO	880
9	5478865442547	NWS	177****7542	OPPO	880
10	5412354588355	VRE	183****7525	OPPO	880
11	2548435487651	ASS	181****9852	OPPO	880
12	1659875444515	MNU	185****5261	OPPO	880
13	8442357851354	BAA	145****2584	Redmi	1340
14	5845335458975	TBA	180****2578	Redmi	1340
15	1525443554875	YYA	152****7825	Redmi	1340
16	1245698411555	ATT	187****4524	Redmi	1340

图 9.15   商品销量数据

Step 2 在"数据"选项卡，"分级显示"选项组中单击"分类汇总"按钮。弹出"分类汇总"对话框，在"分类字段"下拉列表框中选择"宝贝标题名称"选项，在"汇总方式"下拉列表框中选择"计数"选项，在"选定汇总项"列表框中勾选"宝贝标题名称"复选框，然后单击"确定"按钮，如图 9.16 所示。

Step 3 此时，Excel 即可按照同类商品进行计数汇总。单击工作表左上方的分级显示按钮，汇总效果如图 9.17 所示。显示 2 级分类数据，查看不同商品的销售统计结果。

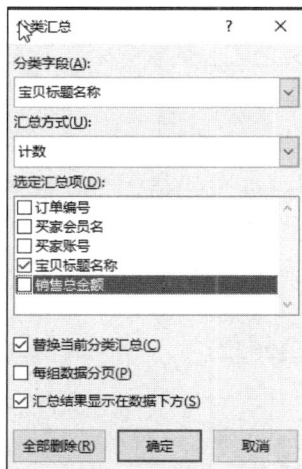

图 9.16   设置计数汇总方式

	A	B	C	D	E
1	订单编号	买家会员名	买家账号	宝贝标题名称	销售总金额
2	4857523245466	MCD	134****7268	Note10	2990
3	1558745413545	CNY	168****4542	Note10	2990
4	1542224595557	NDD	171****3525	Note10	2990
5	1236584557865	BND	186****2485	Note10	2990
6	1225453542254	OKK	187****5275	Note10	2990
7	1154336558754	IIK	151****9853	Note10	2990
8				Note10 计数	6
9	8890566554588	MUD	189****4552	OPPO	880
10	5478865442547	NWS	177****7542	OPPO	880
11	5412354588355	VRE	183****7525	OPPO	880
12	2548435487651	ASS	181****9852	OPPO	880
13	1659875444515	MNU	185****5261	OPPO	880
14				OPPO 计数	5
15	8442357851354	BAA	145****2584	Redmi	1340
16	5845335458975	TBA	180****2578	Redmi	1340
17	1525443554875	YYA	152****7825	Redmi	1340
18	1245698411555	ATT	187****4524	Redmi	1340
19				Redmi 计数	4
20				总计数	15

图 9.17   查看不同商品的销量汇总效果

Step 4 对"宝贝标题名称"列进行升序排序，打开"分类汇总"对话框，在"分类字段"下拉列表框中选择"宝贝标题名称"选项，在"汇总方式"下拉列表框中选择"求和"选项，在"选定汇总项"列表框中勾选"销售总金额"复选框，然后单击"确定"按钮，如图 9.18 所示。不同商品的销售额分类汇总结果如图 9.19 所示。

<table>
</table>

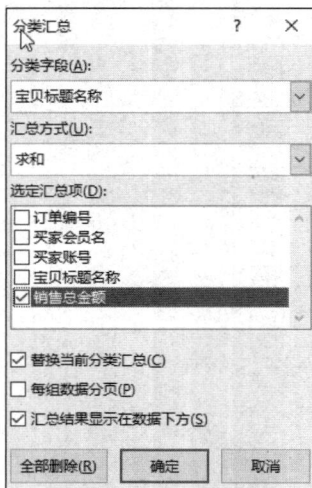

图 9.18　设置求和汇总方式　　　　图 9.19　查看不同商品的销售额分类汇总

2. 同类商品销售情况统计与分析

对于同类商品而言，不同颜色、尺寸的商品销售情况可能会有所不同，甚至差距很大。卖家需要对不同属性商品的销售情况进行统计和分析，然后做出正确的采购和销售策略，具体操作步骤如下。

案例分析——同类商品销售情况统计与分析	
数据文件	第 9 章\数据\同类商品销售数据.xlsx
效果文件	第 9 章\效果\同类商品销售情况统计与分析.xlsx
操作视频	第 9 章\视频\同类商品销售情况统计与分析.mp4

Step 1 打开"同类商品销售数据.xlsx"工作簿，选中 D2 单元格，在"数据"选项卡"排序和筛选"选项组中单击"升序"按钮，对"颜色"列数据进行排序，如图 9.20 所示。

图 9.20　对同类商品按照颜色升序排列

Step 2 在"分级显示"选项组中单击"分类汇总"按钮，弹出"分类汇总"对话框，在"分类字段"下拉列表框中选择"颜色"选项，在"汇总方式"下拉列表框中选择"求和"选项，在"选定汇总项"列表框中勾选"成交数量"复选框，然后单击"确定"按钮，如图 9.21 所示。对同类商品按颜色进行分类汇总，结果如图 9.22 所示。

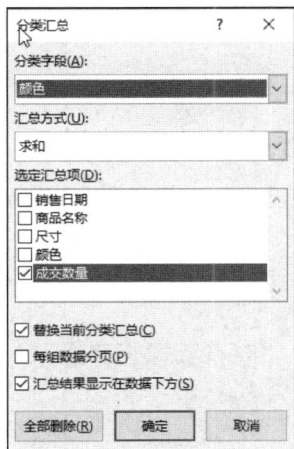

1 2 3		A	B	C	D	E
	1	销售日期	商品名称	尺寸	颜色	成交数量
	2	2021/3/4	短袖T恤男polo衫商务时尚休闲	S	藏青	8
	3	2021/3/11	短袖T恤男polo衫商务时尚休闲	XXL	藏青	10
	4	2021/3/16	短袖T恤男polo衫商务时尚休闲	XXL	藏青	12
	5	2021/3/19	短袖T恤男polo衫商务时尚休闲	S	藏青	16
	6	2021/3/19	短袖T恤男polo衫商务时尚休闲	M	藏青	12
	7				藏青 汇总	58
	8	2021/3/4	短袖T恤男polo衫商务时尚休闲	M	淡紫	20
	9	2021/3/8	短袖T恤男polo衫商务时尚休闲	XL	淡紫	4
	10	2021/3/19	短袖T恤男polo衫商务时尚休闲	L	淡紫	4
	11	2021/3/19	短袖T恤男polo衫商务时尚休闲	L	淡紫	24
	12	2021/3/30	短袖T恤男polo衫商务时尚休闲	XXL	淡紫	20
	13				淡紫 汇总	72
	14	2021/3/6	短袖T恤男polo衫商务时尚休闲	M	卡其	30
	15	2021/3/9	短袖T恤男polo衫商务时尚休闲	S	卡其	10
	16	2021/3/11	短袖T恤男polo衫商务时尚休闲	S	卡其	12
	17	2021/3/24	短袖T恤男polo衫商务时尚休闲	L	卡其	30
	18	2021/3/25	短袖T恤男polo衫商务时尚休闲	M	卡其	16
	19				卡其 汇总	98
	20	2021/3/16	短袖T恤男polo衫商务时尚休闲	M	玫红	18
	21	2021/3/19	短袖T恤男polo衫商务时尚休闲	XL	玫红	16
	22	2021/3/24	短袖T恤男polo衫商务时尚休闲	XL	玫红	16
	23	2021/3/24	短袖T恤男polo衫商务时尚休闲	XL	玫红	16
	24	2021/3/25	短袖T恤男polo衫商务时尚休闲	L	玫红	18
	25				玫红 汇总	84
	26	2021/3/6	短袖T恤男polo衫商务时尚休闲	XL	米白	12
	27	2021/3/11	短袖T恤男polo衫商务时尚休闲	M	米白	16
	28	2021/3/15	短袖T恤男polo衫商务时尚休闲	L	米白	20
	29	2021/3/19	短袖T恤男polo衫商务时尚休闲	XXL	米白	18
	30				米白 汇总	66
	31	2021/3/11	短袖T恤男polo衫商务时尚休闲	L	牛仔蓝	16
	32	2021/3/18	短袖T恤男polo衫商务时尚休闲	XL	牛仔蓝	22
	33	2021/3/24	短袖T恤男polo衫商务时尚休闲	S	牛仔蓝	10
	34	2021/3/30	短袖T恤男polo衫商务时尚休闲	L	牛仔蓝	24
	35				牛仔蓝 汇总	72
	36				总计	450

图 9.21 设置分类汇总参数　　　　图 9.22 对同类商品按颜色分类汇总结果

Step 3 系统自动按照不同的颜色对商品成交数量进行求和汇总。单击工作表左上方的分级按钮 2，显示 2 级分级数据。对"成交数量"列中的数据进行升序排列，如图 9.23 所示。此时，卖家即可对不同颜色的商品销售情况进行分析。

Step 4 继续对不同尺寸的同类商品销售情况进行统计分析。打开"同类商品销量数据.xlsx"工作簿，选中 F2 单元格，在"插入"选项卡"表格"选项组中单击"数据透视表"按钮，弹出"创建数据透视表"对话框，选中"现有工作表"单选按钮，设置"位置"为 Sheet3!$F$2，然后单击"确定"按钮，如图 9.24 所示。

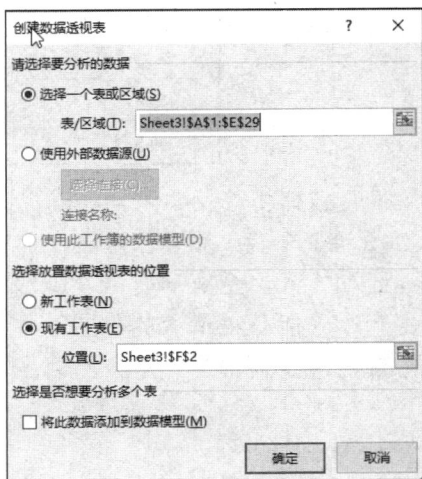

1 3		A	B	C	D	E
	1	销售日期	商品名称	尺寸	颜色	成交数量
	7				藏青 汇总	58
	12				米白 汇总	66
	18				淡紫 汇总	72
	23				牛仔蓝 汇总	72
	29				玫红 汇总	84
	35				卡其 汇总	98
	36				总计	450

图 9.23 对成交数量按颜色升序排列　　　　图 9.24 设置数据:透视表

Step 5 打开"数据透视表字段"面板，将"尺寸"字段拖至"行"列表框，将"成交数量"字段拖至"值"列表框，如图9.25所示。

Step 6 选中G3单元格，在"数据"选项卡"排序和筛选"选项组中单击"降序"按钮，对成交数量进行排序，如图9.26所示。此时，卖家即可对不同尺寸的商品销售情况进行分析。

图9.25 添加数据透视表字段　　　　图9.26 不同尺寸的商品销售情况

9.1.5 不同商品的最优数量分配

企业生产的各类商品，可以通过科学的计算获得更大的利润。但是最大的利润是在若干资源约束被满足的前提下实现的。下面将介绍如何运用数学规划方法确定不同商品的生产方案。

案例分析——不同商品的数量分配	
数据文件	第9章\数据\不同商品的数量分配.xlsx
效果文件	第9章\效果\不同商品的数量分配.xlsx
操作视频	第9章\视频\不同商品的数量分配.mp4

某企业拟生产甲、乙两种商品，每件甲商品需消耗A资源1千克，每件乙商品需消耗B资源2千克，甲、乙两种商品需消耗C资源分别为3千克和4千克，利润分别为每件3元和5元。企业现有A、B、C资源存量为8千克、12千克、36千克，问应如何安排生产，才能获得最大的收益？

首先，设分别生产甲、乙商品 x_1 和 x_2 件，则线性规划模型如下。

$$Z_{max} = 3x_1 + 5x_2$$

$$\text{s.t.}\begin{cases} x_1 \leq 8 \\ 2x_2 \leq 12 \\ 3x_1 + 4x_2 \leq 36 \\ x_1 \geq 0, \quad x_2 \geq 0 \end{cases}$$

Step 1 启动 Excel，在"文件"选项卡中单击"选项"按钮，弹出"Excel 选项"对话框，在左侧选择"加载项"选项，然后单击"转到"按钮，如图 9.27 所示。

Step 2 弹出"加载项"对话框，勾选"规划求解加载项"复选框，然后单击"确定"按钮，如图 9.28 所示。

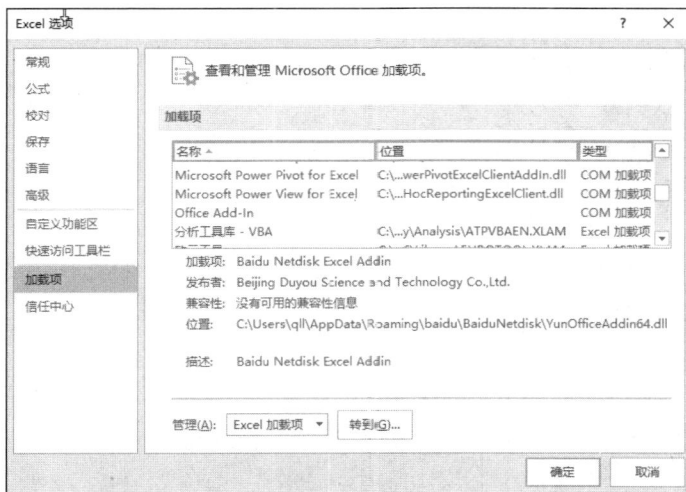

<table>
<tr><td>

Excel 选项

	查看和管理 Microsoft Office 加载项。
常规	
公式	**加载项**
校对	
保存	名称 ▲ / 位置 / 类型
语言	Microsoft Power Pivot for Excel / C:\...werPivotExcelClientAddIn.dll / COM 加载项
高级	Microsoft Power View for Excel / C:\...HocReportingExcelClient.dll / COM 加载项
自定义功能区	Office Add-In / / COM 加载项
快速访问工具栏	分析工具库 - VBA / C:\...y\Analysis\ATPVBAEN.XLAM / Excel 加载项
加载项	
信任中心	加载项：Baidu Netdisk Excel Addin
	发布者：Beijing Duyou Science and Technology Co.,Ltd.
	兼容性：没有可用的兼容性信息
	位置：C:\Users\qll\AppData\Roaming\baidu\BaiduNetdisk\YunOfficeAddin64.dll
	描述：Baidu Netdisk Excel Addin
	管理(A)：Excel 加载项 ▼ 转到(G)...
	确定 取消

</td><td>

加载项

可用加载宏(A)：
☐ Euro Currency Tools
☐ 分析工具库
☐ 分析工具库 - VBA
☑ 规划求解加载项

确定
取消
浏览(B)...
自动化(U)...

规划求解加载项
用于优化和公式求解的工具

</td></tr>
</table>

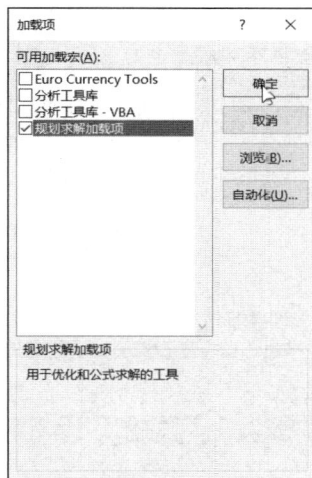

图 9.27　设置加载项　　　　图 9.28　加载"规划求解加载项"选项

Step 3 打开"不同商品的数量分配.xlsx"工作簿，把线性规划模型中已知的消耗系数、右端常数和价值系数输入到工作表中，如图 9.29 所示。

Step 4 选中 E3 单元格，在编辑栏中输入公式"=B3*$B$8+C3*$B$9"，如图 9.30 所示。利用填充柄将公式填充到 E7 单元格中，计算各约束条件的取值。选中 B10 单元格，在编辑栏中输入公式"=B2*B8+C2*B9"，并按下 Enter 键确认，计算实际的利润值。

	A	B	C	D	E
1	自变量	x1	x2	价值系数 数	
2	目标函数	3	5		约束条件取值
3	约束方程	1	0	8	右端常数 0
4	消耗系数	0	2	12	0
5		3	4	36	0
6		1	0	0	0
7		0	1	0	0
8	x1				
9	x2				
10	目标函数				

图 9.29　根据线性规划模型输入参数值

E3　　fx　=B3*$B$8+C3*$B$9

	A	B	C	D	E
1	自变量	x1	x2	常数	
2	目标函数	3	5	0	约束条件取值
3	约束方程	1	0	8	0
4		0	2	12	0
5		3	4	36	0
6		1	0	0	0
7		0	1	0	0
8	x1				
9	x2				
10	目标函数				

图 9.30　计算目标函数和约束条件的取值

Step 5 单击"数据"选项卡"分析"选项组中的"规划求解"按钮，弹出"规划求解参数"对话框，设置"设置目标"为 B10，选中"最大值"单选按钮，然后单击"通过更改可变单元格"选项右侧的折叠按钮，选中 B8:B9 单元格区域，如图 9.31 所示。

Step 6 在"规划求解参数"对话框中添加第一个约束条件，单击"添加"按钮，

商务数据分析与应用

弹出"添加约束"对话框，如图 9.32 所示。采用同样的方法，添加所有约束条件，单击"求解"按钮，如图 9.33 所示。

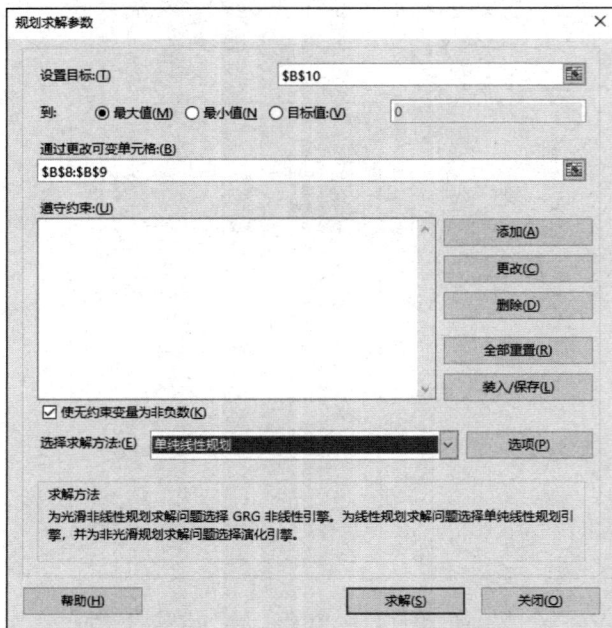

图 9.31 设置目标和决策变量

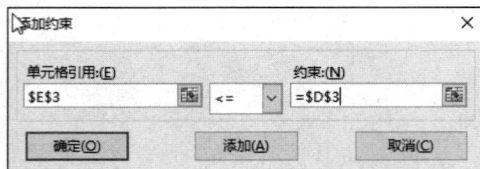

图 9.32 添加约束条件

Step 7 设置规划求解结果的各项参数，单击"确定"按钮，如图 9.34 所示。

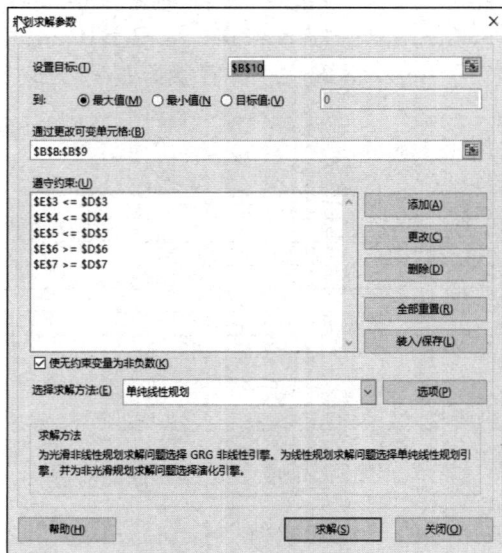

图 9.33 添加全部约束条件

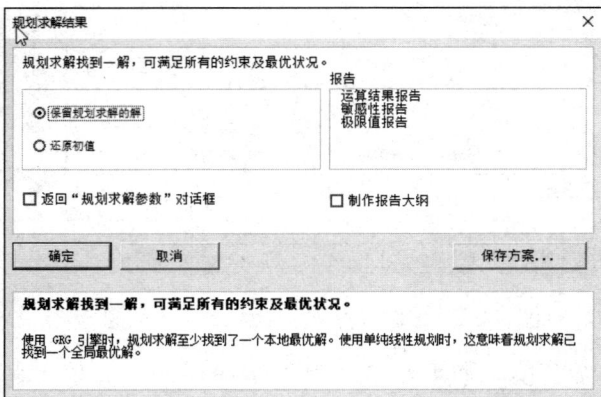

图 9.34 设置规划求解结果的各项参数

Step 8 甲、乙最优解分别为 4 件和 6 件，而最大利润为 42 元，如图 9.35 所示。

	A	B	C	D	E
1	自变量	x1	x2	常数	
2	目标函数	3	5	0	约束条件取值
3	约束方程	1	0	8	4
4		0	2	12	12
5		3	4	36	36
6		1	0	0	4
7		0	1	0	6
8	x1	4			
9	x2	6			
10	目标函数	42			

图 9.35　线性规划问题的最优解和最优值

9.2　商品退货退款统计与分析

卖家通过对退货退款情况进行统计与分析，能够更好地减少退货退款数量，提高经营水平与店铺口碑。

9.2.1　商品退货退款原因统计

对于卖家来说，退货退款既是对消费者的郑重承诺，也是发现店铺自身问题的有效时机。下面将详细介绍如何对退货退款原因进行统计，具体操作步骤如下。

案例分析——退货退款原因统计	
数据文件	第 9 章\数据\退货退款原因统计.xlsx
效果文件	第 9 章\效果\退货退款原因统计.xlsx
操作视频	第 9 章\视频\退货退款原因统计.mp4

Step 1 打开“退货退款原因统计.xlsx”工作簿，复制 E2:E14 单元格区域数据，并将其粘贴到 I2:I14 单元格区域中。单击“数据”选项卡“数据工具”选项组中的“删除重复值”按钮。

Step 2 弹出“删除重复项警告”对话框，保持默认设置，单击“删除重复项”按钮。

Step 3 弹出提示对话框，单击“确定”按钮。

Step 4 选中 I2:I6 单元格区域并复制数据，选中 K2 单元格，单击“开始”选项卡“剪贴板”选项组中的“粘贴”下拉按钮，在弹出的下拉菜单中选择“转置”选项，如图 9.36 所示。

Step 5 选中 I2:I6 单元格区域，单击“开始”选项卡“编辑”选项组中的“清除”下拉按钮，在弹出的下拉菜单中选择“全部清除”选项，如图 9.37 所示。

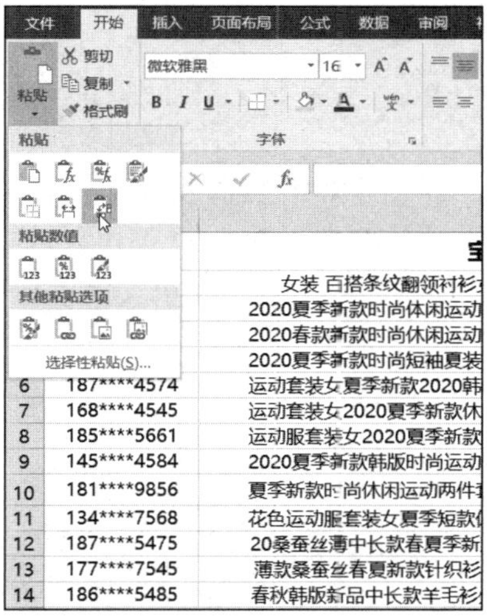

图 9.36　转置粘贴

商务数据分析与应用

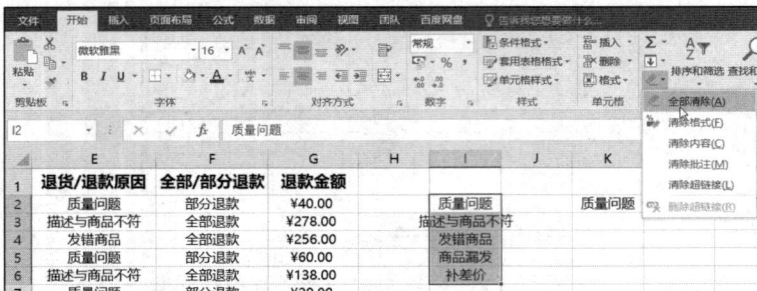

图 9.37　清除所选数据

Step 6　选中 K3 单元格，在编辑栏中输入公式"=COUNTIF($E$2:$E$14,K2)"，并按下 Enter 键确认，对退货与退款原因进行统计。使用填充柄将 K3 单元格中的公式填充到右侧单元格中，如图 9.38 所示。

Step 7　选中 K2:O3 单元格区域，在"插入"选项卡"图表"选项组中选择"饼图"选项。根据需要对图表进行美化，如图 9.39 所示。此时，卖家即可清晰地查看退货退款原因的占比情况。

图 9.38　填充公式

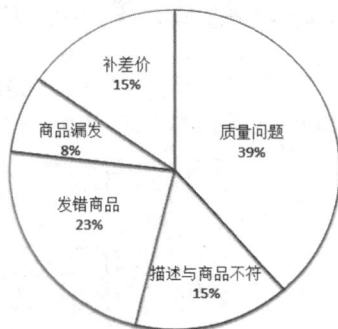

图 9.39　统计退货退款原因

9.2.2　商品退货退款原因分析

通过对商品退货退款原因进行分析，卖家可以找出自身问题，从而不断改善和提高店铺的服务质量，改善自己的销售策略等，具体操作方法如下。

案例分析——退货退款原因分析	
数据文件	第 9 章\数据\退货退款原因分析.xlsx
效果文件	第 9 章\效果\退货退款原因分析.xlsx
操作视频	第 9 章\视频\退货退款原因分析.mp4

Step 1　打开"退货退款原因分析.xlsx"工作簿，选中 B1:D14 单元格区域，单击"插入"选项卡"表格"选项组中的"数据透视表"按钮，打开"创建数据透视表"对话框，如图 9.40 所示。

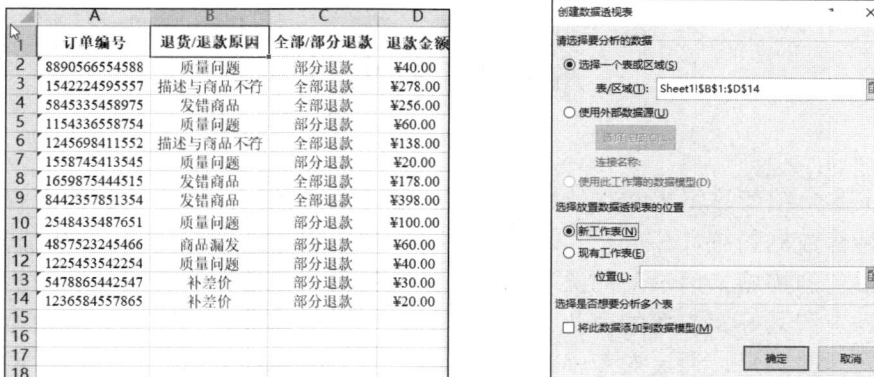

图 9.40　创建数据透视表

Step 2 单击"确定"按钮，打开"数据透视表字段"面板，将"全部/部分退款"和"退款/退货原因"字段拖至"行"列表框，将"退款金额"字段拖至"值"列表框，如图 9.41 所示。

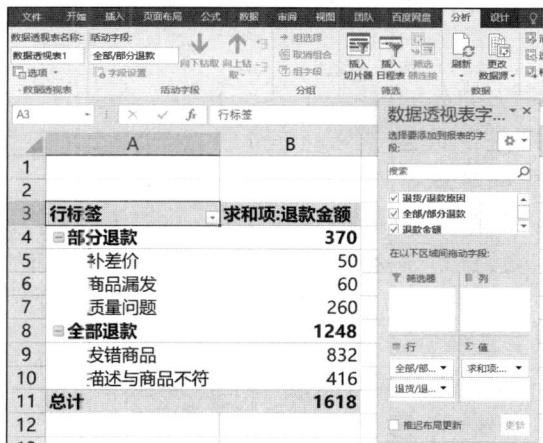

图 9.41　设置数据透视表字段

Step 3 在"退款金额"列的任一单元格上右击，在弹出的菜单中单击"值显示方式"→"总计的百分比"命令，以"总计的百分比"显示数据，如图 9.42 所示。在"退款金额"列的任一单元格上右击，在弹出的菜单中单击"值显示方式"→"行汇总的百分比"命令，如图 9.43 所示。通过这些统计数据，卖家即可对商品退货退款的原因进行分析，并予以改进或完善。

行标签	求和项:退款金额
⊟部分退款	22.87%
补差价	3.09%
商品漏发	3.71%
质量问题	16.07%
⊟全部退款	77.13%
发错商品	51.42%
描述与商品不符	25.71%
总计	100.00%

图 9.42　总计的百分比

行标签	求和项:退款金额
⊟部分退款	22.87%
补差价	13.51%
商品漏发	16.22%
质量问题	70.27%
⊟全部退款	77.13%
发错商品	66.67%
描述与商品不符	33.33%
总计	100.00%

图 9.43　行汇总的百分比

本章知识小结

　　本章主要介绍商品销售数据的统计分析，这是商务数据分析中的重要内容之一。通过对商品销售数据的统计和分析，及时发现和解决店铺中存在的问题，对畅销和滞销的商品采取相应的措施；通过对同类和不同商品的销量和销售额进行统计和分析，及时了解客户的需求和爱好及市场的变化情况；在满足各种约束的条件下，计算各类商品在获得最大利润时的数量；通过对商品退货退款情况进行统计与分析，进一步了解退货原因和退款数量，提高经营水平与企业效益。

本章考核检测评价

1. 判断题

（1）销售是指商家卖出商品的过程。（　　　）

（2）销售的中心问题是说服客户。（　　　）

（3）商品价格是销售的基本要素之一。（　　　）

（4）通过对同类商品的销售情况进行统计分析，可以了解客户的需求和爱好。（　　　）

（5）商品的各种销售数据对于提高经营水平、店铺口碑等有很多帮助。（　　　）

2. 单选题

（1）下列可以用作 Excel 函数参数的是（　　　）。

A. 数　　　　　　　B. 单元　　　　　C. 区域　　　　　　　D. 三者都可

（2）如果删除了公式中引用的单元，则该单元显示（　　　）。

A. ###　　　　　　B. ?　　　　　　C. ERROR!　　　　D. 以上都可能

（3）Excel 同时对多个字段进行排序，需要（　　　）操作。

A. 升序　　　　　　B. 降序　　　　　C. 添加排序条件　　D. 筛选

（4）在一个已经建立格式并输入了数据的工作表中，要将选定的单元格区域恢复为无格式的空单元格而不影响工作表中其他数据，应使用（　　　）。

　　A. Delete 键　　　　　　　　　　　B. 快捷菜单的"删除"命令

　　C. "编辑"菜单的"清除"命令　　　　D. 工具栏的"剪切"工具按钮

（5）在 Excel 工作表的 B3 和 B4 单元格中分别输入 2 和 5，然后选中 B3:B4 单元格区域，按住鼠标左键将填充柄拖拽到 B7 单元格，在 B5:B7 单元格区域得到的数据顺序为（　　　）。

　　A. 6 7 8　　　　　　B. 7 12 19　　　　C. 5 5 5　　　　　　D. 8 11 14

3. 多选题

（1）在 Excel 中，可以对表格中的数据进行（　　　）等统计处理。

A. 求和 　　　　　　B. 汇总 　　　　　C. 排序 　　　　　　D. 索引

（2）在 Excel 中，设置单元格格式，包括数字、（　　　）、边框、填充和保护。

A. 颜色 　　　　　　B. 对齐 　　　　　C. 下划线 　　　　　D. 字体

（3）粘贴原单元格的所有内容包括（　　　）。

A. 公式 　　　　　　B. 值 　　　　　　C. 格式 　　　　　　D. 附注

（4）在 Excel 中，以下能够改变单元格格式的操作有（　　　）。

A. 执行"编辑"选项组中的"单元格"命令

B. 执行"插入"选项卡中的"单元格"命令

C. 执行右键快捷菜单中的"设置单元格格式"命令

D. 单击工具栏中的格式刷按钮

（5）在 Excel 中，利用填充功能可以方便实现（　　　）的填充。

A. 等差数值 　　　　B. 等比数值 　　　C. 多项式 　　　　　D. 方程组

4. 简答题

（1）销售的特征是什么？

（2）销售的三个基本要素是什么？

（3）分析商品的畅销和滞销情况。

（4）建立线性规划模型，计算符合多个约束条件的最优商品数量。

（5）获取商品售后数据，分析该商品退货和退款的原因。

5. 案例题

（1）采集某商品销售数据信息，对该商品的畅销与滞销情况进行分析。

（2）获取不同商品销售信息，对其销量、销售额进行分类统计。

第 10 章
商品库存数据分析

【学习目标】

1. 了解商品库存管理的基础知识；
2. 掌握 ABC 库存管理分类法；
3. 掌握库存商品安全库存计算；
4. 了解库存商品状态展示与分析过程；
5. 掌握库存周转率的计算方法。

【本章重点】

1. 按照 ABC 分类法对商品库存进行正确划分；
2. 计算商品的安全库存和库存状态；
3. 掌握库存周转率的统计分析方法。

【本章难点】

1. ABC 库存管理分类法；
2. 库存商品安全库存计算。

【思维导图】

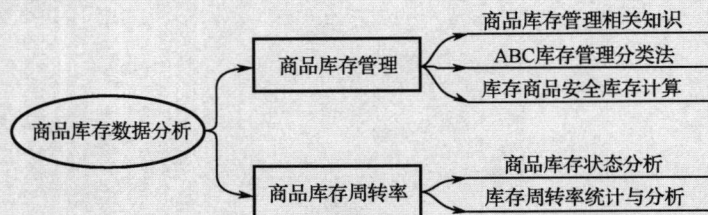

【知识导入】

一汽大众通过物流整合提高效益

一汽大众汽车有限公司正式成立于1991年，是由中国第一汽车集团公司和德国大众汽车股份有限公司共同投资组建的合资企业。为了提高竞争能力，公司在市场销售开拓、技术创新投入等方面采取了多种举措，并引入了现代化的计算机管理模式，通过企业资源计划ERP系统对企业物流进行了高效整合。在采购管理中，首先根据主生产计划和物料清单对库存量进行查对，快速计算出所缺物料的品种、数量和进货时间，将采购进货需求下达到各个工厂。然后由采购人员从系统中查看各供应商的历史信息，根据其价格、供货质量、服务等指标来选择供应商。这样既能准确、高质量地实现物料采购，又缩短了采购周期。由此可见，科学的库存管理和准确及时的采购，可节约大量的人力和时间，使库存量大大降低，很好地优化库存资金占用情况。

10.1　商品库存管理

商品库存是影响企业营利的重要因素之一，库存管理不当将导致商品大量积压，严重占用现金流，因此库存管理是每个企业必须高度重视的问题。

10.1.1　商品库存管理相关知识

1. 什么是库存管理

库存管理是对企业生产、经营全过程的各种物品、产成品及其他资源进行管理和控制，使其储备保持在经济合理的水平。库存管理包括仓库管理和库存控制两个部分。仓库管理是指库存物料的科学保管，以减少损耗，方便存取；库存控制则是要求控制合理的库存水平，即用最少的投资和库存管理费用，维持合理的库存，以满足使用部门的需求和减少缺货损失。

2. 库存控制的作用

库存控制的作用主要包括以下几个方面。①在保证企业生产经营需求的前提下，使库存量经常保持在合理的水平上。②掌握库存量动态，适时适量提出订货，避免超储或缺货。③减少库存空间占用，降低库存总费用。④控制库存资金占用，加速资金周转。

要对库存进行合理控制。库存量过大将增加仓库面积和库存保管费用，提高产品成本；将占用大量流动资金，既加重货款利息等负担，又会影响资金的时间价值和机会收益；造成产成品和原材料的有形损耗或无形损耗；造成企业资源的大量闲置，影响其合理配置和优化；掩盖企业生产经营全过程的各种矛盾和问题，不利于企业提高管理水平。库存量过小将造成服务水平下降，影响销售利润和企业信誉；造成生产系统原材料或其他物料供应不足，影响生产过程的正常进行；缩短订货间隔期，增加订货次数，进而提高订货（生产）成本；影响生产过程的均衡性和装配时的成套性。

3. 库存周转

库存管理的主要内容是库存周转。库存周转包括前线存货的周转和后备存货的周转两种类型。前线存货是指陈列在货架或者零售商购物环境处的散装商品；后备存货是指存放在仓库中用于补货的货物。库存周转要求销售人员一方面应及时向客户补充货物，保证货架上的产品陈列符合生动化和代表性标准；另一方面应遵循先进先出的原则进行存货周转，目的是保证提供给消费者的产品永远是新鲜的。库存周转就是对暂未卖出的产品依据先进先出的原则进行循环。

库存周转不仅是企业库存管理的主要内容，也是公司销售人员的重要工作职责之一。销售人员必须明白，库存周转可以有效而且直接地刺激销售。显然，如果陈列在货架上的货物卖完了没有及时补货，可能就会失去许多销售机会；同时，存放在仓库里的产品若因失去了销售机会而无法卖出去，可能将无法再顺利卖出。另外，没有存货就没有利润。货架上没有的产品是无法卖出去的，合理的产品存货是保证有货可卖最基本的方法。总的来说，库存是企业价值链的重要一环，它能保证商品的供应，防止商品短缺和供应中断。因此，需要对仓库中的商品数据进行相应的管理和分析，并以直观和简洁的方式进行展示、分析和处理。

▶ 10.1.2　ABC 库存管理分类法

1. ABC 库存管理法的基本原理

ABC 分析法源于帕累托曲线。意大利经济学家帕累托在 1879 年研究米兰城市财富的社会分配时得出一个重要结论：80%的财富掌握在 20%人的手中，即"关键的少数和次要的多数"规律。这一规律普遍存在于社会的各个领域，称为帕累托现象。一般来说，企业的库存物资种类繁多，每个品种的价格不同，且库存数量也不等。有的物资品种不多但价值很高，而有的物资品种很多但价值不高。由于企业的资源有限，因此在进行库存控制时，要求企业将注意力集中在比较重要的库存物资上，依据库存物资的重要程度分别管理，这就是 ABC 分类管理的思想。ABC 库存管理法将企业的全部存货分为 A、B、C 三类。管理时，将金额高的 A 类物资（这类存货出库的金额大约占到全部存货出库总金额的 70%）作为重点管理与控制的对象；B 类物资按照通常的方法进行管理和控制（这类存货出库的金额大约占到全部存货出库总金额的 25%）；C 类物资品种数量繁多但价值不大（这类存货出库的金额大约占到全部存货出库总金额的 5%），可以采用最简便的方法加以管理和控制。

2. ABC 库存管理的基本方法

下面详细介绍 ABC 库存管理法的操作过程，具体操作步骤如下。

案例分析——ABC 库存管理法	
数据文件	第 10 章\数据\ABC 库存管理法.xlsx
效果文件	第 10 章\效果\ABC 库存管理法.xlsx
视频文件	第 10 章\视频\ABC 库存管理法.mp4

Step 1 打开 "ABC 库存管理法.xlsx" 工作簿，如图 10.1 所示。

	A	B	C	D
1	编号	产品	单价	数量
2	产品1	手机	¥1,648.00	950
3	产品2	电瓶车	¥2,100.00	288
4	产品3	自行车	¥368.00	1230
5	产品4	鼠标	¥123.00	2550
6	产品5	咖啡	¥3.50	37286

图 10.1　打开库存数据的工作表

Step 2 在第一行输入表头信息，如图 10.2 所示。

	A	B	C	D	E	F	G	H	I
1	编号	产品	单价	数量	金额	累计金额	比例	累计比例	ABC分类

图 10.2　输入表头信息

Step 3 单击快速访问工具栏中的下拉按钮，在弹出的菜单中单击"其他命令"命令，打开"Excel 选项"对话框，单击"从下列位置选择命令"下拉按钮，在弹出的下拉列表中选择"不在功能区中的命令"选项，在下方的列表框中选择"记录单"选项，单击"添加"按钮将其添加到右侧的快速访问工具栏列表框中，单击"确定"按钮，如图 10.3 所示。

图 10.3　添加记录单功能

Step 4 返回工作表中，选择任意单元格，在快速访问工具栏中单击添加的"记录单"按钮，打开记录单对话框，单击"新建"按钮，在对应文本框中输入相应的库存资料数据，输入完成后再次单击"新建"按钮便可继续添加下一条供应商信息，如图 10.4 所示。完成后返回工作表中，即可查看所添加的库存资料信息。

Step 5 右击 C 列，在弹出的菜单中单击"设置单元格格式"命令，打开"设置单元格格式"对话框。设置"分类"为"货币"，"小数位数"为 2，单击"确定"按钮，如图 10.5 所示。

图 10.4 输入"库存"数据　　　　图 10.5 设置单元格格式

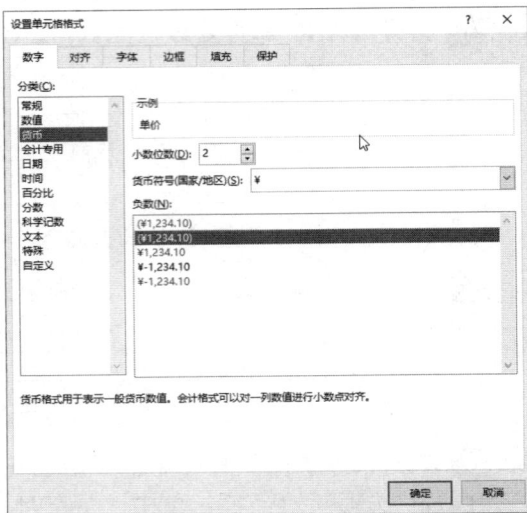

Step 6 选中 E2 单元格，在编辑栏中输入公式"=C2*D2"，将光标移到 E2 单元格右下角，待光标变成"+"形状时双击，将函数填充到 E17 单元格。选择工作表所有数据，复制并进行选择性粘贴，选中"数值"单选按钮，如图 10.6 所示。

Step 7 右击 E1 单元格，在弹出的菜单中单击"排序"→"降序"命令，如图 10.7 所示。

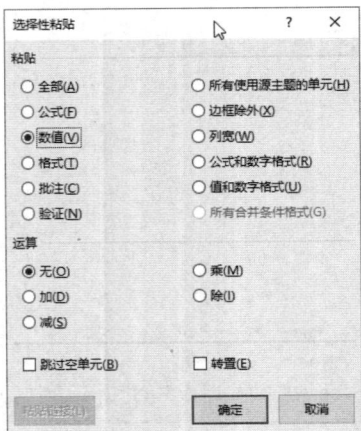

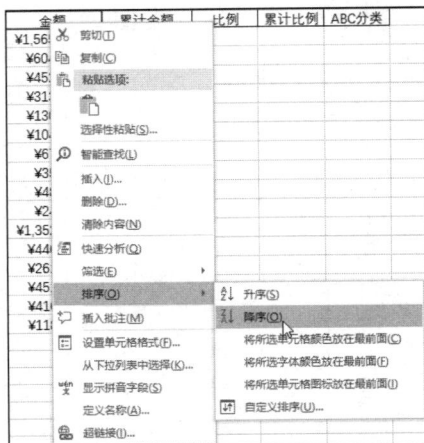

图 10.6 选择性粘贴　　　　图 10.7 设置金额降序排列

Step 8 选中 F2 单元格，在编辑栏中输入公式"=E2"。选中 F3 单元格，在编辑栏中输入公式"=F2+E3"，将光标移到 F3 单元格右下角，待光标变成"+"形状时双击，将函数填充到 F17 单元格。

Step 9 选中 G2 单元格，在编辑栏中输入公式"=E2/$F$17"。将光标移到 G2 单元格右下角，待光标变成"+"形状时双击，将函数填充到 G17 单元格。

Step 10 选中 H2 单元格，在编辑栏中输入公式"=G2"。选中 H3 单元格，在编辑栏中输入公式"=H2+G3"，将光标移到 H3 单元格右下角，待光标变成"+"形状时双击，将函数填充到 H17 单元格，如图 10.8 所示。

	A	B	C	D	E	F	G	H
1	编号	产品	单价	数量	金额	累计金额	比例	累计比例
2	产品1	手机	¥1,648.00	950	¥1,565,600.00	¥1,565,600.00	0.245	0.245
3	产品11	衬衣	¥108.00	12520	¥1,352,160.00	¥2,917,760.00	0.211	0.456
4	产品2	电瓶车	¥2,100.00	288	¥604,800.00	¥3,522,560.00	0.095	0.551
5	产品3	自行车	¥368.00	1230	¥452,640.00	¥3,975,200.00	0.071	0.622
6	产品14	钢笔	¥154.00	2930	¥451,220.00	¥4,426,420.00	0.071	0.692
7	产品12	洗发水	¥23.00	19406	¥446,338.00	¥4,872,758.00	0.070	0.762
8	产品15	银项链	¥1,300.00	320	¥416,000.00	¥5,288,758.00	0.065	0.827
9	产品4	鼠标	¥123.00	2550	¥313,650.00	¥5,602,408.00	0.049	0.876
10	产品13	饼干	¥8.00	32734	¥261,872.00	¥5,864,280.00	0.041	0.917
11	产品5	咖啡	¥3.50	37286	¥130,501.00	¥5,994,781.00	0.020	0.938
12	产品16	方便面	¥4.50	26248	¥118,116.00	¥6,112,897.00	0.018	0.956
13	产品6	奶粉	¥2.80	37274	¥104,367.20	¥6,217,264.20	0.016	0.972
14	产品7	口香糖	¥2.50	27150	¥67,875.00	¥6,285,139.20	0.011	0.983
15	产品9	四级词汇	¥16.80	2870	¥48,216.00	¥6,333,355.20	0.008	0.991
16	产品8	矿泉水	¥1.00	35186	¥35,186.00	¥6,368,541.20	0.006	0.996
17	产品10	台灯	¥58.00	426	¥24,708.00	¥6,393,249.20	0.004	1.000

图 10.8　商品的 ABC 分类数据

Step 11 根据累计比例，累计比例低于 70% 的是 A 类，70%~95% 的是 B 类，超过 95% 的是 C 类。ABC 分类结果如图 10.9 所示。

	A	B	C	D	E	F	G	H	I
1	编号	产品	单价	数量	金额	累计金额	比例	累计比例	ABC分类
2	产品1	手机	¥1,648.00	950	¥1,565,600.00	¥1,565,600.00	0.245	0.245	A
3	产品11	衬衣	¥108.00	12520	¥1,352,160.00	¥2,917,760.00	0.211	0.456	A
4	产品2	电瓶车	¥2,100.00	288	¥604,800.00	¥3,522,560.00	0.095	0.551	A
5	产品3	自行车	¥368.00	1230	¥452,640.00	¥3,975,200.00	0.071	0.622	A
6	产品14	钢笔	¥154.00	2930	¥451,220.00	¥4,426,420.00	0.071	0.692	A
7	产品12	洗发水	¥23.00	19406	¥446,338.00	¥4,872,758.00	0.070	0.762	B
8	产品15	银项链	¥1,300.00	320	¥416,000.00	¥5,288,758.00	0.065	0.827	B
9	产品4	鼠标	¥123.00	2550	¥313,650.00	¥5,602,408.00	0.049	0.876	B
10	产品13	饼干	¥8.00	32734	¥261,872.00	¥5,864,280.00	0.041	0.917	B
11	产品5	咖啡	¥3.50	37286	¥130,501.00	¥5,994,781.00	0.020	0.938	B
12	产品16	方便面	¥4.50	26248	¥118,116.00	¥6,112,897.00	0.018	0.956	C
13	产品6	奶粉	¥2.80	37274	¥104,367.20	¥6,217,264.20	0.016	0.972	C
14	产品7	口香糖	¥2.50	27150	¥67,875.00	¥6,285,139.20	0.011	0.983	C
15	产品9	四级词汇	¥16.80	2870	¥48,216.00	¥6,333,355.20	0.008	0.991	C
16	产品8	矿泉水	¥1.00	35186	¥35,186.00	¥6,368,541.20	0.006	0.996	C
17	产品10	台灯	¥58.00	426	¥24,708.00	¥6,393,249.20	0.004	1.000	C

图 10.9　商品的 ABC 分类结果

Step 12 在 L2:L7 单元格区域中，依次输入 A 类商品手机、衬衣、电瓶车、自行车、钢笔，将剩余产品归为"其他"。复制 G2:G6 单元格区域内容并以"数值"形式选择性粘贴至 M2:M6 单元格区域。选中 M7 单元格，在编辑栏中输入公式"=SUM（G7:G17）"。选中 L2:M7 单元格区域，单击"插入"选项卡"图表"选项组中的"插入饼图或圆环图"下拉按钮，在弹出的下拉菜单中选择"二维饼图"选项区域中的"饼图"

选项。将图表移到合适位置，单击"图片设计"选项卡"图表布局"选项组中的"快速布局"下拉按钮，在弹出的下拉菜单中选择第一个布局选项，结果如图 10.10 所示。

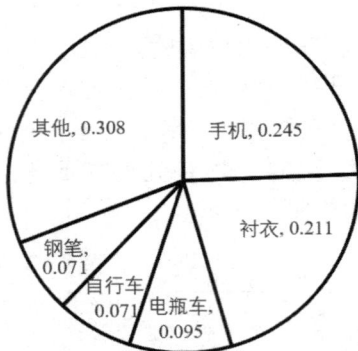

图 10.10　A 类商品与其他商品库存金额比例的饼图

▶ 10.1.3　库存商品安全库存计算

在库存管理中，不仅要对库存的整体情况进行统计分析，还要对商品的个体情况进行整理、统计和分析，如是否存在损坏、维修或积压等情况。在管理商品库存时，要让库存变得"智能"起来，也就是自动"提示"哪些商品库存过多，哪些商品不足需要及时补货，使商品入库或采购计划更加及时适用。Excel 程序无法实现语音智能提示，但能用智能显示的方式来提示，如利用信号灯样式。

下面介绍库存商品安全库存的计算方法，将库存差异（实际库存数与标准库存数之差）大于 7 的数据显示绿灯标识（表示库存充足），将库存差异小于等于 2 的数据显示红灯标识（表示需及时补货），具体操作步骤如下。

案例分析——库存商品安全库存计算	
数据文件	第 10 章\数据\库存商品安全库存计算.xlsx
效果文件	第 10 章\效果\库存商品安全库存计算.xlsx
视频文件	第 10 章\视频\库存商品安全库存计算.mp4

Step 1 打开"库存商品安全库存计算.xlsx"工作簿，如图 10.11 所示。

Step 2 选中 L2 单元格，在编辑栏中输入公式"=J2-K2"，将光标移到 L2 单元格右下角，待光标变成"+"形状时双击，填充公式到数据末行。

Step 3 选中 L2:L18 单元格区域，单击"开始"选项卡"样式"选项组中的"条件格式"下拉按钮，在弹出的下拉菜单中单击"新建规则"命令，打开"新建格式规则"对话框。单击"样式格式"下拉按钮，在弹出的下拉列表中选择"图标集"选项，参数设置如图 10.12 所示。

	A	B	C	D	E	F	G	H	I	J	K
1	宝贝	品牌	类型/尺寸	颜色	单位	期初数量	入库数量	入库时间	出库数量	结存数量	库存标准量
2	平板电脑	AP	6英寸	白色	台	6	8	2021/5/1	6	8	5
3	平板电脑	AP	7英寸	灰色	台	10	6	2021/5/1	6	10	8
4	平板电脑	DE	11英寸	红色	台	7	7	2021/5/1	4	10	5
5	平板电脑	DE	7英寸	紫色	台	6	8	2021/5/1	3	11	5
6	平板电脑	HD	7英寸	粉色	台	6	9	2021/5/1	4	11	4
7	智能手机	SW	6.0英寸	金色	台	5	6	2021/5/2	2	9	6
8	智能手机	SW	5.6英寸	白色	台	6	10	2021/5/2	5	11	7
9	智能手机	SW	5.6英寸	黑色	台	5	9	2021/5/2	7	7	6
10	智能手机	HW	5.4英寸	白色	台	7	6	2021/5/2	6	7	6
11	智能手机	HW	5.5英寸	黑色	台	10	5	2021/5/3	4	11	4
12	智能手机	HW	6.0英寸	白色	台	6	6	2021/5/4	5	7	6
13	智能手机	HW	5.4英寸	黑色	台	6	6	2021/5/5	4	8	8
14	单反相机	CA	高端	黑色	台	4	7	2021/5/13	4	7	6
15	单反相机	CA	高端	黑色	台	8	6	2021/5/14	3	11	4
16	单反相机	CA	高端	黑色	台	8	8	2021/5/15	5	11	9
17	单反相机	CA	高端	黑色	台	7	9	2021/5/15	5	12	6
18	单反相机	CA	高端	黑色	台	5	11	2021/5/15	4	12	5

图 10.11　打开"商品库存状态"工作表

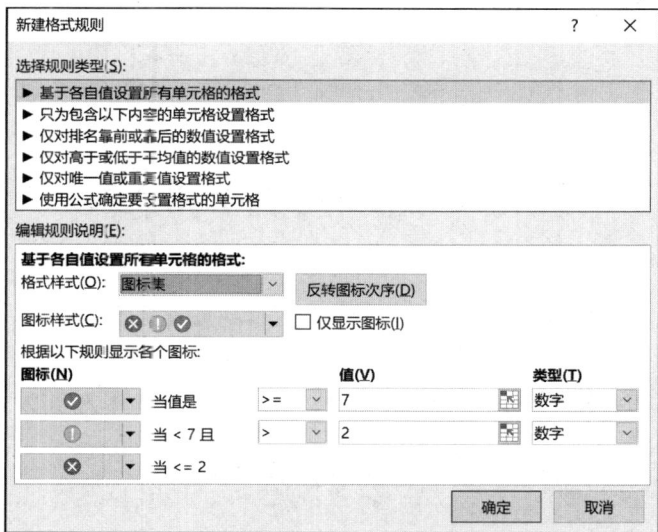

图 10.12　设置条件格式

Step 4 单击"插入"选项卡"插图"选项组中的"形状"下拉按钮，在弹出的下拉菜单中选择"文本框"选项。在工作表中按住鼠标左键不放，绘制文本框，并将光标定位在文本框中输入相应的内容（"红灯"标识表示的含义及"绿灯"标识表示的含义，中间分行隔开），如图 10.13 所示。

绿对号: 库存差≥7，表示库存充裕，不需要及时补货
黄叹号: 2<库存差<7,表示有一定库存，需准备补货计划
红叉号: 库存差≤2,表示库存接近标准库存数据，需要及时采购补货

图 10.13　输入库存状态的含义

Step 5 选择文本框中输入的说明文本，在"开始"选择卡"字体"选项组中分别设置"字体"和"字号"为"微软雅黑"和 10，在"对齐方式"选项组中单击"垂直居

中"和"左对齐"按钮,单击表格任意位置退出文本编辑状态,设置完成后的效果如图 10.14 所示。

	A	B	C	D	E	F	G	H	I	J	K	L	
1	宝贝	品牌	类型/尺寸	颜色	单位	期初数量	入库数量	入库时间	出库数量	结存数量	库存标准量	库存差异	
2	平板电脑	AP	6英寸	白色	台	6	8	2021/5/1	6	8	5	①	3
3	平板电脑	AP	7英寸	灰色	台	10	6	2021/5/1	6	10	8	✕	2
4	平板电脑	DE	11英寸	红色	台	7	7	2021/5/1	4	10	5	①	5
5	平板电脑	DE	7英寸	紫色	台	6	8	2021/5/1	3	11	5	①	6
6	平板电脑	HD	7英寸	粉色	台	6	9	2021/5/1	4	11	4	✓	7
7	智能手机	SW	6.0英寸	金色	台	6	5	2021/5/2	2	9	6	①	3
8	智能手机	SW	5.6英寸	白色	台	6	10	2021/5/2	5	11	7	①	4
9	智能手机	SW	5.6英寸	黑色	台	5	9	2021/5/2	7	7	6	✕	1
10	智能手机	HW	5.4英寸	白色	台	6	7	2021/5/2	6	7	5	✕	2
11	智能手机	HW	5.5英寸	黑色	台	10	5	2021/5/3	4	11	4	✓	7
12	智能手机	HW	6.0英寸	白色	台	6	6	2021/5/4	5	7	6	①	1
13	智能手机	HW	5.4英寸	黑色	台	6	6	2021/5/5	5	7	7	✕	0
14	单反相机	CA	高端	黑色	台	4	7	2021/5/13	7	7	7	✕	2
15	单反相机	CA	高端	黑色	台	8	8	2021/5/14	3	11	4	✓	7
16	单反相机	CA	高端	黑色	台	8	8	2021/5/15	5	11	9	✕	2
17	单反相机	CA	高端	黑色	台	7	9	2021/5/15	4	12	8	①	4
18	单反相机	CA	高端	黑色	台	5	11	2021/5/15	4	12	5	✓	7
19													
20				绿对号:库存差≥7,表示库存充裕,不需要及时补货									
21				黄叹号:2<库存差<7,表示有一定库存,需准备补货计划									
22				红叉号:库存差≤2,表示库存按近标准库存数据,需要及时采购补货									
23													

图 10.14　库存商品状态统计的最终效果图

10.2　商品库存周转率

存货的大量积压说明商品销售不畅,预示该商品属滞销商品,久而久之就会导致卖家失去利润来源。因此,对商品状态进行分析,有利于卖家及时做出决策,预防库存出现积压。下面将详细介绍如何对库存商品状态及周转率进行展示和分析。

10.2.1　商品库存状态分析

由于入库和出库的不均衡,仓库中的商品会出现供不应求、刚好合适或者入库大于出库(积压)等多种状态。通过对商品的库存状态进行直观展示,并对未来的情况进行预测,商家就可对该商品的入库和出库进行调整。要达到对库存状态的直观展示,就必须获取当前的库存数据(当然它是需要动态计算获得的,因为入库数据和出库数据在不断变化),然后用带有次要坐标轴的组合图表进行展示和分析。下面以某商家 2021 年 5 月上半月的库存数据为例,预测该商品未来是否可能成为积压商品,具体操作如下。

案例分析——商品库存状态分析	
数据文件	第 10 章\数据\商品库存状态分析.xlsx
效果文件	第 10 章\效果\商品库存状态分析.xlsx
视频文件	第 10 章\视频\商品库存状态分析.mp4

Step 1 打开"商品库存状态分析.xlsx"工作簿,在 Sheet2 工作表中选中 C2 单元格,在编辑栏中输入公式"=B2+B3−B4",即第二天的库存量=(前一天库存量+入库−出

库）。使用填充柄横向填充公式到 P2 单元格，计算出当前库存数据，结果如图 10.15 所示。

C2		× ✓ fx	=B2+B3-B4													
▲	A	B	C	D	E	F	G	H	I	J	K	L	M	N	O	P
1	日期	2021/5/1	2021/5/2	2021/5/3	2021/5/4	2021/5/5	2021/5/6	2021/5/7	2021/5/8	2021/5/9	2021/5/10	2021/5/11	2021/5/12	2021/5/13	2021/5/14	2021/5/15
2	库存	5	6	7	11	14	18	20	21	20	21	20	19	17	18	16
3	入库	2	3	4	7	6	7	4	3	2	4	1	2	4	4	3
4	出库	1	2	3	4	2	5	3	4	1	5	2	4	3	6	2

图 10.15　计算当前库存数据

Step 2　选中 A1:P3 单元格区域，单击"插入"选项卡"图表"选项组中的"插入柱形图或条形图"下拉按钮，在弹出的下拉菜单中选择"二维柱形图"选项区域中的"簇状柱形图"选项。将图表移到合适位置，并输入图表标题"商品库存状态分析"，单击"图表设计"选项卡"图表布局"选项组中的"快速布局"下拉按钮，在弹出的下拉菜单中选择"布局 1"选项，如图 10.16 所示。

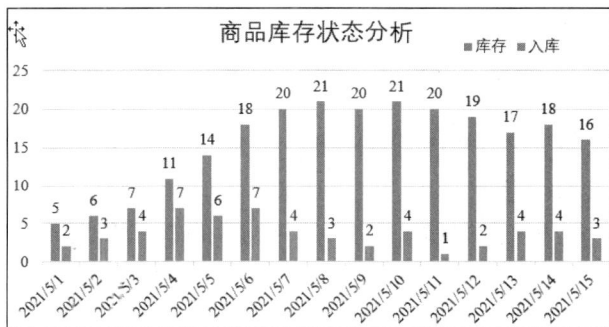

图 10.16　制作柱形图

Step 3　在 A5 单元格中输入"库存积压值"，在 B5:P5 单元格区域中输入 15。选中 A1:P5 单元格区域，利用组合图形，将出库和入库用柱形图表示，将库存和积压值用折线表示。

Step 4　在图表的任意位置处右击，在弹出的菜单中单击"选择数据"命令，打开"选择数据源"对话框。单击"添加"按钮，打开"编辑数据系列"对话框，在"系列名称"文本框中输入"=Sheet2!$A$2"，在"系列值"文本框中输入"=Sheet2!$B$2:$P$2"，单击"确定"按钮，如图 10.17 所示。

Step 5　返回"选择数据源"对话框，再次单击"添加"按钮，打开"编辑数据系列"对话框。在"系列名称"文本框中输入"=Sheet2!$A$5"，在"系列值"文本框中输入"=Sheet2!$B$5:$P$5"，单击"确定"按钮，如图 10.18 所示。

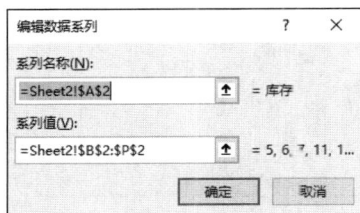

图 10.17　添加"库存"数据系列

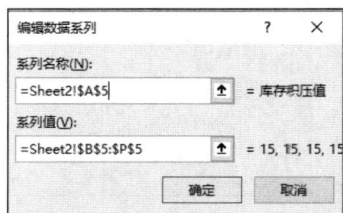

图 10.18　添加"库存积压值"数据系列

Step 6 右击"出库"数据系列，在弹出的菜单中单击"更改系列图表类型"命令，在打开的"更改图表类型"对话框中设置"出库"的"图表类型"为"簇状柱形图"。右击"库存积压值"数据系列，在弹出的菜单中单击"更改系列图表类型"命令，在打开的"更改图表类型"对话框中设置"库存积压值"的"图表类型"为"带数据标记的折线图"，如图 10.19 所示。

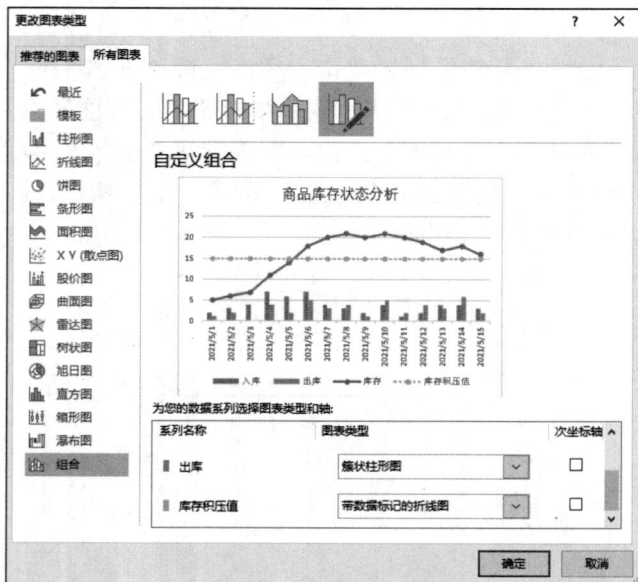

图 10.19　更改图表类型

Step 7 右击"库存积压值"数据系列，在弹出的菜单中单击"设置数据系列格式"命令，打开"设置数据系列格式"面板。单击"系列选项"选项卡，选中"次坐标轴"单选按钮，单击"关闭"按钮，如图 10.20 所示。

Step 8 双击添加的次坐标轴，打开"设置坐标轴格式"面板，在"坐标轴选项"选项卡中设置"最大值"为 25，然后单击"关闭"按钮，如图 10.21 所示。

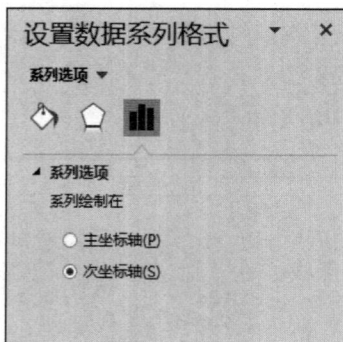

图 10.20　设置数据系列格式

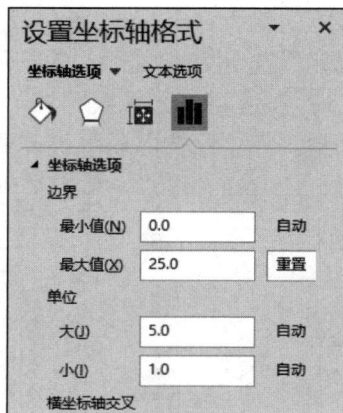

图 10.21　设置坐标轴格式

Step 9 在工作表中即可查看图表的最终样式，如图 10.22 所示。在图表中可以明显看出 2021/5/5 以后库存量超过"库存积压值"数据系列，进入 10 天的积压期，虽有下行的趋势，但未向下超过"库存积压值"数据系列线，未来一段时间商品库存可能还会处于积压状态。

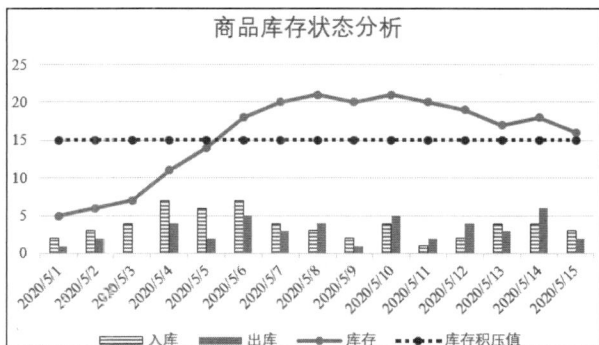

图 10.22　商品库存状态分析最终效果图

10.2.2　库存周转率统计与分析

库存周转率是指在某一时间段内库存货物周转的次数，是反映库存周转快慢程度的指标。周转率越大表明销售情况越好。在物料保质期及资金允许的条件下，可以适当增加其库存控制目标天数，以保证合理的库存。反之，则可以适当减少其库存控制目标天数。下面将详细介绍如何在 Excel 中进行库存周转率分析，具体操作步骤如下。

案例分析——库存周转率分析	
数据文件	第 10 章\数据\库存周转率分析.xlsx
效果文件	第 10 章\效果\库存周转率分析.xlsx
视频文件	第 10 章\视频\库存周转率分析.mp4

Step 1 新建 Excel 工作簿，并命名为"库存周转率分析"。将 Sheet1 工作表重命名为"库存周转率分析"，在 A1:N2 单元格区域输入列标题并设置单元格格式，选中 A3 单元格，输入"2020-1"，拖动 A3 单元格右下角填充柄，填充数据至 A14 单元格，如图 10.23 所示。

图 10.23　填充月份

Step 2 选中 A3:A14 单元格区域，在"开始"选项卡"数字"选项组中单击"数字格式"下拉按钮，在弹出的下拉菜单中选择"其他数字格式"选项，如图 10.24 所示。

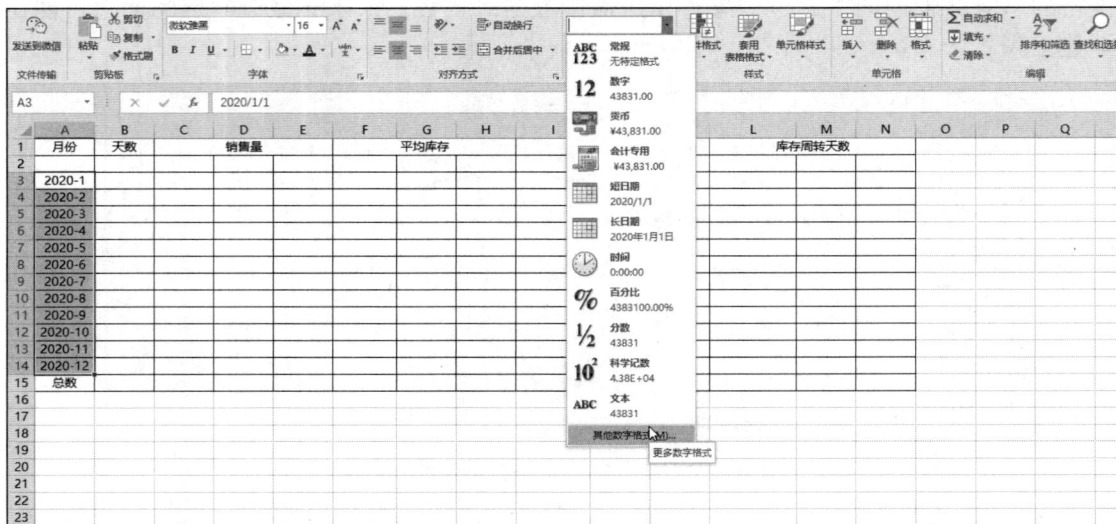

图 10.24　设置单元格数字格式

Step 3 弹出"设置单元格格式"对话框，在"分类"列表框中选择"自定义"选项，在"类型"文本框中输入 yyyy-m，然后单击"确定"按钮，如图 10.25 所示。

图 10.25　自定义数字格式

Step 4 选中 B3 单元格，在编辑栏中输入公式"=DAY(EOMONTH(A3,0))"，并按下 Enter 键确认，计算本月的天数，如图 10.26 所示。

B3			× ✓ fx	=DAY(EOMONTH(A3,0))									
▲	A	B	C	D	E	F	G	H	I	J	K	L	M	N
1	月份	天数		销售量			平均库存			库存周转率			库存周转天数	
2														
3	2020-1	31												
4	2020-2													
5	2020-3													
6	2020-4													
7	2020-5													
8	2020-6													
9	2020-7													
10	2020-8													
11	2020-9													
12	2020-10													
13	2020-11													
14	2020-12													
15	总数													

图 10.26　计算本月的天数

Step 5 将光标移至 B3 单元格右下角，双击填充柄，填充公式到本列其他单元格中，如图 10.27 所示。

I21			× ✓ fx									
▲	A	B	C	D	E	F	G	H	I	J	K	L	M	N
1	月份	天数		销售量			平均库存			库存周转率			库存周转天数	
2														
3	2020-1	31												
4	2020-2	29												
5	2020-3	31												
6	2020-4	30												
7	2020-5	31												
8	2020-6	30												
9	2020-7	31												
10	2020-8	31												
11	2020-9	30												
12	2020-10	31												
13	2020-11	30												
14	2020-12	31												
15	总数													

图 10.27　填充天数数据

Step 6 选中 B15 单元格，在"开始"选项卡"编辑"选项组中单击"自动求和"按钮，并按下 Enter 键确认，如图 10.28 所示。

B15			× ✓ fx											
▲	A	B	C	D	E	F	G	H	I	J	K	L	M	N	O	P	Q
1	月份	天数		销售量			平均库存			库存周转率			库存周转天数				
2																	
3	2020-1	31															
4	2020-2	29															
5	2020-3	31															
6	2020-4	30															
7	2020-5	31															
8	2020-6	30															
9	2020-7	31															
10	2020-8	31															
11	2020-9	30															
12	2020-10	31															
13	2020-11	30															
14	2020-12	31															
15	总数																

图 10.28　对全年的天数进行求和

Step 7 在 C3:H14 单元格区域中输入相关数据。选中 C15 单元格，在编辑栏中输入公式"=SUMPRODUCT($B$3:$B$14,C3:C14)/$B$15"，并按下 Enter 键确认，如图 10.29 所示。

Step 8 向右拖动 C15 单元格右下角填充柄至 H15 单元格，填充数据，如图 10.30 所示。

图 10.29　编辑公式　　　　　　　　　图 10.30　填充数据

Step 9 选中 C15:H15 单元格区域，在"开始"选项卡"数字"选项组中单击"数字格式"下拉按钮，在弹出的下拉菜单中选择"其他数字格式"选项，如图 10.31 所示。

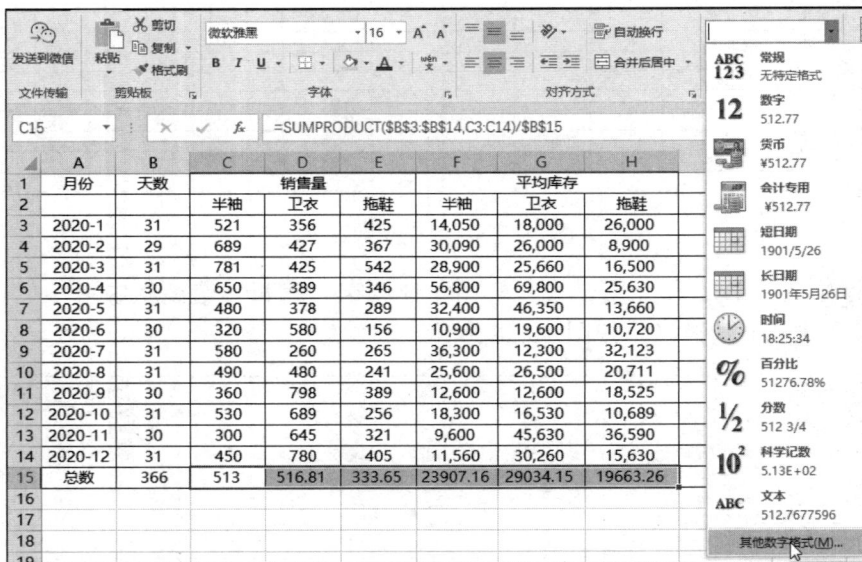

图 10.31　选择"其他数字格式"选项

Step 10 弹出"设置单元格格式"对话框，在"分类"列表框中选择"数值"选项，将"小数位数"设置为 0，勾选"使用千位分隔符"复选框，然后单击"确定"按钮，如图 10.32 所示。

Step 11 选中 I3 单元格，在编辑栏中输入公式"=C3*$B3/F3"，并按下 Enter 键确认，计算"半袖"本月库存周转率，如图 10.33 所示。

图 10.32　设置数值格式

	A	B	C	D	E	F	G	H	I	J	K
						I3			=C3*$B3/F3		
1	月份	天数		销售量			平均库存			库存周转率	
2			半袖	卫衣	拖鞋	半袖	卫衣	拖鞋	半袖	卫衣	拖鞋
3	2020-1	31	521	356	425	14,050	18,000	26,000	1.1495374		
4	2020-2	29	689	427	367	30,090	26,000	8,900			
5	2020-3	31	781	425	542	28,900	25,660	16,500			
6	2020-4	30	650	389	346	56,800	69,800	25,630			
7	2020-5	31	480	378	289	32,400	46,350	13,660			
8	2020-6	30	320	580	156	10,900	19,600	10,720			
9	2020-7	31	580	260	265	36,300	12,300	32,123			
10	2020-8	31	490	480	241	25,600	26,500	20,711			
11	2020-9	30	360	798	389	12,600	12,600	18,525			
12	2020-10	31	530	689	256	18,300	16,530	10,689			
13	2020-11	30	300	645	321	9,600	45,630	36,590			
14	2020-12	31	450	780	405	11,560	30,260	15,630			
15	总数	366	513	517	334	23,907	29,034	19,663			

图 10.33　计算"半袖"本月库存周转率

Step 12 拖动 I3 单元格右下角的填充柄，将公式填充到其他单元格中，如图 10.34 所示。

	A	B	C	D	E	F	G	H	I	J	K
						I3			=C3*$B3/F3		
1	月份	天数		销售量			平均库存			库存周转率	
2			半袖	卫衣	拖鞋	半袖	卫衣	拖鞋	半袖	卫衣	拖鞋
3	2020-1	31	521	356	425	14,050	18,000	26,000	1.1495374	0.61311	0.50673
4	2020-2	29	689	427	367	30,090	26,000	8,900	0.6640412	0.47627	1.19584
5	2020-3	31	781	425	542	28,900	25,660	16,500	0.8377509	0.51345	1.0183
6	2020-4	30	650	389	346	56,800	69,800	25,630	0.3433099	0.16719	0.40499
7	2020-5	31	480	378	289	32,400	46,350	13,660	0.4592593	0.25282	0.65586
8	2020-6	30	320	580	156	10,900	19,600	10,720	0.8807339	0.88776	0.43657
9	2020-7	31	580	260	265	36,300	12,300	32,123	0.4953168	0.65528	0.25574
10	2020-8	31	490	480	241	25,600	26,500	20,711	0.5933594	0.56151	0.36073
11	2020-9	30	360	798	389	12,600	12,600	18,525	0.8571429	1.9	0.62996
12	2020-10	31	530	689	256	18,300	16,530	10,689	0.8978142	1.29214	0.74245
13	2020-11	30	300	645	321	9,600	45,630	36,590	0.9375	0.42406	0.26319
14	2020-12	31	450	780	405	11,560	30,260	15,630	1.2067474	0.79907	0.80326
15	总数	366	513	517	334	23,907	29,034	19,663	7.8500755	6.51478	6.21036

图 10.34　填充库存周转率数据

Step 13 选中 I3:K15 单元格区域，在"开始"选项卡"数字"选项组中单击"百分比样式"按钮，如图 10.35 所示。

图 10.35　设置百分比样式

Step 14 选中 L3 单元格，在编辑栏中输入公式"=ROUND($B3/I3,0)"，并按下 Enter 键确认，计算"半袖"本月库存周转天数，如图 10.36 所示。

图 10.36　计算"半袖"本月库存周转天数

Step 15 拖动 L3 单元格右下角的填充柄，将公式填充到其他单元格中，如图 10.37 所示，此时即可对库存周转天数进行分析。由该数据可知，库存周转率越高，周转天数越低，说明库存效益越好。

图 10.37　全部计算结果

分析库存周转率用到的 Excel 函数语法说明

函数的语法	函数说明
DAY(serial_number) serial_number	要查找的那一天的日期，或可计算的日期序列号，或存放日期数据的单元格引用。
EOMONTH(start_date,months)	start_date：代表开始日期的一个日期。日期有多种输入方式，分别为带引号的文本串（如"1998/01/30"）、系列数（如使用 1900 日期系统，则 35825 表示 1998 年 1 月 30 日），其他公式或函数的结果（如 DATEVALUE ("1998/1/30")）。 months：start_date 之前或之后的月数。正数表示未来日期，负数表示过去日期。若 start_date 为非法日期值，返回错误值#NUM!；若 months 不是整数，将截尾取整。
SUMPRODUCT（array1,array2,array3,…）	array1,array2,array3,…：为 2～3 个数组，其相应元素需要进行相乘并求和。
ROUND(number，num_digits)	• number：要进行四舍五入的数字。 • num_digits：进行四舍五入指定的位数。

本章知识小结

本章主要学习库存管理的重要作用，重点介绍了 ABC 库存管理分类法的基本思想及其在 Excel 上的实现过程。并学习了在设定商品安全库存限制的前提下，如何分析库存商品的状态。库存周转率是反映库存水平和营利能力的重要指标，应掌握如何计算和分析库存周转率。

本章考核检测评价

1. 判断题

（1）库存管理的内容包括仓库管理和库存控制两个部分。（   ）

（2）ABC 库存管理法中，B 类物资出库的金额大约占到全部存货出库总金额的 30%。（   ）

（3）ABC 库存管理法中，C 类物资品种数量繁多但价值不大，可以采月最简便的方法加以管理和控制。（   ）

（4）前线存货是指陈列在货架或者零售商购物环境处的散装商品。（   ）

（5）库存量过大使订货间隔期缩短，使订货（生产）成本提高，影响生产过程的均

衡性和装配时的成套性。（　　　）

2. 单选题

（1）关于库存管理，以下说法不正确的是（　　　）。

A. 库存控制又称库存管理

B. 仓库管理的内容是要求控制合理的库存水平

C. 库存管理的内容包括仓库管理和库存控制两个部分

D. 库存量过小使订货（生产）成本提高

（2）关于 ABC 库存管理法，以下说法不正确的是（　　　）。

A. B 类物资出库的金额大约占到全部存货出库总金额的 25%

B. B 类物资品种数量繁多但价值不大，可以采用最简便的方法加以管理和控制

C. 将金额高的 A 类物资作为重点管理与控制的对象

D. ABC 分析法源于帕累托曲线

（3）存货周转要求不包括（　　　）。

A. 对公司的产品知识掌握全面　　　B. 了解各种包装的适用范围和库存量的多少

C. 深刻理解存货周转的原则　　　　D. 客户特征

（4）在 Excel 中（　　　）标签可以添加记录单功能。

A. 设计　　　　　　　　　　　　B. 插入

C. 文件　　　　　　　　　　　　D. 自定义快速访问工具栏

（5）以下关于库存管理说法错误的是（　　　）。

A. 库存管理可对制造业资源进行控制

B. 库存管理可对服务业经营产品进行控制

C. 库存周转与企业的销售人员无关

D. 库存周转可以有效而且直接地刺激销售

3. 多选题

（1）关于 ABC 库存管理分类法说法正确的是（　　　）。

A. B 类物资出库的金额大约占到全部存货出库总金额的 30%

B. C 类物资品种数量繁多但价值不大，可以采用最简便的方法加以管理和控制

C. 金额高的 A 类物资作为重点管理与控制的对象

D. ABC 分析法源于帕累托曲线

（2）库存周转要求包括（　　　）。

A. 了解各种品牌、包装的知识

B. 了解各种包装的适用范围和库存量的多少

C. 了解消费者和客户的需求

D. 深刻理解存货周转的原则

（3）关于库存管理，以下说法正确的是（　　　）。

A. 库存控制的作用主要是使库存量经常保持在合理的水平上

B. 库存控制要求控制合理的库存水平

C. 库存管理的内容包括仓库管理和库存控制两个部分

D. 库存控制又称库存管理

（4）关于库存周转，说法正确的是（　　　）。

A. 库存是企业价值链的重要环节　　　B. 可保证及时向客户的货架补货

C. 遵循先进先出的原则　　　　　　　D. 前线存货是指存放在仓库中的货物

（5）库存控制的作用包括（　　　）

A. 适量提出订货，避免超储或缺货　　B. 控制库存资金占用

C. 加速资金周转　　　　　　　　　　D. 优化商品的品类

4. 简答题

（1）简述库存管理的内容。

（2）简述库存控制的作用。

（3）库存周转包括哪两种类型？

（4）如何对库存周转率进行计算与分析？

（5）如何实施 ABC 库存管理法？

5. 案例题

对表 10.1 进行 ABC 库存管理分类。

表 10.1　产品销售数据

编　　号	产品名称	单价/元	数　　量	金额/元
产品 1	平板电脑	1 648.00	460	758 080.00
产品 2	电动车	2 100.00	129	270 900.00
产品 3	自行车	368.00	600	220 800.00
产品 4	鼠标	123.00	1260	154 980.00
产品 5	草莓饮料	3.50	18 628	65 198.00
产品 6	奶粉	2.80	18 622	52 141.60
产品 7	口香糖	2.50	13 560	33 900.00
产品 8	便利贴	1.00	17 578	17 578.00
产品 9	雅思词汇书	16.80	1 420	23 856.00
产品 10	椅子	58.00	198	11 484.00
产品 11	卫衣	108.00	6 245	674 460.00
产品 12	洗发水	23.00	9 688	222 824.00
产品 13	面包	8.00	16 352	130 816.00
产品 14	移动硬盘	154.00	1 450	223 300.00
产品 15	金手链	1 300.00	145	188 500.00
产品 16	方便面	4.50	13 109	58 990.50

第 11 章
消费者数据分析

【学习目标】

1．了解消费者特征与行为分析的内容；
2．掌握分析新老客户人数变化走势和新老客户销量占比；
3．了解客户忠诚度的分类。

【本章重点】

1．掌握消费者忠诚度的测量标准；
2．分析消费者的基本特征、新老客户消费数据对比。

【本章难点】

1．掌握分析新老客户消费情况的方法；
2．应用转化率对消费者进行推广定位。

【思维导图】

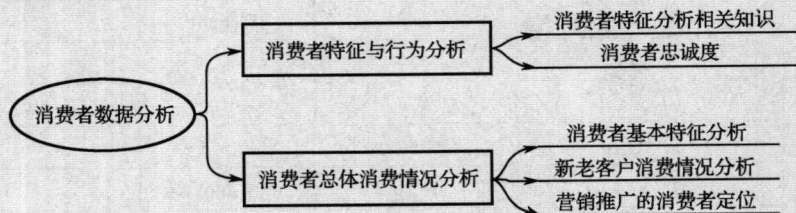

【知识导入】

英国 Tesco 的忠诚度计划

Tesco（特易购）是英国最大、全球第三大零售商，拥有超过 1400 万活跃持卡人。同沃尔玛一样，Tesco 在利用信息技术进行数据挖掘、增强客户忠诚度方面走在行业前列。Tesco 利用电子会员卡收集会员信息，分析持卡会员的购买偏好和消费模式，并根据这些分析结果为不同的细分群体设计个性化的优惠活动。Tesco 的会员卡不是一个单纯的集满点数换奖品的忠诚度计划，它是一个结合信息科技创建消费者数据库并对数据进行深入分析，据此来获取更精确的消费者细分数据及制订更有针对性的营销策略的客户关系管理系统。Tesco 值得借鉴的方法是品牌联合计划，即几个强势品牌联合推出针对不同群体的奖励措施。例如针对家庭主妇的"MeTime"（我的时间我做主）活动，女士们可以利用在日常购买中积累的点数换取当地高级美容美发沙龙优惠、名设计师服装的免费体验或商品大幅折扣，这些奖励有助于提高其满意度和忠诚度。

从这个案例中可以看出，顾客的忠诚度对企业发展至关重要。合理高效地利用数据分析技术可以很好地提供准确的客户分类、忠诚度、营利能力、潜在用户等有价值的信息，提高电商企业的决策能力，为企业的长足发展提供有力的信息支持和技术保障。

11.1　消费者特征与行为分析

随着社会经济的发展，消费者的消费习惯、消费观念、消费心理不断发生变化，从而导致其需求千差万别。通过对消费者的基本特征和购买行为的研究，可为相关行业和企业就市场容量、需求细分、产品定位、品牌管理、定价策略、新品开发、渠道建设、广告投放、促销活动、销售预测等行为提供理论和数据基础。

11.1.1　消费者特征分析相关知识

消费者特征分析是了解用户诉求点的关键，对企业制定营销方案和资源配置计划具有重要意义。对消费者特征的分析可以从以下几个方面进行。

1. 年龄分析

不同年龄的群体都有各自的消费特点，例如少年的好奇心强，喜欢标新立异的东西；青年人购买欲望强，追逐潮流；中年人比较理智和忠诚，注重质量、服务等；老年人珍视健康，热爱养生，对新产品常持有怀疑态度。因此商家要关注店铺的客户年龄，熟悉和理解他们的消费特点，这样才能更好地满足他们的需求。

以女装毛衣产品为例，通过收集女装毛衣的搜索记录数据可以综合分析消费者的年龄特性，如图 11.1 所示。尽管女装毛衣的性别指向已经非常清晰，但消费者搜索人气高的年龄段对于电商企业商品布局非常重要。电商企业可选定搜索人气高的某个年龄段（在本例中 18～25 岁占比最高），结合选定年龄段消费者的个性化需求，并综合市场需求中的消费者属性偏好，进行商品的设计生产或通过第三方市场进行采购。

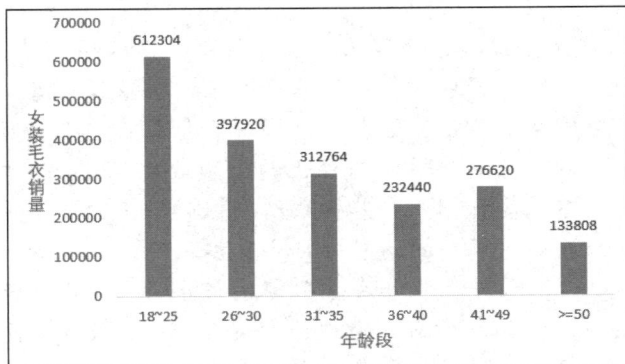

图 11.1　女装毛衣产品的客户年龄分布

2. 职业分析

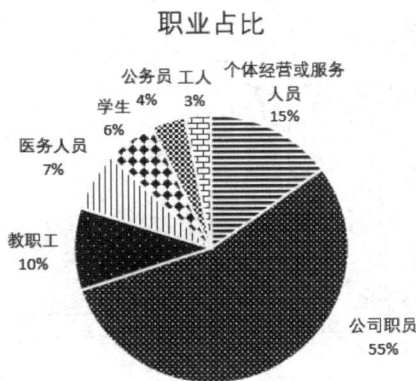

图 11.2　商家访客的职业分布

不同职业的消费者对商品的需求差异很大。工薪阶层大多喜欢经济实惠、牢固耐用的商品；教职工比较喜欢造型雅致、美观大方、色彩柔和的商品；公司职员的交际和应酬比较多，选择商品时更重视时尚感；个体经营者或服务人员工作比较忙，对便利性要求比较高；医护人员更重视健康，对购买商品的安全性要求比较高；学生购买商品时心理感情色彩较强。图 11.2 是某商家主营产品 2021 年 5 月 1 日～5 月 31 日，一个月内访客的职业分布图。

从图中可以看出，公司职员占比最高达 55%，个体经营或服务人员占比 15%，教职工占比 10%，合计 80%。因此，该商家一方面要把握好现有消费者的需求，针对公司职员展开重点营销；另一方面要加强对医务人员、学生、公务员和工人这些消费人群需求的分析，提供更多能满足他们需求的产品。

3. 地域分布

地域分布是指从空间维度上分析消费者，分析不同消费人群的地域分布情况，从而对重点区域进行精准营销，以提升营销效果。如图 11.3 所示为女装毛衣搜索人气较高的地域分布情况，根据这些信息，企业可以针对这些地区的气候特点及用户特征来进行选款和营销推广。

此外，还应对消费者性别比分布、消费层级、购买频率、会员等级和消费偏好情况等方面进行特征分析。

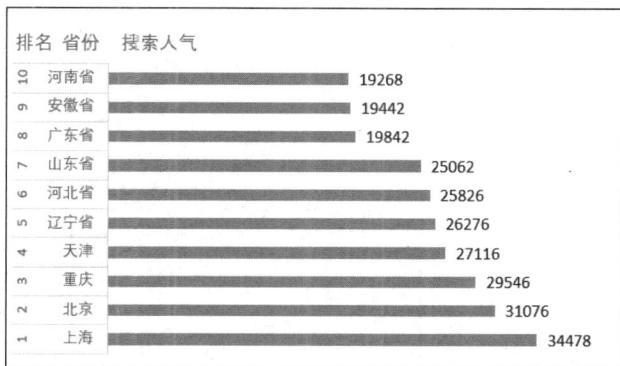

排名	省份	搜索人气
10	河南省	19268
9	安徽省	19442
8	广东省	19842
7	山东省	25062
6	河北省	25826
5	辽宁省	26276
4	天津	27116
3	重庆	29546
2	北京	31076
1	上海	34478

图 11.3　女装毛衣消费者的地域分布

11.1.2　消费者忠诚度

1．消费者忠诚度的定义

消费者忠诚是消费者对商家的感知、态度和行为。消费者忠诚度是指由于质量、价格、服务等诸多因素的影响，消费者对某一商家的产品或服务产生感情，形成偏爱并长期重复购买该商家产品或服务的程度。消费者在了解、使用某产品的过程中，由于与商家的接触，可能会对商家所提供的产品和服务质量等感到满意，形成正面的、积极的评价，从而对该商家及其提供的产品或服务产生某种依赖感，并长时间地表现出重复购买及交叉购买等忠诚行为。消费者忠诚具体的行为主要表现为消费者对商家产品价格的敏感程度、对竞争产品的态度、对产品质量问题的承受力等方面。

2．影响消费者忠诚度的主要因素

消费者忠诚可以分为情感忠诚和行为忠诚。其中情感忠诚表现为消费者对商家的理念、行为和视觉形象的高度认同和满意；行为忠诚表现为消费者再次消费时对商家的产品或服务的重复购买行为。消费者忠诚营销理论着重于对消费者行为趋向的评价，通过这种评价活动的开展，反映出商家在未来经营活动中的竞争优势。如图 11.4 所示为影响消费者忠诚度的主要因素。

1）情感忠诚
情感忠诚主要包括三个方面，消费者满意度、竞争对手诱惑及市场环境变化。
（1）消费者满意一般被认为是消费者忠诚的决定性因素。大量研究表明，消费者满意可以对消费者忠诚产生积极的影响。满意是指一个人通过对一个产品或服务的可感知效果与其期望相比较后形成的感觉状态。也就是说，如果消费者对某产品购买前的期望比购买后感知高的话，消费者就不满意；反之，消费者就感觉满意。消费者虽然有时候对自己所购买的产品和服务满意，但这并不意味着一定忠诚，消费者满意与消费者忠诚是两个不同的概念，但当消费者满意达到一定的程度时，消费者的忠诚度将直线上升。同时，长期的满意将有助于培养消费者对商家、品牌和产品及服务的信任。

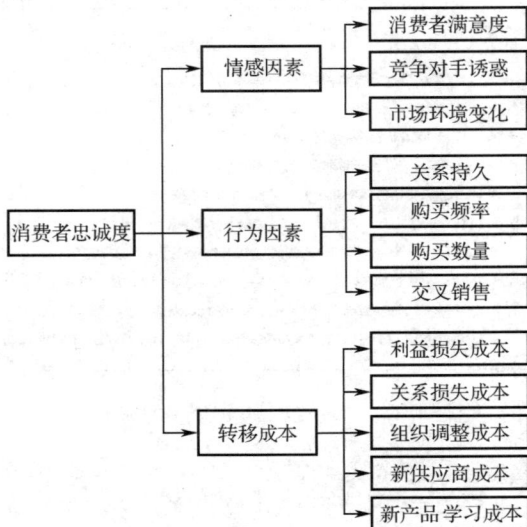

图 11.4　影响消费者忠诚度的主要因素

　　（2）竞争对手诱惑是指消费者在市场中选择竞争对手产品的可行性。缺乏有吸引力的竞争者是留住消费者的一个有利条件。如果消费者感知现有商家的竞争者能够提供让他们更满意的产品或服务，他们就可能决定离开现有商家而接受竞争者的服务或者产品。因此，当竞争性产品或服务对消费者的吸引力减小时，消费者就会因满意度高而忠诚于商家。也就是说，替代者吸引力越小，消费者忠诚度越高。

　　（3）市场环境的变化也会影响消费者的选择，它可能会使消费者选择竞争者的产品，因此市场的环境变化也是决定消费者忠诚度的因素之一。商家必须动态地监测营销环境的发展变化并对营销活动进行适应性调整。

　　2）行为忠诚

　　行为忠诚主要包括四个方面，消费者与商家的关系持久性（持续时间）、消费者购买频率、消费者购买量及交叉销售。①消费者与商家发生交易关系持续的时间越长，表明消费者越愿意接受商家的产品或服务，离开商家的可能性也就越小，忠诚度越高。②购买频率高与购买数量大表明消费者接受商家产品或服务的程度高，比较忠诚于商家。③交叉销售是指消费者在购买了商家某种产品或服务的基础上再购买商家其他的产品或服务。消费者只有在对已经购买的产品或服务评价较高时才会信任商家，从而继续从商家购买其他的产品或服务，因此交叉销售程度高也表明消费者对商家的认同感高。

　　3）转移成本与消费者忠诚的关系

　　除情感忠诚与行为忠诚外，消费者忠诚度还与消费者的转移成本有关。当消费者受到竞争者的吸引时，会离开现在的商家，但是如果这种转移成本对消费者来讲过高，足以抵消其通过转换商家所获得的收益时，消费者就会继续留在原商家。可见转移成本高会有助于消费者忠诚度的提高，因此转移成本也是影响消费者忠诚度的重要因素。但是转移成本的计算是一个很困难复杂的过程，转移成本主要包括利益损失成本、关系损失成本、组织调整成本、对新供应商的评估成本、掌握新产品使用方法的学习成本等。消

费者转移成本不仅包含经济上的损失，也包含精力、时间和情感上的损失。

3. 忠诚消费者的测量标准

可以通过消费者重复购买次数、购买挑选时间、对价格的敏感程度、对竞争产品的态度及对产品质量的承受能力五个方面衡量消费者是否具有品牌忠诚度。

1）消费者重复购买次数多

在一定时期内，消费者对某一品牌产品或服务重复购买的次数越多，则说明其对这一品牌的忠诚度就越高，反之就越低。应该注意的是，在确定这一指标的合理界限时，必须根据不同的产品或服务区别对待，比如重复购买汽车与重复购买饮料的次数是没有可比性的。

2）消费者购买挑选时间短

消费者购买商品，尤其是选购商品，通常要经过仔细比较和挑选。由于信赖程度有差别，对不同品牌的商品，消费者购买决策时间的长短也是不同的。一般来说，购买决策时间越短，说明其对某一品牌商品形成了偏爱，对这一品牌的忠诚度越高；反之，则说明消费者对这一品牌的忠诚度越低。在运用这一标准衡量品牌忠诚度时，必须剔除产品性能、质量等方面的差异产生的影响。

3）消费者对价格的敏感程度低

价格因素通常是影响消费者消费的最敏感因素。但消费者对商品价格的敏感程度有一定差异。总体来说，对于自己喜爱和信赖的商品，消费者对其价格变动的承受能力强，即敏感程度低；而对于自己不喜爱的商品，消费者对其价格变动的承受能力弱，即敏感度高。由此亦可衡量消费者对某一商家的忠诚度。运用这一标准时，要注意消费者受到该产品的必需程度、产品供求状况及市场竞争程度等因素的影响，在实际运用中要排除这些干扰。

4）消费者对竞争产品的态度漠视

消费者对某一品牌态度的变化，大多是通过与竞争者相比较而产生的。根据消费者对竞争者产品的态度，可以判断消费者对其品牌忠诚度的高低。如果消费者对竞争者的产品兴趣浓、好感强，则说明对其品牌的忠诚度低；如果消费者对其他品牌的产品没有好感、兴趣不大，就说明对其品牌的忠诚度高。

5）消费者对产品质量的承受能力强

每个品牌的产品都可能出现瑕疵，如果消费者对某一品牌的忠诚度高，则其对该品牌偶尔出现的产品质量问题会以宽容和同情的态度对待，并相信品牌会很快加以妥善处理；相反，若消费者对某一品牌忠诚度低，则其可能对产品出现质量问题难以承受，甚至做出负面的评价。

衡量品牌忠诚度的指标体系相当复杂，除了以上标准外，消费者重复购买的长期性、份额、情感、推荐潜在消费者等因素也相当重要。因此在实际操作中，可以根据行业的不同对前面五大指标设定不同的加权，设计出一个标准的指数体系，然后比较测试结果，就可以得出哪些消费者的品牌忠诚度高，并分析出哪些因素可以提高品牌忠诚度。对于不同品牌之间的忠诚度比较，则可以集合一组品牌分别比较各指标，然后根据权重得出各个品牌忠诚度排序。

【知识拓展】

识别关键意见领袖

关键意见领袖（Key Opinion Leader, KOL）是指拥有更多、更准确的产品信息，且为相关群体所接受或信任，并对该群体的购买行为有较大影响力的人。关键意见领袖的特征鲜明。第一是持久介入特征。KOL 对某类产品较之群体中的其他人有着更为长期和深入的介入，因此对产品更了解，有更广的信息来源、更多的知识和更丰富的经验。第二是人际沟通特征。KOL 具有极强的社交能力和人际沟通技巧，且积极参加各类活动，善于交朋结友，能言善辩，是群体的舆论中心和信息发布中心，对他人有强大的感染力。第三是性格特征。KOL 观念开放，接受新事物快，关心时尚流行趋势的变化，愿意尝试新产品。商家利用有效的 KOL 互动和营销方式，可以通过 KOL 的示范引领效应捕获更多消费者。

11.2　消费者总体消费情况分析

互联网的迅速发展促进了消费者地位的提高，商家应重视对消费者的数据分析，掌握消费者的基本特征，对新老客户采用针对性的营销策略，并对消费者进行定位以实现精准营销。

11.2.1　消费者基本特征分析

1. 消费者性别分析

通过分析消费者性别，卖家可以掌握不同性别的购买比例，从而更好地调整店铺营销策略。下面将详细介绍如何对消费者性别进行分析，具体操作步骤如下。

案例分析——消费者性别分析	
数据文件	第 11 章\数据\消费者性别分析.xlsx
效果文件	第 11 章\效果\消费者性别分析.xlsx
操作视频	第 11 章\视频\消费者性别分析.mp4

Step 1　打开"消费者性别分析.xlsx"工作簿，选中 B5:D5 单元格区域，然后在"公式"选项卡"函数库"选项组中单击"自动求和"按钮，如图 11.5 所示。

Step 2　按住 Ctrl 键，选择 C2:D2 和 C5:D5 单元格区域，在"插入"选项卡"图表"选项组中单击"插入饼图或圆环图"下拉按钮，在打开的下拉菜单中选择"圆环图"选项，如图 11.6 所示。

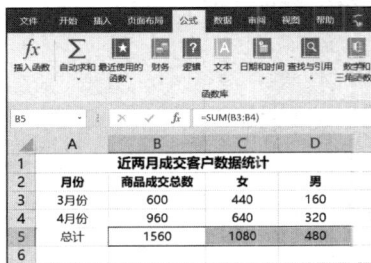

图 11.5　自动求和

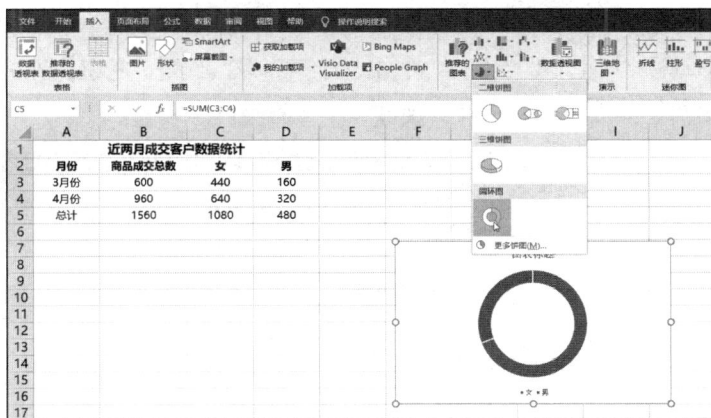

图 11.6　选择圆环图

Step 3 选中插入的图表，在"图表设计"选项卡"图表布局"选项组中单击"快速布局"下拉按钮，在打开的下拉菜单中选择"布局 6"选项，如图 11.7 所示。

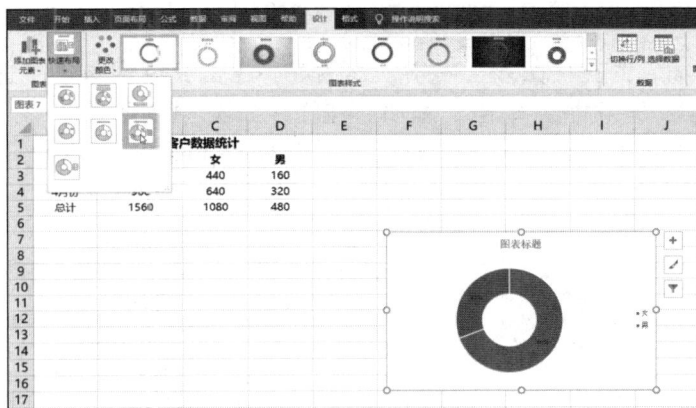

图 11.7　设置布局样式

Step 4 修改图表标题为"消费者性别占比"，并设置其字体格式等。

Step 5 在"图表设计"选项卡"图表布局"选项组中单击"添加图表元素"下拉按钮，在打开的下拉菜单中单击"数据标签"→"数据标注"命令，修改数据标签的显示形式。将数据标签和图例移动到合适位置。此时，卖家即可对消费者的性别占比进行分析。

2．消费者年龄分析

通过分析消费者年龄，卖家可以掌握各个年龄阶段的购买比例，从而更好地调整店铺营销策略。下面将详细介绍如何对消费者年龄进行分析，具体操作步骤如下。

案例分析——消费者年龄分析	
数据文件	第 11 章\数据\消费者年龄统计.xlsx
效果文件	第 11 章\效果\消费者年龄统计.xlsx
操作视频	第 11 章\视频\消费者年龄统计.mp4

商务数据分析与应用

Step 1 打开"消费者年龄统计.xlsx"工作簿，在"插入"选项卡"图表"选项组中单击"插入散点图（X、Y）或气泡图"下拉按钮，在打开的下拉菜单中选择"三维气泡图"选项，如图 11.8 所示。

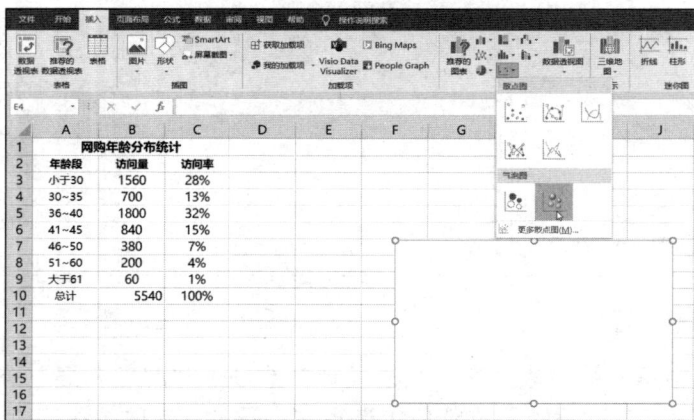

图 11.8 设置气泡图

Step 2 在插入的空白图表上右击，然后在弹出的菜单中单击"选择数据"命令，弹出"选择数据源"对话框，单击"添加"按钮，如图 11.9 所示。

Step 3 弹出"编辑数据系列"对话框，设置各项参数，如图 11.10 所示。

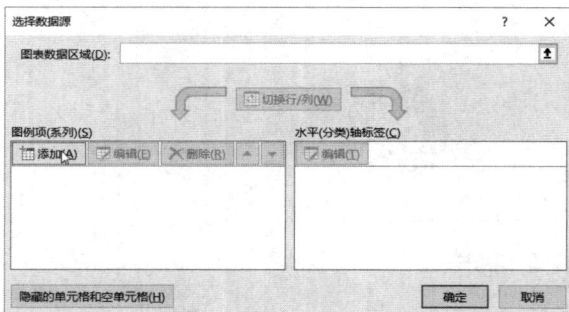

图 11.9 添加数据源

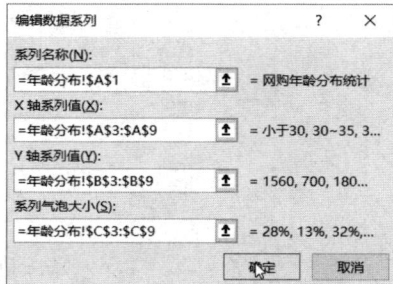

图 11.10 设置参数

Step 4 依次单击"确定"按钮，返回工作表。可以看到三维气泡图已添加数据。

Step 5 在数据系列上右击，然后在弹出的菜单中单击"设置数据系列格式"命令，打开"设置数据系列格式"面板。单击"填充与线条"按钮，在"填充"扩展菜单中勾选"依数据点着色"复选框，如图 11.11 所示。

Step 6 单击"效果"按钮，在"三维格式"扩展菜单中单击"顶部棱台"下拉按钮，在打开的下拉列表中选择"圆形"选项，设置棱台"宽度"为 13 磅，"高度"为 10 磅，如图 11.12 所示。

Step 7 保持图表的选中状态，在"图表设计"选项卡"图表布局"选项组中单击"添加图表元素"下拉按钮，在打开的下拉菜单中单击"数据标签"→"其他数据标签选项"命令，打开"设置数据标签格式"面板，如图 11.13 所示。

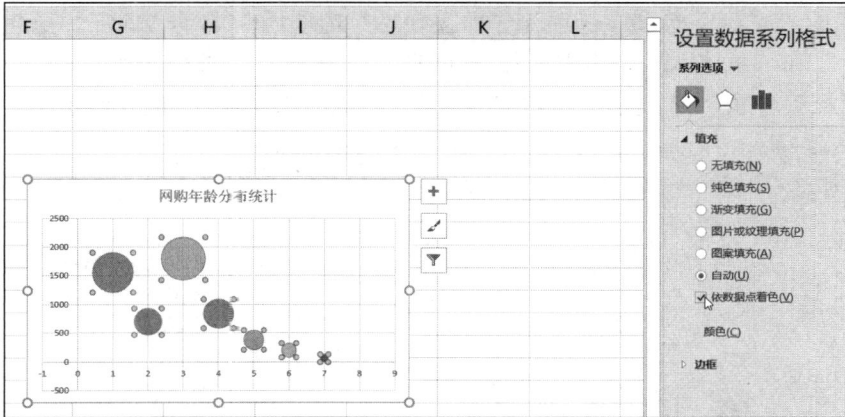

图 11.11　数据点着色

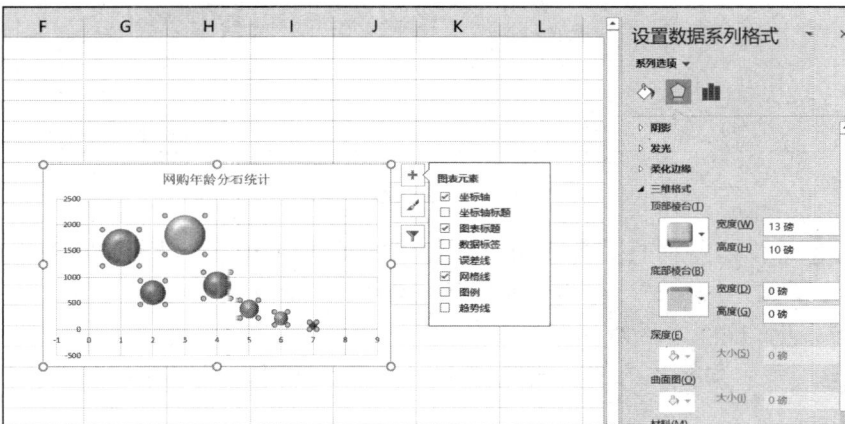

图 11.12　设置图形效果

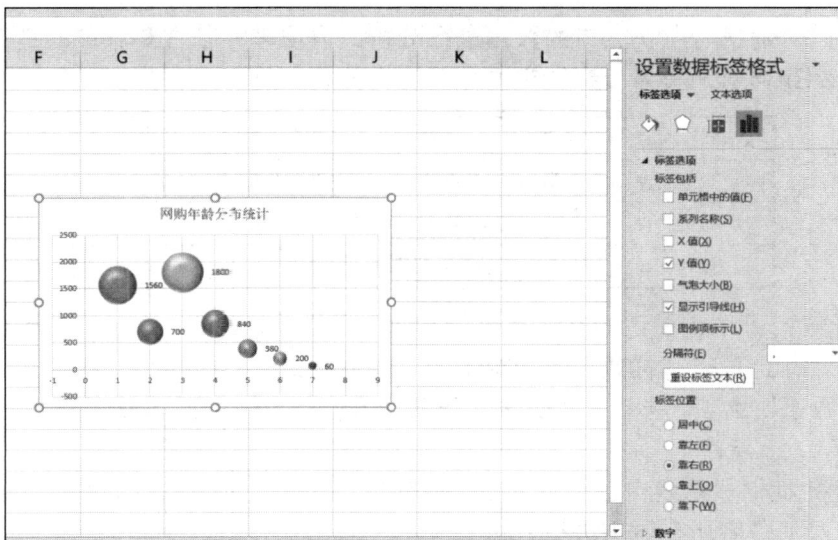

图 11.13　设置数据标签格式

Step 8 在"标签选项"选项卡"标签包括"选项组中取消"Y 值"复选框的勾选，勾选"X 值"和"气泡大小"复选框，然后在"分隔符"下拉列表中选择"，（逗号）"选项，在"标签位置"选项组中选中"靠上"单选按钮，如图 11.14 所示。

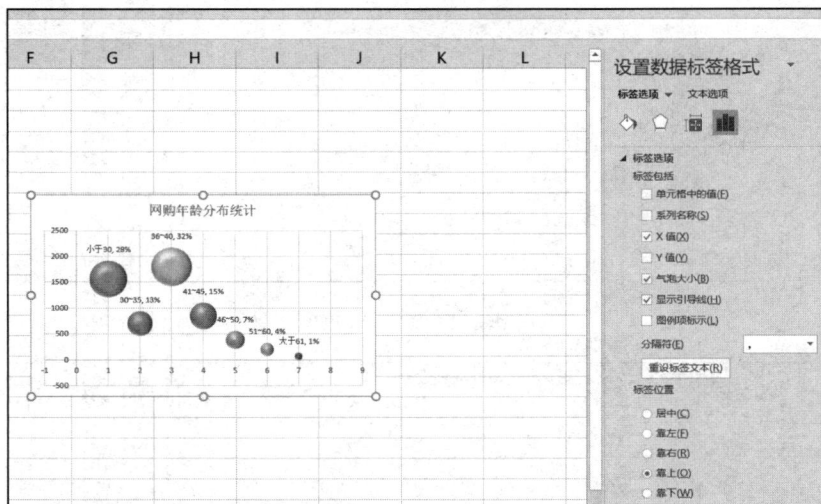

图 11.14 修改数据标签格式

Step 9 选中水平网格线并右击，在弹出的菜单中单击"设置网格线格式"选项，打开"设置主要网格线格式"面板。在"填充与线条"选项卡"线条"选项组中选中"无线条"单选按钮，删除水平网格线。

Step 10 采用同样的方法，删除垂直网格线。此时，卖家即可对消费者的年龄分布进行分析。

3. 消费者所在城市分析

卖家可以对消费者所在城市的数据进行分析，以便掌握各主要城市的销售情况。下面将详细介绍如何对消费者所在城市的数据进行分析，具体操作步骤如下。

案例分析——消费者所在城市分析	
数据文件	第 11 章\数据\消费者所在城市分析.xlsx
效果文件	第 11 章\效果\消费者所在城市分析.xlsx
操作视频	第 11 章\视频\消费者所在城市分析.mp4

Step 1 打开"消费者所在城市分析.xlsx"工作簿，选中 B3:B12 单元格区域，然后单击"开始"选项卡"样式"选项组中的"条件格式"下拉按钮，在打开的下拉菜单中选择"数据条"选项，再在扩展列表中选择"实心填充"选项区域中的"绿色数据条"选项，如图 11.15 所示。

Step 2 此时，系统自动根据城市"成交量"进行数据条的绘制和显示，卖家即可通过数据条对消费者所在城市进行分析。

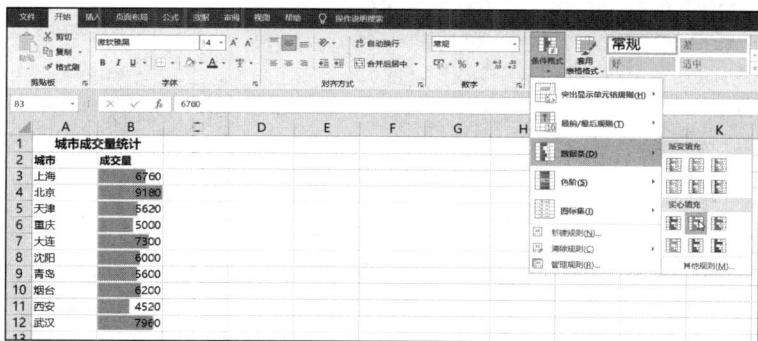

图 11.15　选择绿色数据条

11.2.2　新老客户消费情况分析

1. 新老客户人数变化趋势分析

卖家要随时关注新老客户人数的变化，当新客户或老客户人数偏低时，则需要相应地调整销售策略。下面将详细介绍如何分析新老客户人数变化走势，具体操作步骤如下。

案例分析——新老顾客数量统计	
数据文件	第 11 章\数据\新老顾客数量统计.xlsx
效果文件	第 11 章\效果\新老顾客数量统计.xlsx
操作视频	第 11 章\视频\新老顾客数量统计.mp4

Step 1 打开"新老顾客数量统计.xlsx"工作簿，选中 A2:C32 单元格区域，在"插入"选项卡"图表"选项组口单击"折线图"下拉按钮，在打开的下拉菜单中选择"折线图"选项，如图 11.16 所示。

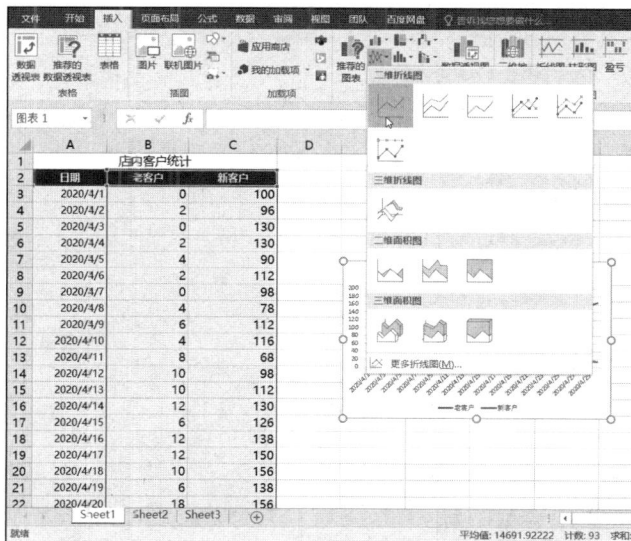

图 11.16　选择"折线图"选项

Step 2 将图表移到合适的位置，调整图表的宽度，将水平坐标轴上的所有日期都显示出来，并删除网格线和图例，如图 11.17 所示。

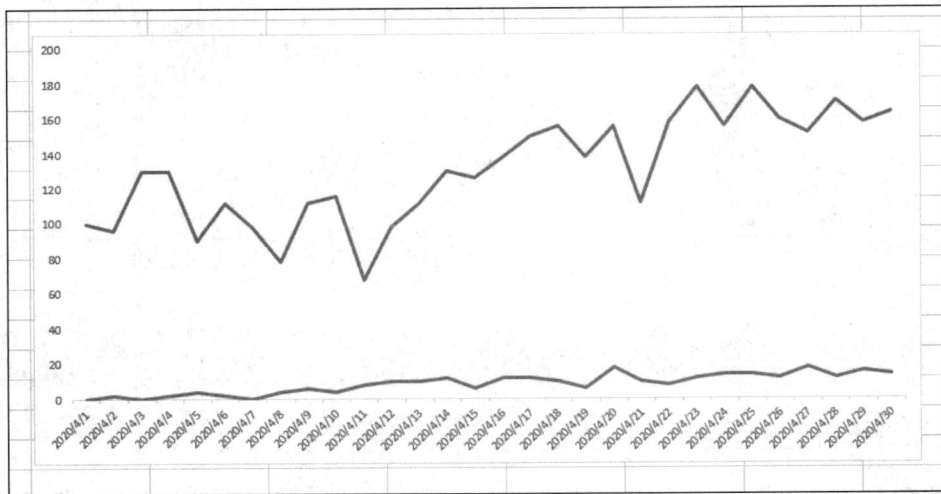

图 11.17 设置图表

Step 3 在"老客户"数据系列上双击，打开"设置数据系列格式"面板，选中"次坐标轴"单选按钮，如图 11.18 所示。

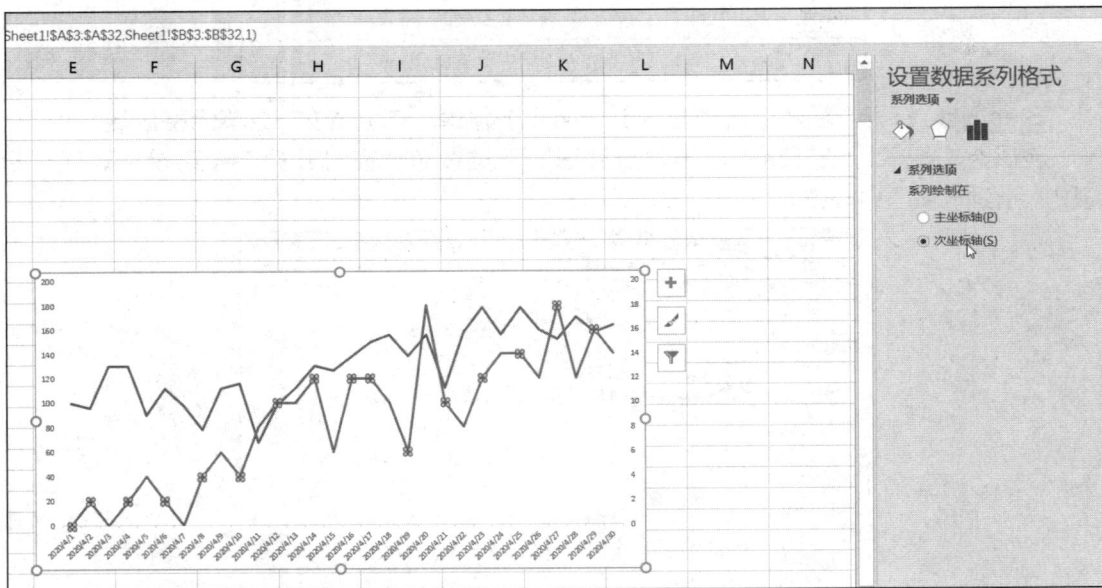

图 11.18 设置次坐标轴

Step 4 在"填充与线条"选项卡的"线条"选项组中，设置"宽度"为"3 磅"，勾选"平滑线"复选框。采用同样的方法，设置图表中的"新客户"数据系列，然后单击"关闭"按钮，如图 11.19 所示。

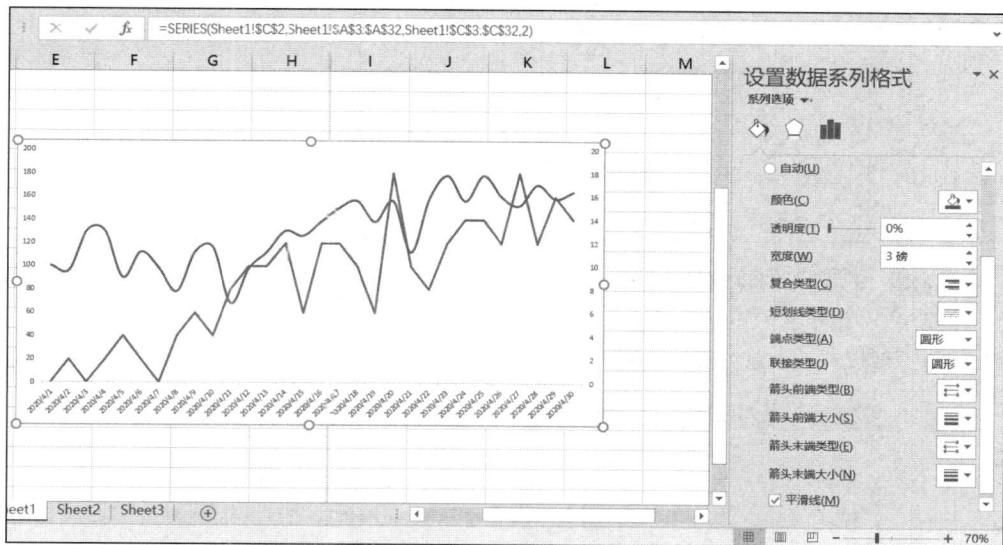

图 11.19　设置数据系列格式

Step 5 选中图表，在"图表设计"选项卡"图表"选项组中单击"添加图表元素"下拉按钮，单击"图表标题"→"图表上方"命令，如图 11.20 所示。

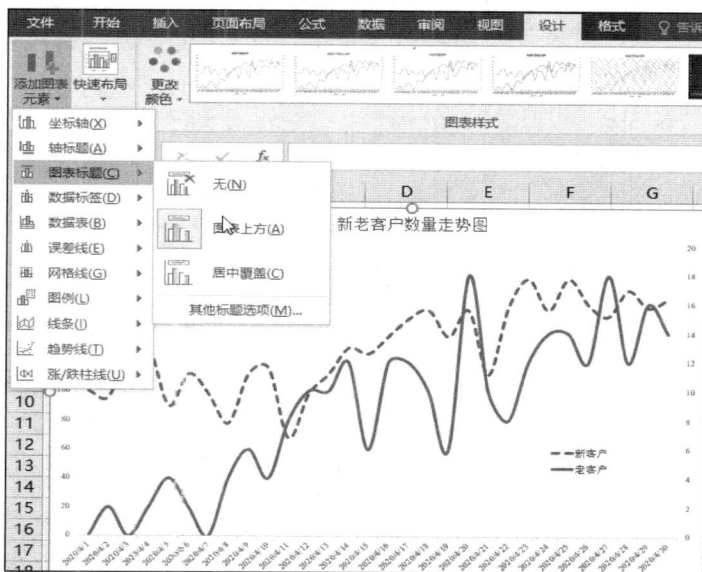

图 11.20　添加图表标题

Step 6 修改图表标题，调整图表大小，完成图表的制作。此时，卖家即可对新老客户人数的变化趋势进行分析。

2. 新老客户销量占比分析

老客户是最优质的客户源，拥有稳定的老客户可以保证店铺的销量。下面将详细介绍如何分析新老客户的销量占比，具体操作步骤如下。

案例分析——新老客户销量占比分析	
数据文件	第 11 章\数据\店铺销售记录.xlsx
效果文件	第 11 章\效果\新老客户销量占比分析.xlsx
操作视频	第 11 章\视频\新老客户销量占比分析.mp4

Step 1 打开“店铺销售记录.xlsx”工作簿，选中 A2:A16 单元格区域，在“开始”选项卡“样式”选项组中单击“条件格式”下拉按钮，在弹出的下拉菜单中单击“突出显示单元格规则”→“重复值”命令，如图 11.21 所示。

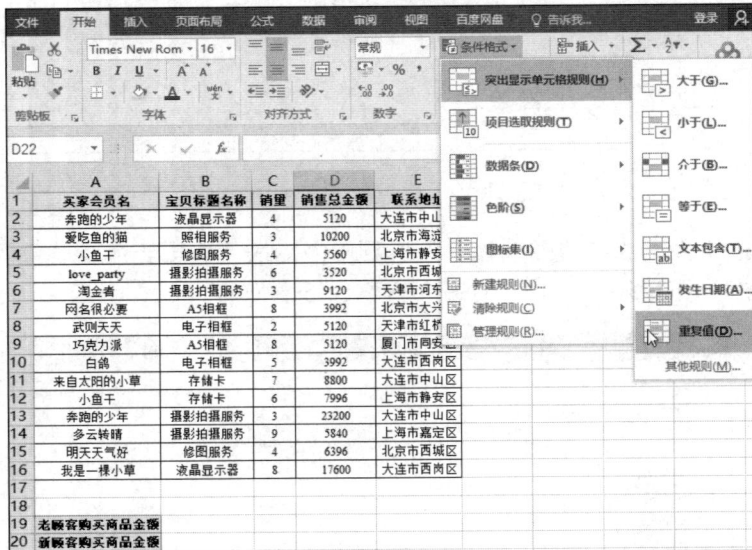

图 11.21　设置条件格式

Step 2 弹出“重复值”对话框，保持默认设置，单击“确定”按钮。

Step 3 选中 A2 单元格，在“数据”选项卡“排序和筛选”选项组中单击“筛选”按钮，筛选后的数据效果如图 11.22 所示。

	A	B	C	D	E
1	买家会员名	宝贝标题名称	销量	销售总金额	联系地址
2	奔跑的少年	液晶显示器	4	5120	大连市中山区
3	爱吃鱼的猫	照相服务	3	10200	北京市海淀区
4	小鱼干	修图服务	4	5560	上海市静安区
5	love_party	摄影拍摄服务	6	3520	北京市西城区
6	淘金者	摄影拍摄服务	3	9120	天津市河东区
7	网名很必要	A5相框	8	3992	北京市大兴区
8	武则天天	电子相框	2	5120	天津市红桥区
9	巧克力派	A5相框	8	5120	厦门市同安区
10	白鸽	电子相框	5	3992	大连市西岗区
11	来自太阳的小草	存储卡	7	8800	大连市中山区
12	小鱼干	存储卡	6	7996	上海市静安区
13	奔跑的少年	摄影拍摄服务	3	23200	大连市中山区
14	多云转晴	摄影拍摄服务	9	5840	上海市嘉定区
15	明天天气好	修图服务	4	6396	北京市西城区
16	我是一棵小草	液晶显示器	8	17600	大连市西岗区

图 11.22　筛选数据

Step 4 单击"买家会员名"筛选按钮，在弹出的菜单中选择"按颜色筛选"选项，然后在扩展菜单中选择"浅红色"颜色，如图 11.23 所示。

Step 5 选中 B19 单元格，在"公式"选项卡"函数库"选项组中单击"数学和三角函数"下拉按钮，在弹出的下拉菜单中选择 SUBTOTAL 选项，如图 11.24 所示。

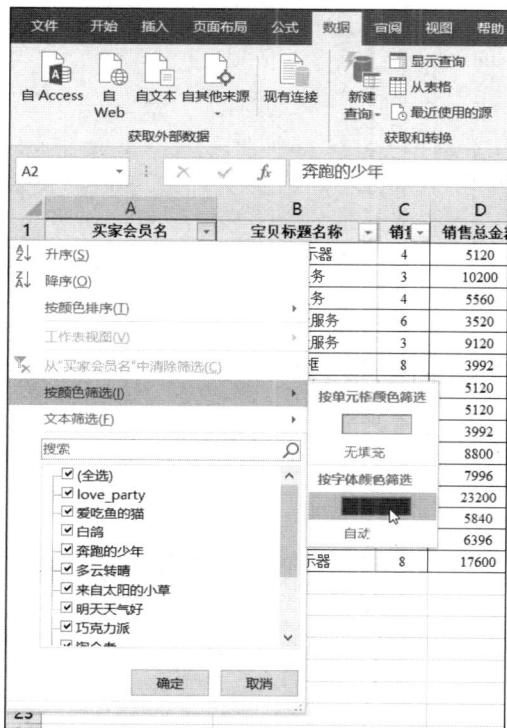

图 11.23　按字体颜色筛选　　　　图 11.24　选择 SUBTOTAL 函数

Step 6 弹出"函数参数"对话框，在 Function_num 文本框中输入 109，将光标定位到 Ref1 文本框中，在工作表中选择 D2:D13 单元格区域，然后单击"确定"按钮，如图 11.25 所示。

Step 7 选中 B19 单元格，按下 Ctrl+C 组合键进行复制，在"开始"选项卡"剪贴板"选项组中单击"粘贴"下拉按钮，在弹出的下拉菜单中选择"值"选项，将公式结果转化为普通数值。

Step 8 单击"买家会员名"筛选按钮，在弹出的菜单中单击"按颜色筛选"→"无填充"命令，如图 11.26 所示。

Step 9 选中 B20 单元格，在编辑栏中输入函数"=SUBTOTAL(109,D3:D16)"，并按下 Ctrl+Enter 组合键确认，计算新顾客购买商品金额。

Step 10 选中 A19:B20 单元格区域，在"插入"选项卡"图表"选项组中单击"插入饼图或圆环图"下拉按钮，在弹出的下拉菜单中选择"三维饼图"选项，如图 11.27 所示。

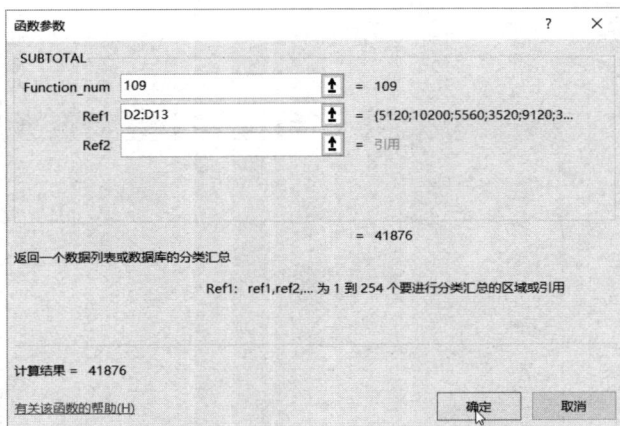

图 11.25　设置函数参数

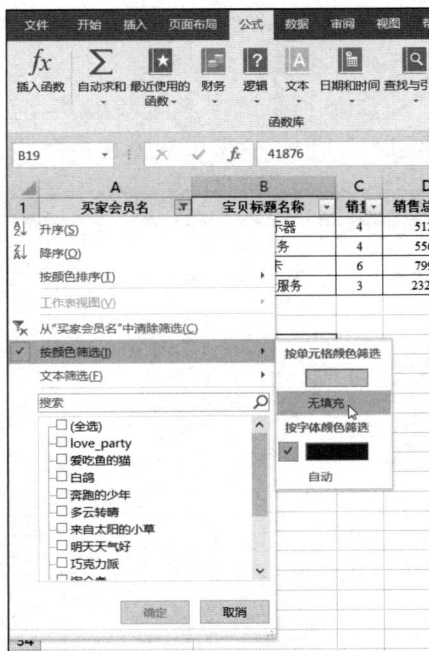

图 11.26　筛选无填充单元格

图 11.27　插入三维饼图

Step 11 选中图表，在"图表设计"选项卡"图表布局"选项组中单击"快速布局"下拉按钮，在弹出的下拉菜单中选择"布局 2"样式，如图 11.28 所示。

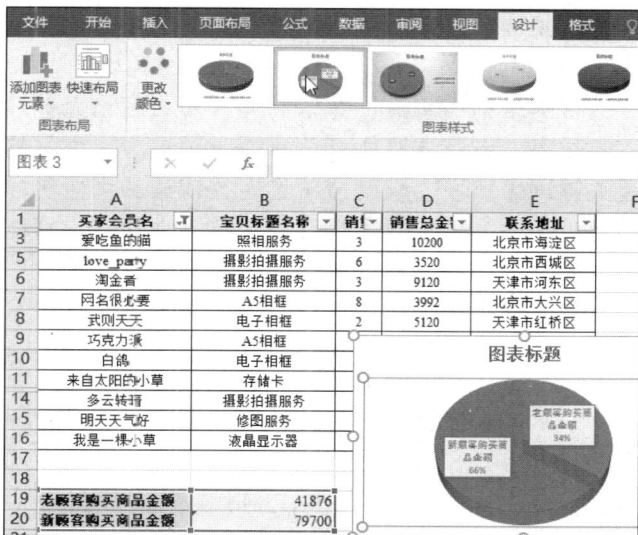

图 11.28　选择布局样式

Step 12 调整图表大小，设置图表标题、系列填充颜色、图例和数据标签等。此时，卖家即可对新老客户的销量占比进行分析。

11.2.3　营销推广的消费者定位

在进行推广数据分析时，首先要明确推广的目标定位，然后围绕该目标收集、整理并分析相关数据，找到推广中的优势与不足，最后调整相关的推广策略和内容，改善推广效果。

1. 推广目标定位

企业进行推广的核心目的是销售，但推广方式千差万别，不同的推广方式往往有不同的推广侧重点。有些推广方式直接为了销售赚钱，如电话营销、E-mail 营销、地面推广、团购活动等；有些推广方式以提升品牌影响力为主，如免费试用；也有些推广方式以提供展现机会为主，如直通车推广带动商品搜索排名。针对不同的推广方式，需要明确企业在进行推广时的直接目标，然后围绕这个直接目标收集数据、分析推广效果。如果存在多个推广目标，那么容易使推广数据的分析出现偏差。以淘宝/天猫平台的搜索引擎营销（Search Engine Marketing，SEM）推广——直通车为例。直通车是为淘宝/天猫卖家量身定制的按点击付费的营销工具，可以在卖家商品自然搜索排名靠后的情况下获取 SEM 点击付费流量，帮助商家销售商品和提升商品排名。因此，在实际使用中，推广存在两种目的，一种以销售为主，辅助维持商品排名；另一种以提升商品排名为主，不考虑直通车直接销售的效果。

2. 收集推广目标数据

在明确推广目标后，围绕相应的目标收集推广数据，或者测试推广的方案，以获取测试的推广数据，再进行整理分析。以直通车为例，如果进行直通车推广纯粹是为了提升商品的排名，那么应重点关注推广计划和推广关键词的展现量、点击量和点击率数据；如果进行直通车推广的目的是销售商品、获取利润，那么应重点关注推广计划和推广关键词的投入产出比、转化率，以及这些指标与直通车精准投放之间的关系。直通车的精准投放首先需要通过关键词来实现，只有搜索选定关键词的消费者才能看到和点击推广的商品，从而产生费用。但是，搜索的人群存在年龄、地域、消费能力、消费习惯等一系列差别，并且使用同一关键词搜索展现的商品也存在差异。因此，直通车还提供了人群定向功能，以帮助卖家更精准地推广。现以人群定向的两个维度标签——年龄和性别为例组建测试组，同时获取直通车的相关数据，如表 11.1 所示。

表 11.1　直通车推广方式的消费者相关数据

序号	性别	年龄	展现量	点击量	点击率	总成交笔数	点击转化率
1	男	20-24	24718	738	2.99%	72	9.76%
2	男	25-30	124604	2042	1.64%	92	4.51%
3	男	31-40	50006	1578	3.16%	86	5.45%
4	女	20-24	196538	1360	0.69%	170	12.50%
5	女	25-30	159738	2470	1.55%	70	2.83%
6	女	31-40	41136	1572	3.82%	156	9.92%

注：点击率=（点击量/展现量）×100%；点击转化率=（总成交笔数/点击量）×100%。

3. 整理和分析目标数据

如果设定人群定向分组的目的是提高商品销量，那么在推广数据中要重点关注点击转化率和点击率数据。优先选择点击转化率作为推广效果数据，选择点击率作为点击基数数据，对消费者进行定位与划分。下面介绍如何整理和分析目标数据，具体操作步骤如下。

案例分析——推广目标客户分析	
数据文件	第 11 章\数据\直通车推广方式的消费者相关数据.xlsx
效果文件	第 11 章\效果\推广目标客户分析.xlsx
操作视频	第 11 章\视频\推广目标客户分析.mp4

Step 1　打开"直通车推广方式的消费者相关数据.xlsx"工作簿，以点击率为横坐标，点击转化率为纵坐标，创建散点图，如图 11.29 所示。

Step 2　直通车人群定向点击率和点击转化率的散点图，如图 11.30 所示。

Step 3　设置点击率等于 2.50%且与 y 轴平行的直线作为新的 y 轴；点击转化率等于 8.00%且与 x 轴平行的直线作为新的 x 轴。

Step 4　通过新的 x 轴和 y 轴划分出四个象限：右上区域（第一象限）代表高点击、高转化人群，应该针对这类人群重点推广；左上区域（第二象限）是低点击、高转化人群，这类人群的点击基数偏低，商家可以通过提高关键词排名来提升点击基数，然后观察转化数据；左下区域（第三象限）是低点击、低转化人群，这类人群的点击基数偏低，转化数据存在不确定性；右下区域（第四象限）是高点击、低转化人群，这表明点击花费推广费用没有达到推广效果，如图 11.31 所示。

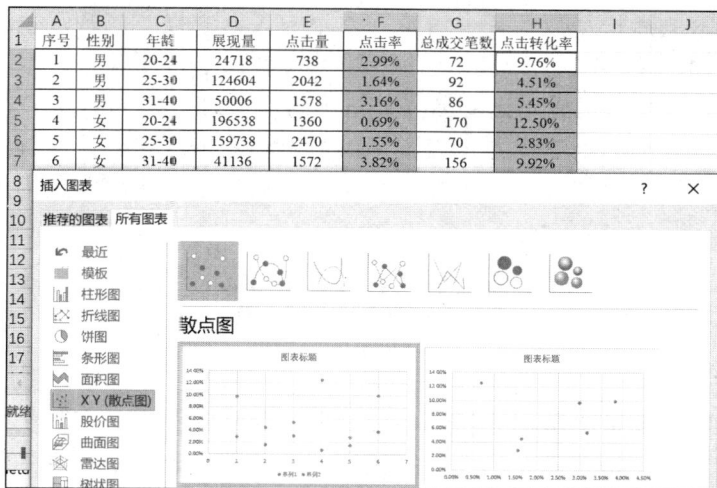

图 11.29　创建散点图

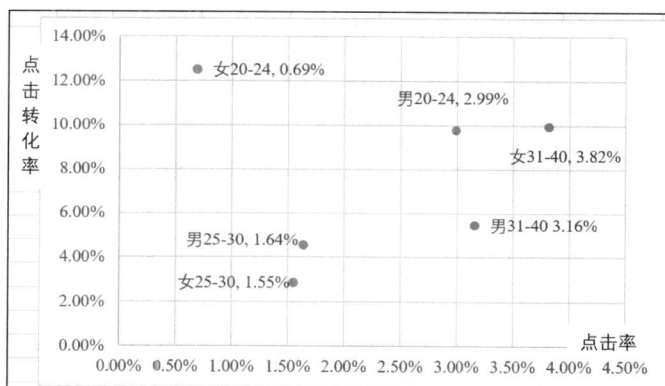

图 11.30　直通车人群定向点击率和点击转化率的散点图

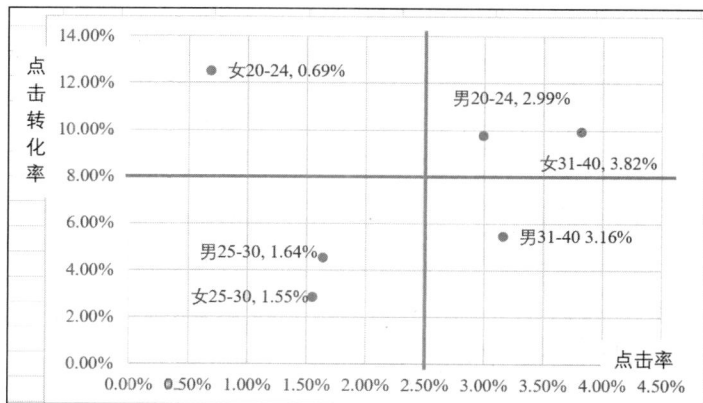

图 11.31　重新划分后的直通车人群定向点击率和转化率的点状分布图

4. 推广策略调整

针对上述数据分析结果，可得出结论：优先向第一象限内的优质客户推广，适当增加第二、第三象限的点击基数，减少对第四象限内人群的推广。基于表 11.1 和图 11.31 推测可知：20～24 岁的男性用户和 31～40 岁的女性用户位于第一象限，这类用户具有较高的推广潜力，商家应优先对这部分人群进行推广；31～40 岁的男性用户位于第四象限，这类用户具有较低的推广潜力，商家可以适当地减少对这部分人群的推广；剩余的用户，商家应该适当地增加其点击基数，观察其转化数据，最后确定相应的推广策略。

本章知识小结

本章主要介绍了消费者数据分析的相关知识，并从消费者特征分析、消费者忠诚度及影响因素、如何识别消费者中的关键意见领袖等方面归纳了消费者的特征和行为分析的基础知识。然后从消费者年龄、性别、分布区域等方面统计分析消费者基本特征；从新老客户人数变化、新老客户销量占比两个角度统计新老客户消费情况，划分消费者群体，为营销推广精准定位客户提供依据。上述的数据分析方法可以帮助商家了解当前的经营状态，采取正确的经营策略，以获得更大的利润。

本章考核检测评价

1. 判断题

（1）消费者特征分析是了解用户诉求点的关键。（   ）

（2）不同职业的消费者对商品的需求差异不大。（   ）

（3）消费者忠诚是消费者对商家的感知、态度和行为。（   ）

（4）消费者忠诚度是指由于质量、价格、服务等诸多因素的影响，使消费者对某一商家的产品或服务产生感情，形成偏爱并长期重复购买该商家产品或服务的程度。（   ）

（5）消费者忠诚可以分为情感忠诚和行为忠诚。（   ）

2. 单选题

（1）以下不能反映消费者忠诚度高的是（   ）。

A. 挑选时间短   B. 对质量要求苛刻

C. 对竞争产品的态度漠视   D. 重复购买次数

（2）（   ）不是情感忠诚的构成方面。

A. 消费者满意度   B. 竞争对手诱惑

C. 市场环境变化   D. 商品质量

（3）企业进行推广的核心目的是（　　　）。

A. 销售 　　　　　　　　　　　　B. 宣传

C. 提高企业竞争力 　　　　　　　D. 提高企业知名度

（4）KOL 观念开放，接受新事物快，关心时尚、流行趋势的变化，这些是关键领袖的（　　　）。

A. 持久介入特征 　　　　　　　　B. 人际沟通特征

C. 性格特征 　　　　　　　　　　D. 能力特征

（5）KOL 具有极强的社交能力和人际沟通技巧，这是关键领袖的（　　　）。

A. 持久介入特征 　　　　　　　　B. 人际沟通特征

C. 性格特征 　　　　　　　　　　D. 能力特征

3. 多选题

（1）消费者特征的分析可以从（　　　）方面进行。

A. 年龄 　　　　　　　　　　　　B. 职业

C. 地域 　　　　　　　　　　　　D. 身高

（2）消费者忠诚具体的行为主要表现为（　　　）。

A. 消费者对商家产品价格的敏感程度

B. 对竞争产品的态度

C. 对产品质量问题的承受力

D. 对商品价格的态度

（3）消费者忠诚可以分为（　　　）。

A. 情感忠诚 　　　　　　　　　　B. 行为忠诚

C. 态度忠诚 　　　　　　　　　　D. 交易忠诚

（4）情感忠诚主要由（　　　）构成。

A. 消费者满意度 　　　　　　　　B. 竞争对手诱惑

C. 市场环境变化 　　　　　　　　D. 商品质量及商家态度

（5）行为忠诚主要由（　　　）构成。

A. 消费者与商家的关系持久性 　　B. 消费者购买频率

C. 消费者购买量 　　　　　　　　D. 交叉销售

4. 简答题

（1）影响消费者忠诚度的主要因素有哪些？

（2）忠诚消费者的测量标准有哪些？

（3）对消费者特征的分析可以从哪几个方面进行？

（4）KOL 的特征有哪些？

（5）什么是 KOL？

5. 案例题

目前国内外有很多名称各异的廉价商店。比如，美国纽约的"99 商店"专营日杂用品、家用小五金等，所有商品均定价 99 美分。我国有家商店经营各种小工艺品，全部定价 0.19 元，广告用语是："1 角 9，任君求。"其他还有 2 元店、8 元店、10 元店等。这些商店的经营状况一般都不错，薄利多销，利润也算不低。请回答：这些廉价店的目标客户是谁？它利用了目标客户的什么消费心理？如何通过数据分析，识别目标客户？如何提高消费者的忠诚度？

第12章
商务数据分析报告

【学习目标】

1. 熟悉商务数据分析报告的类型；
2. 掌握商务数据分析报告的撰写流程；
3. 熟悉撰写商务数据分析报告的主要思路。

【本章重点】

1. 明确各类商务数据分析报告的作用及用途；
2. 能够依据商务数据分析报告的撰写流程与思路，撰写完成一份分析报告。

【本章难点】

1. 区分商务数据分析报告的类型，并根据需要进行选择；
2. 编写不同类型的商务数据分析报告。

【思维导图】

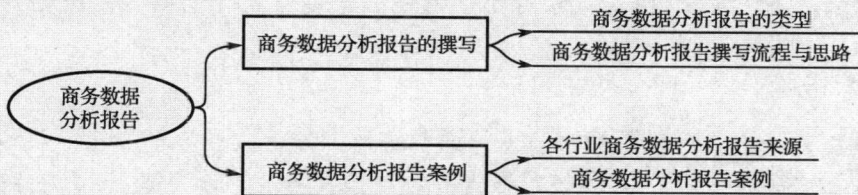

【知识导入】

优秀运营经理的网店数据分析报告

随着数据意识和数据素养的不断提升，企业对运营经理的要求越来越高。某团队在对多位互联网公司的运营总监、高级运营经理进行访谈调查之后，归纳总结出互联网产业优秀的运营经理应具备的主要素质，包括撰写高水平的运营报告、用数据思考和表达、善于管理时间、坚持不断地学习、深度思考高效沟通。运营经理需要撰写运营月报、季报和年报，月报分析当月店铺的整体运营情况，评价营销活动实施效果，发现存在的问题并及时进行调整。该报告一般涉及店铺整体业绩、核心数据指标、流量结构、促销活动、客户服务、库存状况等内容。数据分析报告的基础是数据报表，因此，应每日做好数据跟踪，编制完备的店铺日常运营报表，这样才能写出详细的运营报告。商务数据分析报告是商务数据分析结果的最终呈现，不同企业对报告的内容、体例、文风等要求不一，但商务数据分析图表具有直观的视觉感受，是报告中必不可少的组成部分。本章将介绍数据分析报告的一般类型、撰写流程及技巧等，为日常工作中编写数据分析报告提供借鉴和参考。

12.1 商务数据分析报告的撰写

商务数据分析报告是通过对大量商务数据的收集、整理和分析，结合自身的理解，展现数据、阐述现状、分析优劣势，提出行之有效的优化建议，以期指导未来发展。一份优秀的商务数据分析报告能运用科学分析方法，利用各种统计图表来描述和分析问题，改进优化方案，帮助企业发现机会，为企业创造出新的价值。

12.1.1 商务数据分析报告的类型

1. 说明型

说明型分析报告是对数据报表进行说明的数据分析报告，又称"文字说明"，也就是通常所说的"报表说明"。主要是对报告的数据作文字性的补充叙述，配合数据报表进一步反映社会经济情况。针对的主要是报表中某些变化较大的统计数字，以帮助领导审查报表，保证数字的质量。说明型分析报告是附属报表，不能独立成篇，也无完整的文章形式，但由于它也具备数据分析报告的基本特点，因此可以把它看成是数据分析报告的雏形。写说明型分析报告，并没有严格的要求，但要掌握以下几个要点。①文字说明要与数据报告的情况有关，无关的内容不应写进报告中。②文字说明可以对整个报告做综合说明，也可以只对报告中的某些统计数字加以说明。③简要分析，不宜论述过多，如需深入研究，应另写专题分析。④说明型分析报告没有标题，一般也没有开头和结尾。文中的各个段落，各有其独立的内容，结构呈并列式。最好用"一、二、三、四…"来

分段叙述，使说明更有条理、更清晰。⑤文字要简明，直截了当，不宜过长。

2．快报型

快报型分析报告是一种期限短、反应快的报告。一般按日、周、旬、月、季度等作定期发布。快报型分析报告的特点是一个"快"字。按日写作的数据分析报告，常在第二天上午上班不久就要递交给主管领导，依此类推。由于这种"快"的特点，快报型分析报告常用于反映生产进度、工程进度、促销活动的执行情况等，便于领导对生产和工作进行及时指导，所以快报型分析报告是企业应用较广的一种文体。快报型分析报告的写作包括以下几个要点。①统计指标要少而精，要有代表性，能反映各个主要方面的数量情况。②为了观察进度的连续变化且便于对比，分析报告中的指标项目要相对稳定，并有连续性。③标题基本固定，报告结构简单，文字简明扼要。

3．计划型

计划型分析报告是一种检查计划执行情况的分析报告。一般按月、季、半年和年度等作定期报告。检查计划执行情况的主要目的，不是单纯地进行数字对比，而是通过分析，找出计划执行过程中存在的问题，提出对策建议，以保证计划的顺利完成。计划型分析报告的写作包括以下几个要点。①检查计划是报告的中心，不但有实际数、计划数，而且要有计划地完成相对数。②在同一个计划期内，统计指标与计划指标的项目要一致，并相对稳定，以便进行对比检查。③正文的结构一般是总分式。开头总述计划完成情况，然后进行分析，提出建议等。

4．总结型

总结型分析报告是为了全面认识一个地区、单位或部门的社会经济形势，或某个方面的情况，对其一定时期内的情况进行总结分析，以便发扬成绩，重点是环境分析，总结经验教训，提出建设性意见，制定新的措施，为今后工作创造更好的条件。从时间上看，大多是半年、一年或三五年的报告。从内容上看，有综合总结、部门总结及专题总结。总结型分析报告的写作包括以下几个要点。①总结型的对象应是本地区、本部门或本单位的社会经济发展情况，并不是工作情况。②综合定量与定性分析，运用统计资料和统计模型，采用统计数字与文字论述相结合的方法，从数量上分析社会经济现象。③正文结构大都采用总分式，形式不拘一格，文字可以稍长，但语句要简洁精练。

5．调查型

调查型分析报告是一种通过专门调查来反映某特定单位的社会经济情况的分析报告。调查型分析报告的写作包括以下几个要点。①报告要有明显的针对性，要有具体、明确的调查目的。②要采集第一手材料，用数据说话，以发现其实质和典型意义。③统计资料和生动情况相结合，调查方法和过程只占少量篇幅。④标题多样，结构形式灵活。⑤一般的顺序是，先概述调查目的、调查形式和调查单位，然后详细阐述调查情况，分析研究并做出结论，最后提出建议。

6. 分析型

分析型分析报告是一种着重反映社会经济现象具体状态的分析报告。它与调查型分析报告的主要区别：一是它既反映部分对象的情况，也反映总体的情况，且以总体情况为主；二是它的资料和情况来源是多方面的，可以是调查资料、统计报表资料、历史资料等，其中统计报表资料居多。分析型分析报告的写作包括以下几个要点。①重点是反映某个社会经济现象的具体状态，一般不涉及规律性问题，要做到具体问题具体分析。②要从总体的各个方面来分解和比较，包括结构、因素、联系、时间、地域等。

7. 研究型

研究型分析报告是一种着重研究解决问题办法和进行理论探讨的数据分析报告。它与分析型分析报告的主要区别是分析型分析报告对社会现象的认识仍停留在具体状态；而研究型分析报告则是从具体状态上升到理论的高度，提出理论性的见解或新的观点。所以研究型分析报告是一种更高层次的分析报告。研究型分析报告的写作包括以下几个要点。①在研究的题目确定之后可以拟定一个研究提纲，包括研究的目的是什么，内容有哪些，需要哪些资料，如何收集，使用哪些工具和途径等。②要进行抽象与概括，认识社会经济现象中的共性、普遍性和规律性。③论述过程要严密，从多角度多方面运用多种逻辑方法来论证。内容可以比其他类型的报告多。

8. 预测型

预测型分析报告是一种旨在估量发展前景的数据分析报告。它与研究型分析报告的主要区别是研究型分析报告着重对趋势性、规律性进行定性研究；而预测型分析报告是在认识趋势及规律的基础上，着重对前景进行具体的定向和定量的研究。预测型分析报告的写作包括以下几个要点。①全文要以统计预测为中心，其他内容都要为预测服务。②写推算过程要注意读者对象。如果是写给统计同行或统计专家看的，可以写数学模型的计算过程。如果读者是企业领导，数字模型和计算过程可以略写或不写，注重数据的可视化呈现。③应注意预测期的长短。对近短期预测要有一定的针对性和现实性，对中长期及未来的预测要体现战略性和规划性。

▶ 12.1.2　商务数据分析报告撰写流程与思路

1. 商务数据分析报告的撰写流程

如图 12.1 所示，商务数据分析报告撰写流程也是数据分析的流程，首先明确企业的需求和任务，要对需求进行分析，应用拆分法分解出若干个子问题，再进一步考虑每个子问题的解决方法，每个子问题的观察视角便是数据分析报告的框架。确定了报告的框架之后就可以根据每个视角收集数据，将数据制作成报告的素材，如饼图、柱形图等。最终将素材放到 PPT 或 Word 中，从客观描述和主观建议两方面配上文字阐述。客观描述是基于数据的客观表述，而主观建议是报告者对数据信息的高度提炼及应对策略。

拆解
问题 ⇨ 确定
视角 ⇨ 收集
数据 ⇨ 制作
素材 ⇨ 撰写
报告

图 12.1　撰写商务数据分析报告的流程

2. 商务数据分析报告的撰写思路

撰写商务数据分析报告有通用的撰写思路，主要回答以下 6 个问题。

1）发生了什么？

先把分析结果展现出来。在撰写文本说明时，要提供更多的数据作为参考，充分利用对比法。例如，可将不同月份的销售额进行对比，体现销量的变化。4 月份销售额 300 万元，对比上个月销售额减少 140 万元，环比下降高达 31.8%。出现这种情况，是因为发生了什么？

2）问题出现在哪里？

找出问题所在，即究竟是什么原因导致数据变动？事出必有因。结果有变化，中间过程一定也会有变化，运用拆分法进行分析。例如，根据公式"销售额=访客数×转化率×客单价"，可将销售额的问题拆解成 3 个子问题，分析究竟是哪个或哪几个方面出现了问题。由于上述 3 个指标的量纲不同，可先做归一化处理再插入图表。若发现访客数和客单价没有下降，只有转化率下降了，就可以初步断定是转化率的问题。对转化率进行调查，一是细分转化率，二是分析与转化率相关的因素。通过细分转化率可以发现，转化率变动的因素和询单转化率有关系，主要是询单转化率的变化影响了总体转化率的变化。进一步分析影响转化率的其他因素，发现访客数和客单价都与转化率呈现负相关性。

3）为什么这件事情会发生？

大多数情况下，不能通过数据解释为什么这件事情会发生。不应告诉管理者，是因为询单转化率降低导致销售额降低，而应告诉管理者，为什么询单转化率会降低，这才是问题的关键所在。为什么这件事情会发生？可通过对业务层面的了解和与相关业务人员的沟通，发现真正的原因。例如，是因为有业务熟练的客服离职或休假，而这个阶段在岗的客服经验不足，导致对客户的响应不及时、回复不专业，从而导致询单转化率下降。

4）需要采取什么行动？

在了解事情发生的原因之后，需要结合一定的业务能力，给出建议方案。例如，加强客服招聘及对新客服开展业务培训等。并将客服绩效与销售额更加紧密的衔接，提高客服的工作积极性。

5）下一步将发生什么？

数据分析报告要告诉管理者，如果不解决这个问题，下个月、下下个月，甚至以后的几个月，店铺的销量会有怎样的变化趋势。

6）可能发生的最好结果是什么？

分析报告不仅让管理者明白不作为会导致怎样的结果，还要让管理者明白这个方案能带来怎样好的、积极的结果。

12.2　商务数据分析报告案例

各大互联网企业、大型咨询管理公司均设有研究机构面向各个行业撰写和发布商务分析报告，深入分析各行业的最新变化和发展方向。

📺 12.2.1　各行业商务数据分析报告来源

1. 阿里研究院

阿里研究院是由电子商务、互联网金融、智能物流、云计算与大数据等构成的阿里商业生态圈，研究互联网、大数据给社会经济带来的新现象、新规则，如图 12.2 所示。

图 12.2　阿里研究院网站

2. 腾讯研究院

腾讯研究院发布互联网产业的数据和报告。紧跟互联网前沿科技趋势，聚焦核心数字科技的产业化规模发展，把握用户数字内容消费走向，洞察并助力传统产业数字化进程，帮助政府把脉数字化发展节奏，有效实现高效建设及运营转型，如图 12.3 所示。

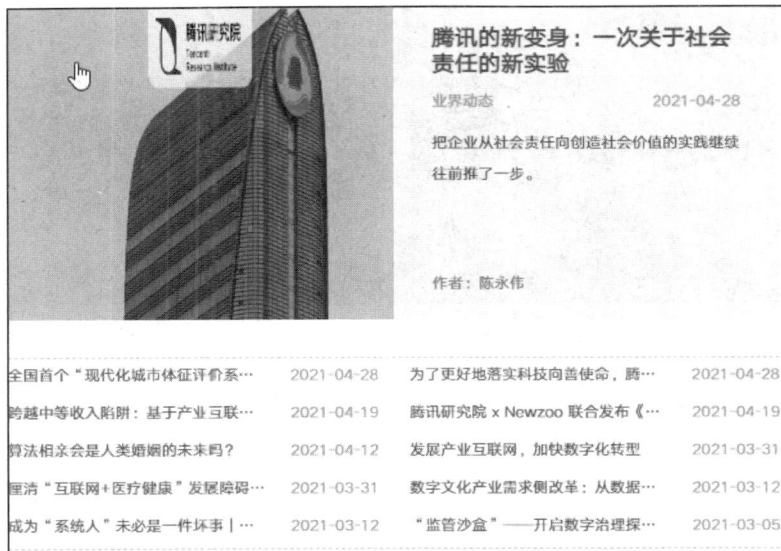

图 12.3　腾讯研究院网站

3．艾媒咨询

艾媒咨询是全球知名的新经济产业第三方数据挖掘和分析机构，是重要的移动互联网行业数据发布平台，在产业数据监测、调查分析和趋势发展等方向的大数据咨询具有丰富经验，如图 12.4 所示。

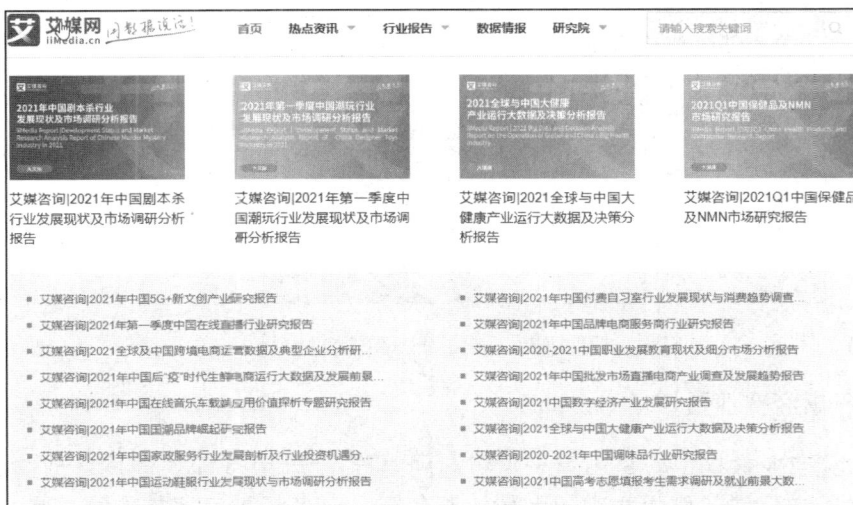

图 12.4　艾媒咨询网站

4．麦肯锡

麦肯锡公司是世界级领先的全球管理咨询公司，"麦肯锡行业洞见"收录了麦肯锡最新行业研究报告，上市公司分析，行业洞察报告，宏观策略等报告，如图 12.5 所示。

图 12.5　麦肯锡中文网站

5. 波士顿咨询

波士顿咨询公司，简称 BCG，是一家著名的全球性企业管理咨询公司，在战略管理咨询领域被公认为先驱，管理学界极为著名的"波士顿矩阵"就是该公司在 20 世纪 60 年代创立的。波士顿咨询非常关注中国市场的前沿趋势，如图 12.6 所示。

图 12.6　波士顿咨询中文网站

6. 第一财经商业数据中心

第一财经商业数据中心是由第一财经与阿里巴巴于 2015 年共同发起成立的，面向品牌企业提供数字化增长解决方案的大数据服务商。业务场景已覆盖传统零售与电商、互联网消费、内容社交、医疗教育、金融理财等多个领域，如图 12.7 所示。

7. 艺恩

艺恩是中国影视大数据平台，依托行业解决方案提供监测洞察与数据智能产品，服务于影视文娱、品牌广告、视频媒体等领域，依托内容热度预测、代言人价值评估、营销效果量化，优化品牌商业策略，如图 12.8 所示。

图 12.7　第一财经商业数据中心网站

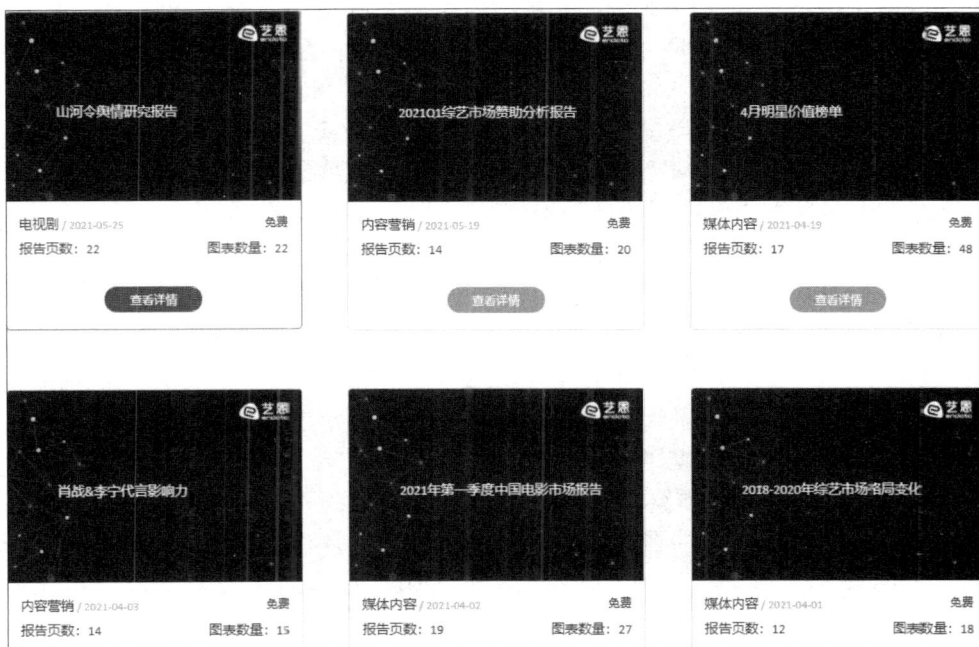

图 12.8　艺恩研究报告网站

　　除此以外，全球四大会计师事务所德勤、普华永道、毕马威、安永及埃森哲等咨询公司均提供各个行业的研究报告。

12.2.2　商务数据分析报告案例

　　在艾媒咨询网站上查询其发布的数据分析报告，以艾媒咨询新零售产业研究中心在2021年5月18日发布的《2021全球及中国跨境电商运营数据及典型企业分析研究报告》为例进行数据分析。

1. 报告摘要

近年来，在政策扶持、经济发展和科技进步的推动下，跨境电商产业得到持续发展，跨境电商已经成为普遍的社会需求。2020 年的新冠疫情也并未对跨境电商造成明显影响，行业仍然保持持续增长，特别是出口总值增幅明显。

2. 报告内容概要

第一章　2021 年中国跨境电商发展驱动因素分析。从利好政策、进出口总值、消费水平、消费方式、新技术赋能等多个方面归纳梳理中国跨境电商发展的驱动因素。

第二章　2021 年中国跨境电商发展核心数据分析。从 11 个方面进行数据分析：2021 年 Q1 中国跨境电商进出口规模数据分析，2021 年中国跨境电商用户规模数据分析，2021 年中国跨境电商用户购买情况数据分析，截至 2021 年 4 月中国跨境电商投资情况数据分析，中国跨境电商进出口总额分析，2021 年 Q1 中国邮政行业国际/港澳台快递业务情况，中国跨境电商零售出口国家/地区分析，中国跨境电商出口额省份数据分析，中国跨境电商出口主流平台卖家数据分析，中国跨境电商舆情地域指数数据分析，中国跨境电商主要平台发展情况等。

第三章　2021 年中国跨境电商细分领域核心数据分析。第一部分对中国跨境电商产业链进行分析；第二部分归纳了中国跨境电商商业模式数据分析；第三部分重点针对敦煌网、阿里巴巴国际等主要的跨境电商 B2B 企业的交易规模数据进行分析；第四部分主要针对考拉海购、小红书等 B2C 型企业进行交易规模分析。

第四章　2021 年中国跨境电商发展消费者行为数据分析。监测 2021 年中国跨境电商消费者画像数据，对跨境电商用户所购买商品、购买商品的考量因素、信息渠道、平台使用意愿、选择平台的因素、月均消费数据、受公益影响的购买意愿、观看直播的原因、观看直播购买的商品、满意度等多个方面进行数据分析。

第五章　2021 年全球跨境电商细分领域发展核心数据分析。主要分析东南亚、拉美两大区域的跨境电商市场发展环境、发展因素、发展趋势等方面的数据。

第六章　2021 年全球及中国跨境电商发展趋势分析。对中国跨境电商发展现状、市场规模、发展趋势做出分析。重点研究 2021 年国际经济新形势对中国跨境电商发展的影响。

3. 报告核心观点

（1）疫情催化跨境电商发展，近六成用户认为跨境电商的使用频率增加。2020 年中国跨境电商零售进出口总值继续走高。艾媒咨询数据显示，2021 年近四成的用户表示自身购买力有所提高，65.3%的用户认为自己使用跨境电商平台的频率有所增加。中国国内消费者的购买实力及对跨境电商平台的需求仍然巨大，跨境电商发展动力充沛。

（2）跨境电商用户购买习惯变化，生鲜水果及食品等需求下降。从跨境电商零售进出口总值结构上看，零售进口商品总值占比在减少，而零售出口商品总值占比在相应增加。然而受新冠疫情影响，跨境电商的用户购买品类发生明显变化，生鲜水果及食品等的需求明显下降。

（3）中国跨境电商平台相对集中，跨境电商商业模式以 B2B、B2C 为主。2021 年中国跨境电商两大平台分别是天猫国际和考拉海淘，市场占比分别为 26.7% 和 22.4%，京东国际、苏宁国际及唯品国际等市场份额也均在 10% 以上。目前，中国跨境电商占外贸进出口比例为 17%，其中 90% 是 B2B 模式，零售部分仅占外贸进出口较小比例。随着移动互联网技术的发展，智能手机普及，网络购物的兴起及在线支付，物流体系的逐步完善，跨境电商零售 B2C、C2C 模式增长势头越发强劲。

本章知识小结

本章介绍了商务数据分析报告的基本概念，包括商务数据分析报告的类型、撰写流程、撰写思路等内容。商务数据分析报告分为说明型、快报型、计划型、总结型、调查型、分析型、研究型、预测型等。每个类型的侧重点和写作要点各不相同，企业应根据实际情况选择合适的报告类型。本章还对各行业数据分析报告可供参考的来源网站进行了介绍，并分享了关于我国跨境电子商务数据分析报告的核心内容。

本章考核检测评价

1. 判断题

（1）说明型分析报告是一种期限短、反应快的数据分析报告。（　　　）
（2）预测型分析报告是一种旨在估量发展前景的数据分析报告。（　　　）
（3）在给上级撰写汇报报告时不需要考虑可能发生的最好结果是什么。（　　　）
（4）目前大多数报告都属于分析型研究报告。（　　　）
（5）分析型报告是比研究型报告更高层次的分析报告。（　　　）

2. 单选题

（1）（　　　）分析报告是对统计报表进行说明的数据分析报告，又称为"文字说明"，也就是通常所说的报表说明。
A．说明型　　　　　　B．总结型　　　　　　C．调查型　　　　　　D．分析型
（2）（　　　）分析报告是通过非全面的专门调查，来反映某特定单位的社会经济情况的数据分析报告。
A．说明型　　　　　　B．总结型　　　　　　C．调查型　　　　　　D．分析型
（3）（　　　）分析报告是对一定时期内的情况进行总结分析的数据分析报告。
A．说明型　　　　　　B．总结型　　　　　　C．调查型　　　　　　D．分析型
（4）（　　　）分析报告是通过分析着重反映社会经济现象具体状态的数据分析报告。
A．说明型　　　　　　B．总结型　　　　　　C．调查型　　　　　　D．分析型

（5）（　　　　）分析报告是一种旨在估量发展前景的数据分析报告。

A．说明型　　　　　　B．总结型　　　　　　C．调查型　　　　　　D．预测型

3．多选题

（1）常见的数据分析报告类型包括（　　　　）。

A．说明型　　　　　　B．总结型　　　　　　C．调查型　　　　　　D．预测型

（2）以下关于说明型分析报告的说法正确的是（　　　　）。

A．不能独立成篇　　B．是附属报表　　　　C．简要分析　　　　　D．分段叙述

（3）以下关于总结型分析报告的说法正确的是（　　　　）。

A．总结分析　　　　　B．环境分析　　　　　C．总结经验　　　　　D．提出建议

（4）以下关于调查型分析报告的说法正确的是（　　　　）。

A．专门调查　　　　　B．非全面调查　　　　C．用一手资料　　　　D．针对特定单位

（5）数据分析报告的撰写流程包括（　　　　）。

A．确定视角　　　　　B．收集数据　　　　　C．制作素材　　　　　D．拆解问题

4．简答题

（1）简述数据分析报告的常见类型。

（2）数据分析报告撰写的流程是什么？

（3）数据分析报告撰写的思路是什么？

（4）简述预测型分析报告的写作要点。

（5）简述分析型分析报告的写作要点。

5．案例题

从本书 12.2.1 节中给出的网站中，选择 1～2 个网站查阅感兴趣的分析报告，借鉴模仿学习，撰写一份针对某个行业或者企业的商务数据分析报告。

参 考 文 献

[1] 陈海城. Excel 电商数据分析与应用[M]. 北京：人民邮电出版社，2021.

[2] 陈剑，黄朔，刘运辉. 从赋能到使能——数字化环境下的企业运营管理[J]. 管理世界，2020（2）：117-128，222.

[3] 陈燕，屈莉莉. 数据挖掘技术与应用[M]. 大连：大连海事大学出版社，2020.

[4] 丁志伟，周凯月，康江江，等. 中国中部 C2C 店铺服务质量的空间分异及其影响因素——以淘宝网 5 类店铺为例[J]. 地理研究，2016（6）：1074-1094.

[5] 胡华江，杨甜甜. 商务数据分析与应用[M]. 北京：电子工业出版社，2018.

[6] 精英资讯. Excel 表格制作与数据分析从入门到精通[M]. 北京：中国水利水电出版社，2019.

[7] 林科炯. Excel 在电商运营数据管理中的应用[M]. 北京：中国铁道出版社，2017.

[8] 刘宝强. 商务数据采集与处理[M]. 北京：人民邮电出版社，2020.

[9] 陆学勤. 电子商务数据分析与应用[M]. 重庆：重庆大学出版社，2019.

[10] 吕云翔. Python 网络爬虫从入门到精通[M]. 北京：机械工业出版社，2019.

[11] 迈克尔·亚历山大. 中文版 Excel 2019 宝典[M]. 赵利通，梁原，译. 北京：清华大学出版社，2019.

[12] 钱洋. 网络数据采集技术——Java 网络爬虫实战[M]. 北京：电子工业出版社，2020.

[13] 邵贵平. 电子商务数据分析与应用[M]. 北京：人民邮电出版社，2018.

[14] 沈凤池. 商务数据分析与应用[M]. 北京：人民邮电出版社，2019.

[15] 王翠敏，王静雨，钟林. 电子商务数据分析与应用[M]. 上海：复旦大学出版社，2020.

[16] 王艳萍. 商务数据分析与应用[M]. 上海：上海交通大学出版社，2020.

[17] 夏榕，高伟籍，胡娓. Excel 商务数据分析与应用[M]. 北京：人民邮电出版社，2018.

[18] 杨从亚，邹洪芬，靳燕. 商务数据分析与应用[M]. 北京：中国人民大学出版社，2019.

[19] 叶子. 电子商务数据分析与应用[M]. 北京：电子工业出版社，2019.

[20] 周庆麟，胡子平. Excel 数据分析思维、技术与实践[M]. 北京：人民邮电出版社，2020.